Gottlob Schirach

Biographie der Deutschen

Gottlob Schirach

Biographie der Deutschen

ISBN/EAN: 9783743304024

Hergestellt in Europa, USA, Kanada, Australien, Japan

Cover: Foto ©ninafisch / pixelio.de

Manufactured and distributed by brebook publishing software (www.brebook.com)

Gottlob Schirach

Biographie der Deutschen

Biographie der Deutschen

Von

Gottl. Benedict Schirach.

Dritter Theil.

HALLE,
bey Johann Justinus Gebauer, 1771.

Des
regierenden Herzogs
von Braunschweig und Lüneburg
Hochfürstlichen Durchlaucht

unterthänigst geweiht.

Vorrede.

Schon wieder einen neuen Theil von der Biographie der Deutschen! — Vielleicht ist dieses der erste Gedanke des Vorwurfs bey einigen Lesern, denn es gibt Personen die dasjenige zuweilen zu tadeln pflegen, welches andere für einen Bewegungsgrund zum Gegentheile halten. Es würde mir selbst seltsam vorkommen, wenn ich mich gegen diesen Vorwurf vertheidigen wollte. Die Zeit ist bey einer guten Oekonomie derselben, wohlthätiger, als man, ohne Erfahrung, glaubt. Die Sparsamkeit kan mit einerley Summe mehr ausrichten, als eine freygebige Unachtsamkeit; und dieses erfährt man besonders an der Zeit. Möchte ich doch weiter keine Einwürfe in dieser Vorrede zu betrachten haben!

Die Dankerkenntlichkeit, welche ich der Güte verschiedner Kunstrichter, auch in Absicht der Fortsetzung dieses Werkes, und den Lesern überhaupt, schuldig bin, nöthigt mich, hier von einigen Dingen zu sprechen, welche theils die vorhergehenden beiden Theile, theils den Plan und die Art dieser Biographie überhaupt, angehen. Ich werde mich dabey so kurz fassen, als möglich ist, um noch einige andre Betrachtungen beyfügen zu können; und versichre im voraus, daß weder der Eigensinn,

Recht zu haben, noch irgend eine andre Eitelkeit daran Antheil habe. Sehr gern möcht' ich den Lieblingsgedanken „mich stets zu bessern,„ auch auf diese Arbeit anwenden, welche mein redlicher Patriosmus meiner Nation weiht, und welche ich, mit Nationalliebe, wünschte ganz vollkommen machen zu können. Aus eben diesem Grunde prüfe ich die Urtheile der Leser genau, untersuche die Einwendungen, die man vorträgt, und bemühe mich nach dem zu vervollkommnen, was ich billigen kan. Nicht alles dünket dem einen so, wie dem andern, wenn beide denken; und wenn beide die Verschiedenheit ihrer Meynungen mit Achtung gegen die Wissenschaften vortragen, so ist der Nutzen mit dem Angenehmen verbunden.

Ich würde in dieser Vorrede nichts von mir selbst gesagt haben, wenn mich ein Kunstrichter, der Aufmerksamkeit und Hochachtung der Schriftsteller verdient, nicht selbst dazu aufgefodert hätte. An der Feinheit des Geschmackes, und dem philosophisch gründlichen Geiste der Critik *) glaube ich Herrn Klotz selbst als Verfasser zu erkennen. Er sey aber auch wer er wolle, so traue ich ihm, auf seine eigne Versichrung, zu, daß er einige Vertheidigungen für mich gern hören, und unpartheiisch prüfen wird.

Man macht mir den Einwurf, daß ich für Heinrich den Löwen, in meiner Lebensbeschreibung von ihm partheiisch gewesen sey, und seinen Charakter in einigen Zügen zu gut geschildert habe. Wo aber sind unwahre Züge? wo habe ich etwas verhehlt, was zum Nachtheil meines Helden seyn konte, und ein wirkliches Factum war? wo habe ich etwas von ihm erzehlt, welches nicht unter den

---

*) Deutsche Bibliothek der schönen Wissenschaften, herausgegeben von Herrn Klotz. 22 Stück. S. 309 u. ff.

Vorrede.

den nehmlichen Umständen, wie ich es erzehlt habe, geschehen ist? — „Das sehe ich leicht ein, wie es „zugehe, daß man seinen Helden gern als einen „vollkommnen Mann will angesehn haben. —„ Der Herr Verfasser wird das Gegentheil einsehen, wenn er diesen dritten Theil betrachtet, wenn er sieht, daß ich einen unartigen Albrecht so, wie er war schildre, daß ich die Raserey des Ziska, die Fehler Sigmunds nicht verdecke, und das wirklich tadelhafte nicht vertheidige. Fern sey es von mir, meinen Held zu schminken; er soll in seiner natürlichen Farbe erscheinen.

Die Wallfarth Heinrichs nach Jerusalem war eine Wirkung seiner Frömmigkeit, nach den Begriffen seiner Zeit. Auf diesen Genius des Zeitalters verweise ich in der Lebensbeschreibung Heinrichs allenthalben, wo man Handlungen, und Begebenheiten, nach den Begriffen unsrer Zeit, tadeln muß. — „Ich gebe es den Augenblick zu, daß Heinrichs Zeitalter so dachte; aber ich frage, ob Heinrich mit seinem Zeitalter so denken sollte?„ — (Nach unsern Einsichten freilich sollte er nicht:) das heißt, unsern aufgeklärten Grundsätzen ist sein Betragen in diesem, oder jenem Falle, entgegen; allein diese unsre Grundsätze, und Einsichten hatte ja Heinrich nicht: konnte er nicht haben. — Der Critiker fragt weiter: „ob der Herzog Heinrich sich nicht über den gemeinen Wahn erheben muste? „ob er eben so groß sey, wenn er seinen freyen Sinn „unter die Fesseln eines dummen Aberglaubens „schmiegt, als er seyn würde, wenn er dieselben zer- „brochen hätte?„ — Ich antworte darauf: es war für ihn schlechterdings unmöglich, die Fesseln des Aberglaubens zu zerbrechen. Mein Freund macht sich ein Ideal, nach welchem er den Herzog beurtheilt, welches so wenig im zwölften Jahrhunderte

existi-

existiren konte, als Canonen und Pistolen. Er tadelt verschiedne Handlungen Heinrichs, und setzt hinzu: „zeigt dieses einen Geist, der frey, der über sein Jahrhundert erhaben dachte?„ Aber kan man denn von einem Helden, der sein ganzes Leben, seine ganzen Geisteskräfte der kriegrischen Beschäftigungen weiht, mit Recht verlangen „daß er in der Religion über sein Jahrhundert erhaben denken soll?„ Man lasse ihn eine geistliche Furcht für den Bann haben, ob es gleich noch lange nicht gewiß ist, sondern eben sowohl Klugheit, als Ueberzeugung seyn konte, allein, man lasse ihn diese Schwachheit haben, verdient er nicht deswegen Vertheidigung und Entschuldigung? – „Und eben, „weil er nicht sich über seine Zeitgenossen erhob, „vertheidigt ihn der Verfasser.„ Es ist mir angenehm, mein Freund, daß Sie selbst gestehen, ich habe den Herzog vertheidiget. Wenn man etwas vertheidiget, so rechnet man es nicht zur Summe des Ruhms, sondern zeigt nur, daß der Ruhm dadurch nicht so viel leide, wie es im ersten Anblicke scheine. Soll ein grosser Mann auch in allen Foderungen, die man an ihm thun kan, auch in allen Fächern der Erkenntnisse gleich groß seyn? Soll ein Tapfrer zugleich ein Gelehrter, und dieser zugleich ein Krieger seyn? Soll sich ein Fürst, der Verehrung verdient, in seiner ganzen Denkungsart, über sein Jahrhundert erheben?

Mein Kunstrichter will die Frömmigkeit Heinrichs lieber Schwachheit genennt wissen. „Warmer Religionseifer kan sich in reichen Stif- „tungen allerdings zeigen: und hat sich auch mehr „als zu sehr gezeigt. Aber ist er auch der vernünf- „tige Eifer für das, was die Seele einer vernünf- „tigen Religion ist? Ich glaube, Heinrich war „wirklich fromm; nach dem Begriffe seiner Zeit das

Wort

"Wort genommen„ – und ich, mein Freund, glaube eben das, nicht mehr, und nicht weniger; also wären wir ja auf einmal geschwinde einig geworden, und hätten einerley Glauben; und so allein, nicht anders, habe ich auch den Charakter des Herzogs gezeichnet, und die Züge seiner Frömmigkeit nicht übertüncht, sondern, nachdem ich sie gemahlt hatte, blos vertheidigt, oder entschuldiget, indem ich so häufig, an so vielen Orten, den Leser gebeten habe, aus dem achtzehnten Jahrhunderte sich in das zwölfte zurückzusetzen. Selbst in der Vorrede habe ich diese Erinnerung wiederhohlt.

„Aber Heinrich, fährt mein freundschaftlicher „Kunstrichter fort, war eben um deswillen fromm, „weil er nicht Stärke des Geistes, nicht Scharfsinn „genug hatte, das, was Religion ist, von dem Ge„schwätze des Mönchs zu unterscheiden.„ Im Jahr ein tausend sieben hundert und siebzig hätte Heinrich diese Stärke des Geistes, diesen Scharfsinn gewiß gehabt. Allein sechs Jahrhunderte vorher ist diese Foderung über die Natur der Menschheit, wenn man die Umstände, in denen er sich befand, seine Erziehung, die ganz geistlich war, seine beständigen Beschäftigungen des Krieges, und den Einfluß des Genies seiner Zeiten betrachtet. Es sey mir erlaubt, zur bessern Erklärung meiner Gedanken, einige Beobachtungen über den Charakter Heinrichs hier mitzutheilen, welche auf die vorhergehenden Einwürfe sich beziehen, und überhaupt dem Leser Unterhaltung geben können. Wer sollte nicht gern noch etwas von dem ruhmwürdigen Heinrich dem Löwen hören wollen? Uebrigens können diese Gedanken der Geschichte allgemein nützlich seyn, in so fern sie pragmatisch ist, und durch die Psychologie zu einem gründlichem Urtheile geleitet wird.

Die Geschichte aller Jahrhunderte des menschlichen Geschlechts kan uns kein einziges Beyspiel aufweisen von Scharfsinn, oder Stärke des Geistes in Prüfung der Wahrheit und des Irrthums, ohne vorhergegangener, nach und nach erhöhter Bildung. Da die Kräfte der Seele, eben so wie die Kräfte des Körpers, erst durch öftere Uebung Stärke erhalten, so ist es einer Seele, welche von der abergläubischen Geistlichkeit erzogen wird, die alle ihre Begriffe, und Eindrücke von Vorurtheilen her bekomt, die bey ihrem fortgehendem Wachsthume in diesen Gesinnungen des Aberglaubens gestärket wird, die gar keinen Anlaß hat, die Vorurtheile zu entdecken, deren Zusammenstimmung aller Kräfte in ganz andre Felder gelenkt wird, die täglich, die stündlich, neue Reize, neue Scheinbarkeiten der Vorurtheile sieht, die von der Aufklärung wohlthätiger Wissenschaften ganz entfernt ist, die gar keine Mittel hat, die Freyheit des Denkens kennen zu lernen – einer solchen Seele ist es schlechterdings unmöglich, wenn man die menschliche Natur betrachtet, sich über ihr Jahrhundert, und ganzes Menschengeschlecht in der Freyheit des Denkens, in Absicht der Religion, und des Aberglaubens zu erheben. Und dies ist das Bild Heinrichs des Löwen. Sein persönlicher Charakter trug viel dazu bey. Er hatte eine gewisse unbiegsame Härte in seinen Gesinnungen, so lange ihn nicht die Macht ganz zu Boden warf; und war zu einer Abänderung seiner Meynungen nie geneigt; so wie ich es in seiner Lebensbeschreibung nicht allein durch seine Handlungen gezeigt, sondern auch wörtlich erinnert habe. Ich will nur hier mich auf S. 132 berufen. Heinrich war zu sehr von allem Leichtsinne entfernt, durch den es, bey einem Fürsten seiner Zeit, allein möglich gewesen wäre, die allgemeinen Begriffe zu verlassen. Wo hatte er auch nur den

gering=

geringsten Anlaß, an dem Verdienstlichen einer Wallfart nach Jerusalem, oder Compostel zu zweifeln, da ihm eine Menge von Leuten, deren gelehrte Kenntnisse die seinigen übertrafen, davon fest überzeugte? Wollte man denn wohl einem Fürsten, und noch dazu einem kriegrischen, zumuthen, daß er die Sätze seines Glaubens untersuchen soll, wenn er gar keine Mittel zu dieser Untersuchung hat, wenn die Priester, die ihn umgeben, ihn durch die Furcht einer ewigen Strafe von allen Zweifel abschrecken? Und wollte Heinrich diese Furcht verlachen, so mußte er, nach den Ideen, die ihm eingeprägt waren, und in seinem Seculum, sehr leichtsinnig seyn; weil er, wie schon erinnert worden ist, nicht die geringsten Begriffe von „einer vernünftigen Religion, „von einer Freyheit im Denken„ haben konnte. Wahrlich! der Herzog hätte ein schlechtes Herz gehabt, wenn er die Lehrsätze seiner Religion, ohne Gründe, verachtet hätte, und Gründe konte er nicht haben, wenn man ihn nach seiner völligen Lage betrachtet. Aus diesem Gesichtspuncte betrachte ich seine Wallfarten nach Jerusalem, und Compostel, und seine Religionsmeynungen. — Nun frage ich meinen freundschaftlichen Kunstrichter nochmals, irrte ich, wenn ich den Herzog Heinrich vertheidigte? Er entscheide selbst. Verdient die Frömmigkeit Heinrichs nicht die Verehrung, die man einem guten Herzen, einer gefühlvollen Seele schuldig ist, die sich ihres ewigen Wohls, so gut sie kan und weiß, sich zu versichern bestrebt? Ist das achtzehnte Jahrhundert nicht ungerecht gegen das zwölfte, wenn es alle diejenigen tadelt, die nicht so dachten, wie die itzigen Begriffe sind?

In Absicht der Furcht des Herzogs Heinrich für den Bann kan man sehr zweifeln, ob sie eine wahre Gewissensangst gewesen sey, oder, ob der

Herzog

Herzog nicht wegen des Pöbels, dessen Zuneigung ihm im Kriege nothwendig war, sich für den Bischof Ulrich, aus Klugheit, demüthigte. Er bewies es bald darauf, daß er sich für einen Bischof, weil er Bischof wäre, nicht fürchte, und keiner dummen Verehrung fähig sey, als er den Bischof Ulrich selbst gefangen nahm, und nur unter den verlangten Bedingungen wieder frey ließ. Seine Erklärung gegen den König in Dännemark, „daß er nicht ein= „sehe, warum er Leute mit geschornem Haupte mehr „ehren solle, als andre,„ die ich ebenfals angeführt habe, ist Beweis genug, daß er sich über den Wahn, und das Vorurtheil seiner Zeit, so weit es damals möglich war, zu erheben wußte. Mich dünkt, ich habe zur Vertheidigung der Frömmigkeit Heinrichs des Löwen, nichts mehr hinzu zu setzen nöthig.

Auch über Morizens Charakter ist der Verfasser der angeführten Critik mit mir nicht einig. — „Ich halte Morizen für einen sehr merkwürdigen Fürsten, welcher unter seinen Zeitgenossen ganz besonders hervorragt. Aber wie zeigte er sich? Als den verschlagensten Fürst seiner Zeit, als den grösten Meister in der Verstellungskunst, als ehrgeizig, treulos, undankbar, als ein Prinz, der bloß bey seinen Handlungen und Entschlüssen darauf gesehen, ob sie ihm Vortheil brachten, oder nicht.-„ Die ersten Züge dieses Charakters habe ich eben so gezeichnet, und mit den nehmlichen Worten an verschiednen Stellen angegeben. Man gibt dieses auch S. 321 der angeführten Critik zu, und führt die Seiten, wo ich so geurtheilt habe, mit einer genauen, unpartheiischen Sorgfalt, an. Die letztern Züge aber kan ich in der Betrachtung über Morizen noch bis itzt nicht so stark zu zeichnen, mich entschliessen. Ich habe, in der Lebensbeschreibung selbst diese Züge nirgends verschwiegen, wo sie sich zu finden schienen.

nen. Ich habe Morizens Intriguengeist, seine Schlauheit, seine verschlagne Politik, seine Fehler insgesamt nirgends verschwiegen, wie mir selbst zugestanden wird. Ich habe die Vorwürfe, welche man ihm macht, besonders, in Absicht Johann Friedrichs, und des Churfürstenthums, getreu angegeben S. 296. „Auf den Trümmern seines nächsten „Anverwandten baute er sich neue Ehre, und neue „Vermehrung seiner Länder." Dies ist gewiß nicht die Sprache eines partheiischen Lobredners. Man vergleiche damit S. 305. Wenn ich aber die Vorwürfe angegeben hatte, war es mir nicht auch erlaubt, meine Meynungen dagegen zu stellen? Ich entschuldigte, ohne zu loben; ich führte Gründe an, weil sie nicht verschwiegen werden durften, wenn man pragmatisch und aufrichtig seyn wollte. In Absicht meiner Aufrichtigkeit berufe ich mich auf S. 222. „Die Leidenschaft des Ehrgeizes war die „Triebfeder aller Handlungen Morizens, und ver= „führte ihn öfters bis über die Grenze der Tu= „gend." Man sieht, daß ich meinen Helden, ohne partheiische Absichten, geschildert habe; daß ich der Wahrheit opferte.

Aber eine genaue sorgfältige Bemerkung der ganzen Situation, in welcher sich Moriz befand, leitet das Urtheil zu einer starken Rechtfertigung in Absicht seines Betragens im Schmalkaldischen Kriege. Der Krieg konte, nach den damaligen Umständen, nicht gut ausschlagen; er mußte sich traurig endigen. Moriz sah es ein: sollte er denn nun muthwillig sich in das Verderben stürzen? Ein Thor hätte er seyn müssen; und er war klug. Da er es nicht mit den schmalkaldischen Bundesverwandten hielt, so wurden diese nothwendig seine geheimen Feinde. Welcher Kluge wird sich nicht gegen geheime Feinde in Verfassung zu setzen suchen? Die Ge-

genpar=

genparthey schmeichelte noch dazu dem Herzoge, und
er hatte auf ihrer Seite die schönsten Aussichten.
Es ist wahr, er muste gegen seinen Vetter ungerecht
seyn; aber ohne diesem Schritte verlohr er alle Hof=
nungen. Die Leidenschaften der menschlichen Na=
tur mischten sich ins Spiel; und diese Bemerkung
habe ich nicht vergessen. Folgende Stelle des 2ten
Theils der Biographie S. 272 ist mit der strengsten
Aufmerksamkeit auf jedes Wort, das ich nieder=
schrieb, verfertigt, und ich bitte derselben Aufmerk=
samkeit des Lesens zu gönnen, wenn man glaubt, daß
ich zu günstig für Moriz eingenommen gewesen sey.--
„Die Schmeicheleyen des Kaisers, die Furcht für
diesen Monarchen, die Hoffnungen, die dieser ihm
gab; — die stärksten Springfedern der selbstischen
Leidenschaften, in Bewegung durch die Maaßre=
geln der Klugheit gebracht — wie viele Ursachen trie=
ben unsern Fürst die Parthey des Kaisers zu ergrei=
fen! Wer fähig ist, sich in das ganze System der
Umstände zu versetzen, in welchem sich Moriz befand,
der frage sich selbst, was Er hier gethan haben
würde.„ Man kan freylich leicht antworten: —
„nicht so gehandelt —„ allein nur derjenige kan am
leichtesten so antworten, der am wenigsten mit der
menschlichen Natur bekant ist.

Der Mensch ist ein so eigennützig Geschöpf,
wenn er durch öftere Ausübung der Grundsätze der
Religion sich nicht einen Heroismus in der Tugend
erworben hat, daß er, wenn Pflichten und Vortheile
mit einander streiten, und diese wichtig sind, er sie
jenen gewiß vorzieht. Die Geschichte wird, bey
dieser Betrachtung, eine grosse Demüthigung für
uns selbst. Wir werden, bey der Menge der Beispiele,
endlich der menschlichen Schwachheiten so sehr ge=
wohnt, daß wir schon diejenigen hoch schätzen, welche
die wenigsten haben. Der Biograph freut sich, solche

Charaktere

Vorrede.

Charaktere zeichnen zu können, er mahlt sie nach der Natur, er stellt aber die Tugenden ins Licht, und die Fehler in Schatten. Er verschweigt die Fehler nicht, er überschminkt sie nicht, aber er sucht, wo möglich, den Leser in die Situation zu setzen, in welcher Fehler begangen wurden, und zeigt dadurch, bey welch einer Klippe es war, wo die Tugend scheiterte, wie schwer es war sie zu vermeiden, und wie schwach der Mensch sey. Er leitet dadurch zur Billigkeit im Urtheilen, und wenn er Güte des Herzens besitzt, entschuldigt er lieber, als er verdammt. Freylich, auf Unkosten des Verstandes muß man nicht gütig seyn. Im Gegentheile, wenn der Verstand seine Einsichten schärft, wird er öfters Entschuldigungen gewahr, die sonst verborgen bleiben würden.

Genies von einer so allgewaltigen Stärke, wie Moritz war, sind solche Seltenheiten im menschlichen zahlreichen Geschlechte, daß die Bewunderung, welche aus einer scharfen Betrachtung seines ganzen Umfangs entspringt, uns nothwendig für ihn einnimmt, und antreibt das Hervorglänzende den Flecken vorzuziehen. Wenn der Porträtmahler so schmeichelt, daß seine Copie die Aehnlichkeit mit dem Original verliert, wer wollte solch einen Mahler billigen? Wenn der Mahler die originellen Züge alle abbildet, aber durch das Helldunkle seine Kunst zum Vortheile seines Bildes zeigt, wird man ihn alsdenn tadeln?

Ich kan mit völliger Ueberzeugung der Gewissenhaftigkeit sagen, daß die genaueste Beobachtung aller Umstände nur diesen einzigen Gesichtspunct als den richtigen fand, aus welchem ich die Handlungen Morizens vorgestellt habe. Meine Ueberzeugung davon wurde durch das Urtheil eines auswärtigen grossen Kenners der Geschichte und Rechte bestärkt, welcher, ohnerachtet seines ihn

davon

davon entfernendes Standes, sich die Mühe genommen hatte, meine Arbeit zu prüfen, und die Versicherung gab, „das Leben des Herzogs Moriz stelle ihn aus dem wahren Gesichtspuncte vor.„ Die Critik eben dieses Gönners den ich nicht nenne, weil ich keine Erlaubnis dazu habe, wünschte, daß ich Fürsten, die nicht eben in der Geschichte bisher richtig bekant wären, zuweilen auswählen möchte, und diese Foderung wird, wie ich hoffe, dieser dritte Theil erfüllen, in welchen die Leben zweyer noch nicht genug in der Geschichte Deutschlandes bekannten Fürsten beschrieben werden, und die Gegenstände überhaupt mehr aus der Particulärhistorie genommen sind. Ein andrer Freund dieses Werkes sehnte sich nach mehr Privatumständen. Wo sie nicht sind, kan ich sie nicht, wie ein gründlicher Kunstrichter sagt, erdichten: in diesem Theile bereicherten mich die aufgezeichneten Nachrichten damit.

Ich kehre noch einmal zu demjenigen prüfenden Kunstrichter zurück, mit welchem ich mich zuerst unterredete, und erkenne mich für verschiedne tadelnde Bemerkungen aufrichtig verpflichtet. Er erlaube mir, nicht in allem mit ihm übereinzustimmen. Vielleicht bin ich in der Schilderung einiger Umstände zu weitläuftig, in andern zu kurz gewesen; vielleicht habe ich hier und da etwas erzehlt, welches füglicher nicht erzehlt worden wäre; meine Anspielungen auf den Namen Heinrichs des Löwen sind vielleicht manchen Lesern auffallend. Der Scherz über den artigen General, in dem Leben der Teophanie, und über den heiligen Bernhard (S. 72.) billige ich itzo selbst nicht genug, um Vertheidigung zu suchen. Auf andre Einzelheiten, davon ich verschiedene Meynung habe, kan ich mich hier nicht einlassen, ohne die Grenzen der Vorrede, und die Pflicht gegen den Leser zu überschreiten.

Noch

Noch ein Wort vom Stile: „er ist oft, sagt man, zu blumicht, zu rednerisch, zu poetisch." Vorausgesetzt die Erklärung, welche die Vorrede des zweyten Theils enthält; glaube ich, so gern ich den Erinnerungen folge, daß man mir in diesem Tadel manchmal Unrecht thue. Meine besondre Absicht ist, mich einer nervichten Kürze zu bedienen; ich suche Worte, die stark genug seyn möchten, Metaphern, die bedeutend sind, um viel mit wenigen auszudrücken, die Reflexionen und Maximen bestrebe ich mich in die Erzehlung, so gut es geschehen kan, einzuweben; wie leicht ist es auf diese Art, in dieser und jener Stelle gekünstelt, oder zu rednerisch zu scheinen; ich sage, zu scheinen, denn oft dünkt es mir so, bey den Erinnerungen der Critiker. - „Die Hitze der Freundschaft, eine Erretterin von hohen Gefahren - Die egyptische Seelenfinsternis des Zeitalters - Der Kaiser empfand eine Menge von Bitterkeiten, die die Hohen der Erde aus goldnen Pocalen trinken," - und einige ähnliche Stellen gehören unter dieser Rubrik. - Um die unerschrockne, unzitternde Seele Heinrichs des Löwen zu mahlen, scheint mir das Bild folgender Periode immer noch sehr bedeutend, nichts weniger als tadelhaft: - „Seine ernsthafte Strengigkeit, welche sich über alle Handlungen, und Gesinnungen seines Lebens ausbreitete, sah den künftigen Schicksalen starr entgegen. - „ Doch ich lasse mich schon unbemerkt in Einzelheiten ein, und gerathe in den Argwohn, in Kleinigkeiten verliebt zu seyn. Ich verlasse meinen hallischen Kunstrichter, der mich selbst zur Vertheidigung aufgefodert hatte, mit Dankerkenntlichkeit und Empfindung der Hochachtung.

Viel müßt' ich noch sagen, wenn ich von den übrigen Rezensenten meiner Arbeit reden wollte: die meisten Einwendungen, und alle, welche wichtig sind, betreffen zugleich meine vorigen Gegeneinwenbungen, und ich kan mich auf das vorhergehende nur überhaupt berufen. Dieses erlaube mir auch der scharfsinnige, und gelehrte Verfasser der Betrachtungen über die neuesten historischen Schriften *), welchem ich in verschiednen getadelten Kleinigkeiten Recht gebe, aber zugleich wünsche, daß der Ausdruck seiner Critik zuweilen milder gewesen wäre. Was die Wahl der Begebenheiten betrifft, so habe ich mich darüber schon in der Vorrede des zweyten Theils erklärt, und Gründe angegeben, warum ich, in meinen Biographien, in einigen Stücken von dem gewöhnlichen Maaßstabe abweichen zu dürfen geglaubt habe. Auf das übrige kan ich so wenig, als auf andre Einwendungen meiner critischen Freunde mich einlassen, wenn ich keine wortreiche Abhandlung von mir selbst schreiben will. Der Beyfall, welchen mein Vaterland dieser ihm geweihten Arbeit überhaupt schenkt, macht mir jede Anmerkung, die zur Vollkommenheit gereicht, doppelt achtungswürdig.

Ich glaube hier einige Gedanken, welche die Theorie der historischen Schreibart betreffen, an einen bequemen Ort zu stellen, und verbitte nur dabey alle Rücksicht auf mich selbst, und auf die vorhergehenden Betrachtungen. Die speculative Philosophie zeigt der Ausübungskunst immer Höhen, die schwer zu erreichen sind, und wenn sie auch die Wege dazu bezeichnet, so kan sie doch die Hindernisse dieser Wege nicht hinweg räumen.

Man hat, wie mich dünkt, bey den Regeln für die historische Schreibart, bisher alles zu sehr untereinander gemischt, und zu wenig auf die Verschiedenheit der Gattungen gesehen. Die Geschichte hat ihre Gattungen sowohl, wie die Poesie. Wer würde einerley Stil für die Epopee, und die Fabel im eigentlichen Sinne verlangen? für das Lehrgedicht, und die Comödie einerley Stil? In der Historie haben

*) S. 2 Th. 3 Abschnitt. S. 438 u. ff.

ben die verschiednen Gattungen nur feinere Modificationen als in der Poesie. Sie sind näher verbunden, und ihre Nüancen entdeckt nur das scharf gespannte Auge der Beobachtung. Ich ordne nach den verschiednen Endzwecken. Entweder man will

  Bloß merkwürdige Begebenheiten für die Nachwelt zur Nachricht aufzeichnen:

 oder: Die schon vorhandnen Nachrichten sammeln, genau ordnen, und critisch berichtigen:

 oder: Die Begebenheiten so vortragen, daß sie einer andern Wissenschaft nützlich sind, und der Grund oder Handleitung dazu werden:

 oder: Das Bild der menschlichen Natur zeigen, und durch das Interesse der Neugierde angenehm unterrichten.

Die erste Gattung könte man; die simple Geschichte: die zweite; die critische: die dritte; die praktische: die vierte; die didactische Geschichte: nennen. Mir kommt es vor, als wenn diese Eintheilung nichts weniger als willkürlich sey. Man zeige mir ein Beyspiel, wo der angegebne vierfache Endzweck auf gleiche Art zum Grunde gelegen habe? Nur muß man sich nicht hinter die Zweydeutigkeit schwankender Worte verstecken, wenn man dagegen Einwürfe machen will. Die critische Geschichte zeichnet auch Nachrichten für die Nachwelt auf, und jeder Geschichtschreiber hat diesen Endzweck, allein es ist nicht der einzige und vornehmste, dem das übrige unterworfen ist. In jeder Geschichte sehe ich das Bild der menschlichen Natur; in jeder die den Namen verdient, müssen die Facta berichtigt seyn; sehr leicht könte man also gegen meine Anordnung Chicanen vorbringen, aber ich frage beständig, welche Absicht ist die vorzüglichste? welche macht den Grund der Arbeit aus? Die critische und practische Historie läßt sich, in Absicht unsers Vaterlandes, am genauesten verbinden; allein wenn man tief untersucht, findet man doch einen Unterschied.

terſchied. Man kan die Hiſtorie nicht practiſch machen, ohne Critik der Erzehlungen, auf welche ſich der erſte Endzweck beziehet. Wenn dieſe Critik alſo vorausgeht, um den Nutzen, den man ſich vorgeſetzt hat, gründlich zu erreichen, und dieſer Nutzen der Hauptendzweck iſt, ſo ſieht man ein, zu welcher Gattung ſich die Arbeit neige. Hume's Geſchichte von England hat Eigenſchaften aus allen vier Fächern, aber ich rechne ſie, ihrer erſten Abſicht nach, zur 2ten Gattung. Es komt dabey beſtändig auf das Hervorragende an; auf den Gebrauch, nach deſſen Bequemlichkeit das Gebäude aufgeführt und eingerichtet iſt.

Wenn dieſe verloren hingeworffnen Gedanken von den verſchiednen Fächern der Geſchichte, worüber man in keiner Vorrede, ſondern in einer beſondern Abhandlung über die Theorie der Geſchichte, ſich gehörig ausbreiten kan, auch keinen weitern Vortheil hätte, ſo leitet ſie doch die Foderungen an den hiſtoriſchen Stil zu mehrerer Billigkeit.

Das Bild der menſchlichen Natur zu zeigen, und durch das Intereſſe der Neugierde angenehm zu unterrichten iſt der Hauptendzweck der Biographien; der Hauptendzweck; ihm können mehrere untergeordnet ſeyn. Man kan zugleich ein Bild der Zeit geben wollen, in welcher der merkwürdige hervorſtrahlt; man kan die andern merkwürdigern Perſonen, mit denen der Held der Lebensbeſchreibung in Verbindung ſteht, oder durch deren Vergleichung ſich ſeine Gröſſe mehr auszeichnet, umſtändlicher ſchildern, und dann fällt der Vorwurf weg; „von dieſem oder jenem hätte nicht ſo ausführlich gehandelt werden ſollen.„ Die Klugheit des Genies, und die Moral läßt ſich nicht gründlich genug zeigen, wenn nicht auch zuweilen entfernte Umſtände angegeben, und weitläuftiger ausgeführt werden, wenn nicht die ganze Lage des handelnden, nach allen Seiten, geſchildert wird. Die Kaiſerin Richenza hatte

ſo

so viel Einfluß auf die Schicksale Heinrichs des Großmüthigen, und ihr Charakter so viel Beziehung auf den seinigen, daß man dieser Dame schon zwey Seiten gönnen konte. Der Geist der Theophania scheint in einem hellen Lichte, wenn man das Betragen Ottens des dritten während ihres Lebens, und nach ihrem Tode schildert; wenn man sieht, wie abstechend er handelt, und dieses zu zeigen war ohne Beyspiele und Proben nicht möglich, welche zusammen gestellt das frappante äussern, das uns auf die weise Bildung, die die Theophania ihren Sohn gab, zurück weiset.

Die Schreibart kan, nach den verschiednen Absichten der Geschichtbücher, sehr verschieden, und dennoch, in allen ihren Verschiedenheiten, sehr gut seyn. Wer wollte, wenn er billig denkt, eine critische Geschichte, wegen Kleinigkeiten des Stils heftig tadeln? Die höhere Wichtigkeit, welche den Verfasser beschäftigte, ließ ihn nicht seine Aufmerksamkeit auf einzelne Ausdrücke verwenden. Wenn er deutlich, und verständlich schreibt, so ist der Billige schon zufrieden. Wenn ein Schriftsteller aber in Lebensbeschreibungen die Unterhaltung des Angenehmen sucht, so erfodert sein Stil größre Aufmerksamkeit, und man verlangt mehrere Schönheiten. Sie dürfen nicht von einerley Gattung seyn. Jeder Schriftsteller hat seinen eignen Stil. Eine edle Simplicität und eine gedrungne Kürze kan sich nicht, ihrer Naturen nach, an einem Orte beysammen finden. Das Colorit würde in Carricatur übergehn.

Wenn der patriotische Wunsch meines Freundes, des Herrn Hofrath Meusels*), daß die Lebensbeschreibung die Romanen verdrängen, oder wenigstens gleiche Liebe mit ihnen erlangen möchten, erreicht werden soll, so müssen die Verfasser der Biographien das ihrige auch dazu beytragen. Warum

liefet

---

*) In der Vorrede zur französischen Biographie.

lieſet der gröſte Theil ſo gerne Romanen? Weil die Mannigfaltigkeit der Charaktere, das ſonderbare, das frappante der Erzehlung, mit allen Blumen des Stils geſchmückt erſcheint. Ehe der Dilettante nicht eben dieſes in den Biographien findet, wird man ihm umſonſt dieſelben anpreiſen. Um dieſen Endzweck zu erlangen ſtreut man mehrere Blumen über die Erzehlung, als ſonſt geſchehen würde. Der Critiker ſagt alsdenn: „aber dein Stil iſt zu blumicht„ - - für den Critiker, ja; aber noch nicht für den Leſer. - Ich könte Beyſpiele davon anführen. Warum ſollte ich nicht auch dem Leſer etwas zu Gefallen thun, wenn dadurch keine weſentliche Regel, ſondern nur die Regel des Critikers verletzt wird? wenn ich dadurch meinen guten Abſichten einen leichtern Eingang verſchaffen kan?

Man halte dieſe Erklärung für keine Unbiegſamkeit gegen die Geſetze der guten Critik, oder für eine eigenſinnige Widerſpenſtigkeit. Dieſer dritte Theil meiner Biographie, iſt ein gültiger Bürge für das Gegentheil. Er zeigt, wie ſehr ich, meinen Ton in der Erzehlung nach der Angabe der Critik herabzuſtimmen ſuche. Man wird eine ziemliche Verſchiedenheit des Stils gewahr werden, mehr leichteres und flieſſendes; nur an denen Orten das Beſtreben nach nervöſer Kürze, wo Maximen und Anmerkungen eingewebt werden ſollten, oder eine weitſchweifige Trockenheit vermieden werden mußte.

Ich habe in dieſem Theile mehrere Perſonen, als in den beiden vorhergehenden auftreten laſſen. Die Mannichfaltigkeit ihrer Charaktere, die Sonderbarkeiten ihrer Schickſale, die verſchiednen Theaters auf welchen ſie ihre merkwürdige Rollen ſpielten, laſſen mich auf verſchiedne Unterhaltung der Leſer Anſpruch machen. Deutſchland überhaupt, Thüringen, Italien, Böhmen, Sachſen und Franken ſind die Schaubühnen dieſes Theils.

Eben

Vorrede.

Eben so abstechend sind die Personen selbst, deren Leben beschrieben worden ist. Man wird sehen, daß ich auch fehlerhafte Charaktere für lehrreich halte, und nicht bloß bewundernswürdige Helden aufstellen will. Zur vollkommnen Kentniß der Menschheit gehören auch Laster, und im Contrast mit Tugenden gesetzt erhöht sich ihr Lehrreiches.

Aus dieser Absicht beschrieb ich das Leben **Albrechts**, des Landgrafens von Thüringen, welcher in der Geschichte den Zunamen des **Unartigen** erhielt, und im Leben ihn verdiente. Er ist das lebhafteste Beyspiel, wie weit die gewaltige Leidenschaft der Liebe fähig sey, Genie, Ehrgeiz, und alle Tugenden der Natur zu unterdrücken, wie sehr sie den Menschen umändern, und einen neuen Charakter aus ihm schaffen könne. Albrecht, zum Helden erzogen, kühn, tapfer, und muthig erwirbt sich Ehre, und verspricht das vortreflichste Leben. Er wird verliebt; sogleich ist er völlig ein andrer: ist wollüstig, grausam gegen seine Kinder, erschlaft zu allen guten Handlungen, unruhig, und doch unkriegrisch, verschwenderisch und unfürstlich. Wenn ich seine heldenmüthige und unglückliche Prinzen nicht umständlich geschildert hätte, so könte man mir den Vorwurf einer unmoralischen Lebensbeschreibung machen. Ich hoffe daß diese Biographie die Aehnlichkeit einer Romane haben wird, nur mit dem Unterschiede, daß der Haupthelb nicht der tugendhafte, aber dafür auch unglücklich ist.

Die erste Lebensbeschreibung stellt einen kaiserlichen Jüngling dar, welcher in unsern bisherigen Reichshistorien nicht genug ausgezeichnet worden ist. **Heinrich**, der römische König, ist eine Hofnung von Deutschland, aber die Blüthe seines Ruhmes verwelkt im Ausbruche. Mehr, um einen nicht genug bekannten Fürsten zu schildern, als viel Merkwürdiges zu erzehlen, mehr, die Bedaurung, als die Bewunderung dieses jungen Königs zu erregen, verfertigte ich den Auffsatz von seinem Leben, der mir mehr Nachlesen, Critik, und Mühe verursacht hat, als eine weit unterhaltendere Lebensbeschreibung.

Ruhmvoll und merkwürdig zeigt sich der Herzog **Otto von Braunschweig.** Er wird die Bewunderung von Deutschland in Italien. Seine Begebenheiten reizen die Neugierde, und unterhalten sie: sein Charakter ist Liebenswürdigkeit, Edelmuth, und Genie, im Kriege sowohl, als in der Politic. Er ist ein **grosser** unter den Menschen, und verdiente durch seine erhabne Eigenschaften, ein guelphischer, ein braunschweigischer Fürst zu seyn. Sein schicksalreiches

Leben

Leben zeigt seinen Charakter vollkommen, und gibt diesem Theile den vorzüglichsten Reiz, wenn ich nur fähig genug gewesen bin, sein Leben würdig zu beschreiben.

Das was die Franzosen einen **Avanturier** nennen, stellt **Ziska**, der blinde Heerführer der Hußiten, vor. Einen so ausserordentlichen unter den Menschen wird die Geschichte anderer Nationen nicht leicht aufzuweisen haben. Ein Hannibal in der Kriegskunst, aus Religionseifer ein Wütrich, ein Feind der geistlichen Vorurtheile, und selbst von Vorurtheilen eingenommen, ein Genie von hohem Range, und dennoch mit seltsamen Irthümern bethört durchlebte er ein seltsames Leben, welches die Erinnerung der Nachwelt sich längst erworben hat. Ich schmeichle mir, daß diese Lebensbeschreibung des Ziska, da er ohnehin schon durch die Tradition im gemeinen Leben, mehr als andre merkwürdige Deutsche bekant ist, theils die Aufmerksamkeit erhalten, theils sehr angenehme Unterhaltung geben wird.

Zwar nicht reich an grossen, für wichtige Schicksale der Länder fruchtbaren Begebenheiten ist das Leben des Bischofs **Sigmunds**, aber seine Privatumstände, sein bizarrer Charakter, und seine wunderlichen erlebten Vorfälle machen seine Biographie nicht uninteressant. Wem die Intrigue der Liebe die Romanen so angenehm macht, scheint Sigmunds Leben nicht völlig ohne Gleichheit. Einzelne kleine Umstände, welche den Reiz der Romanen so sehr bis zur Illusion erheben, fehlen aus Mangel der Nachrichten; der Leser kan sie leicht hinzu denken, und könte er es auch nicht, so zweifle ich dennoch nicht an der Beschäftigung der Neugierde.

Die Sorgfalt, und Mühe, welche ich auf diese verschiedne Lebensbeschreibungen verwendet habe, bey denen ich eine sehr beträchtliche Anzahl von Büchern habe nachlesen und studiren müssen, überlasse ich den Kennern der Geschichte zu prüfen, und daraus das Bestreben, meiner Nation nützlich zu werden, zu beurtheilen. Ich habe schon vieles in dieser Vorrede gesagt, was ich nicht gern, sondern gezwungen sagte, und kan sie also nicht zeitig genug schliessen. — Den Wunsch, daß mein Vaterland seine berühmten Fürsten, und grossen Männer, und dadurch seine eigne Geschichte, näher kennen lernen wolle, und eine Wärme des Patriotismus erhalte, sey mir erlaubt noch beyzufügen.

Leben
des römischen Königs Heinrich.

Vielleicht tadelt man die Wahl der Person bey dieser Lebensbeschreibung, weil sie nicht merkwürdig genug, und reich genug an Thaten scheinen könte. Da aber der Prinz, dessen kurzes Leben ich ißo erzehlen will, in der Geschichte noch nicht das ruhmwürdige Andenken genießt, welches er verdient, so, glaube ich, wird man einem jungen Helden gern einige Blätter gönnen. Man bedauert Verdienste, welche verwelken, ehe sie reif werden. Die Bedaurung des Geschichtschreibers zeigt sich in der Erzehlung der Ursachen davon. Je weniger bisher die Schriftsteller der Geschichte von dem jungen

König Heinrich gesagt haben, desto mehr Rechtfertigung habe ich, wenn ich ihn hier bekanter zu machen suche. Gefalle ich auf den wenigen ersten Blättern dieses Buchs dem Liebhaber der Biographien nicht, so unterhalte ich dafür den Forscher der deutschen Geschichte, und jener wird seine Ergötzung in den folgenden Lebensbeschreibungen suchen.

Heinrich, der älteste Prinz des Kaisers Conrad, dessen Schicksale mannichfaltig und für Deutschland in der ersten Hälfte des zwölften Jahrhunderts so wichtig waren, wurde, unter denen sonderbaren Abwechslungen des Glücks, welche sein Vater erfuhr, gebohren, und erzogen. Die unachtsamen Schriftsteller dieses Zeitalters geben das Jahr seiner Geburt nicht an; sie vergessen über der Erzehlung von Geschenken an Klöster, und von den künstlich genehten Arbeiten der Kaiserin, die Anzeige aller merkwürdigern und brauchbarern Dinge.

Die Erziehung des Prinzen konte nicht anders, als elend seyn. Der Geist seines Zeitalters war religiöse Dumheit im Frieden, und rohe Barbarey im Kriege. Es war gefährlich, eine helle und gesunde Vernunft zu haben. Arnold von Brixen wurde aus dieser Ursache hart verfolgt. An den Höfen der Vornehmen war die Erziehung das Geschäft der Geistlichen, welche eben am ungeschicktesten dazu sich bewiesen.

Die Privatumstände der Familie legten der Erziehung Heinrichs besondere Schwierigkeiten in den Weg. Sein Vater, Conrad, kam von einer mühvollen langen Reise aus dem gelobten Lande eben da in Deutschland wiederum an, als die Erwählung Lothars zum römischen

Leben des römischen Königs Heinrich.

schen Kaiser Uneinigkeit erregte. Der Bruder Conrads, Herzog Friedrich hatte mit Mißvergnügen in die Wahl eines Oberhauptes der Deutschen gewilligt, welche seinem Hause die Hofnung zur Krone entriß. Lothar suchte die Macht der mißvergnügten hohenstaufischen Brüder, Conrads und Friedrichs, zu schwächen. Diese widersetzten sich mit dem Nachdruck der Waffen. Das Glück schmeichelte ihnen, und Conrad nahm zu Ende des Jahrs 1127 den Titel eines römischen Königs an. Er begieng hierauf den Fehler nach Italien zu gehn, und sich daselbst krönen zu lassen, an statt dem Kaiser Lothar selbst entgegen zu gehn. Die Folgen dieses Fehlers waren so wichtig, wie sie immer bey den Kühnen zu seyn pflegen. Nach vergeblichen Bemühungen den Fehler zu verbessern, und eine durch Abwesenheit verlohrne Macht wieder zu sammeln, zwang ihn endlich das Uebergewicht Lothars im Jahr 1134 die Gnade desselben zu suchen, und demüthig Titel und angemaßte Hoheit zu den Füssen des Kaisers zu legen.

Während dieser Schicksale muß wahrscheinlich unser Prinz Heinrich gebohren seyn; denn er wurde 1147 König von Deutschland, und ob ihn gleich die Schriftsteller einen Jüngling nennen, so führte er doch selbst in Person zwey Jahre drauf ein Heer zur Schlacht an, und siegte mit Muth. Man sieht daraus leicht ein, daß Heinrich vor dem Jahr 1134 gebohren seyn muß, da er eine Schlacht im Jahr 1149 gewinnt, und schon zwey Jahr vorher die Regierung des deutschen Reiches führt.

Rohe Natur, in die Zeit der Irthümer, der Thorheit, und der Trunkenheit des Aberglaubens versetzt, beraubt aller Mittel der Verfeinerung des Verstandes, und der Bildung des Herzens, wie schwer wird diese sich zur Kunst der Regierung erheben? So wurde Heinrich, unter hundert Unfällen seines Vaters, erzogen. Sein Vater Conrad mußte seinen Oberherrn, dem er sich widersetzt, aber bald darauf unterworfen hatte, nach Italien, einem Lande, wo er als König vor 2 Jahren, gekrönt worden war, zu neuen Siegen begleiten. Conrad war Vasall, in einem Lande, dessen Krone ihm war aufgesetzt worden. Er mußte demjenigen seine Feinde besiegen helfen, für dessen ersten und herrschenden Feind er sich erklärt hatte. — Prinz Heinrich hatte erst einen König von Deutschland und Italien, dann einen gedemüthigten Herzog, und Unterthan des Kaisers, und bald darauf einen Kaiser des deutschen Reichs zum Vater. Conrad wurde, nach Lothars Tode, im Jahr 1138 zum Kaiser von Deutschland erwählt. Nun gieng die glorreiche zweyte Periode seines Lebens an, welche Hoheit und Ansehn begleitete. Er suchte mit Eifer alle Mittel in Bewegung zu setzen, wodurch er das ihm verhaßte Geschlecht der Gvelphen demüthigen könte. Heinrich der Großmüthige wird in die Acht erklärt; das Herzogthum Bayern dem Oesterreichischen Hause zugewendet: Heinrich der Löwe verlangt umsonst sein Erbgut Bayern, und Herzog Welf wird durch die Waffen von der Hofnung seiner Ansprüche zurückgetrieben.

Unser Vaterland erlitt die beschwerlichsten Unruhen der Kriege und ihrer Verwüstungen. Aus denen Feindseligkeiten Conrads und Welfs entstanden zwey Partheyen in Deutschland, welche sich beyderseitig zu ver-

verstärken, und die Fürsten in ihr Interesse zu ziehen suchten. Das Haupt der einen Parthey, welche die Gibellinen hieß, war der Kaiser Conrad selbst: die Gvelphen, die Gegenparthey, erkanten den Herzog Welf den VI, und Heinrich den Löwen für die Häupter ihrer Verbindung. Der Krieg wurde von 1140 einige Jahre in Bayern geführt, wo Conrad siegte; Welf hingegen sich immer wieder durch fremde auswärtige Hülfe erhohlte, und die Unruhen fortsetzte.

Diese Zerrüttungen hatten nach einigen Jahren auf unsern Prinz Heinrich so viel Einfluß, daß wir sie hier nicht ganz übergehen durften. Einige andre kriegerische Auftritte in Deutschland, welche die rohe Denkungsart dieser Zeit erschuf, waren weniger wichtig, als die Verhältnisse, in welchen Kaiser Conrad mit verschiednen auswärtigen Fürsten und Reichen stand. Der König von Sicilien, Rogerius, legte ihm alle nur mögliche Hindernisse in den Weg, nach Italien zu kommen, und ernährte die Uneinigkeit in Deutschland besonders durch Unterstützung des Herzogs Welf. Der Papst verband seine Absichten mit des Rogerius seinen, und trieb zu einem Feldzuge gegen die Ungläubigen in Palästina, wozu sich Conrad dem Stuhle zu Rom, noch ehe er Kaiser wurde, verbindlich gemacht hatte. In Pohlen jagten drey Brüder, Söhne des Herzogs Boleslaus, den vierten Bruder aus dem Antheil seiner Besitzungen. Wladislaus, der Vertriebne, war ein naher Vetter Conrads, und suchte bey ihm mit bringendem Anhalten Hülfe. Er erhielt auch einige Mannschaft, mit welcher er in Schlesien Nimptsch und Groteck eroberte, allein dadurch auch nothwendig den Haß der mächtigen drey andern Brüder dem Kaiser Conrad zu, zog. In Ungarn verband sich der neue König Geisa mit dem Herzoge Welf gegen die Parthey des Kaisers, und führte mit dem Herzoge von Bayern Krieg. Zwischen dem Bruder des Kaisers, dem Herzog Friedrich, und dem zäringischen Herzoge Conrad brachen um diese Zeit im Jahr 1146 öffentliche Feindseligkeiten aus, und störten die innere Ruhe des Vaterlandes.

So sahe es in Deutschland aus, als sich am Ende des Jahrs 1146 auf einmal Kaiser Conrad entschloß, einen Feldzug ins gelobte Land zu unternehmen. Die Beredsamkeit des so genanten heiligen Bernards hatte endlich die Ermahnungen des Pabstes wirksam gemacht. Der halbe Occident war itzo in einen fanatischen Eifer gerathen, gegen die Ungläubigen im gelobten Lande zu fechten: eine unzählbare Menge Menschen lief von allen Orten her zusammen. Der König von Frankreich Ludwig der VII, und Kaiser Conrad erklärten sich zu Anführern und Häuptern des heiligen Creuzzuges.

Conrad berathschlagte sich, vor seiner Abreise, im Anfange des Jahrs 1147, mit der zahlreichen Versamlung der vornehmsten Reichsstände, zu Frankfurt, über die Verwaltung der Regierung in Deutschland, während seiner Abwesenheit. Hier fängt unser Prinz Heinrich an, denkwürdig zu werden. Sein Vater, der Kaiser, schlägt ihn den versammelten Fürsten zum römischen Könige vor, der ihm in der kaiserlichen Würde nachfolgen, und in seiner Abwesenheit indessen das deutsche Reich regieren solle. Heinrich war noch jung; allein die versammelten Fürsten stimten einmüthig dem

Vor-

Vortrage des Kaisers bey, und erwählten den Prinz Heinrich zum römischen Könige.

Eine Menge von zusammenkommenden Umständen erleichterte diese Wahl. Man hatte zwar schon ehmals sehr junge Prinzen zu Thronfolgern in Deutschland ernant, aber noch nie war einem so jungen Prinzen die Regierung selbst anvertraut worden. Conrads weises, und, seinem Charakter gemässes, schmeichelhaftes Betragen zu Frankfurt, und seine Verhandlungen mit den Fürsten daselbst, machte dieses ungewöhnliche Neue leicht, zu einer Zeit, wo Deutschland durch entgegengesetztes Interesse und unwilligen Mißvergnügen der Fürsten von aller Eintracht entfernt schien. Zuerst beruhigte Conrad die Guelphische ihm widrige Pärthey. Heinrich der Löwe war selbst gegenwärtig, und trug seine Ansprüche auf Bayern mit vielem Nachdrucke vor. Man bat ihn, nur bis zur Rückkunft des Kaisers aus dem gelobten Lande seine Hofnung zu erhalten, deren Erfüllung, bey dem so nahen Feldzuge des Kaisers, bey der Macht des itzigen Besitzers von Bayern, unmöglich sey. Herzog Welf hatte sich selbst überreden lassen, dem Beyspiele so vieler grosser Fürsten zu folgen, und mit in den Krieg nach dem gelobten Lande zu ziehen. Die mächtigsten, furchtbarsten Fürsten nahmen auch daran Antheil, und befreyten den Kaiser theils von der Besorgnis aufrührerischer Vorfälle, in seiner Abwesenheit, theils von der Schüchternheit eine Fehlbitte, in Absicht seines Sohns, zu thun, da die Begeisterung des heiligen Krieges die Gemüther gleichsam vereinigte.

Jedermann wollte itzt Ungläubige tödten. Noch nicht genug, einen Feldzug ins gelobte Land beschlossen zu haben, sollten auch noch an zwey andern Orten Creuzzüge gehalten werden, gegen die Slaven in dem itzigen Mecklenburg und Pommern, und gegen die Mauren in Portugall. Die letzte Unternehmung war die glücklichste, und ihr Erfolg die Eroberung Lissabons. Ausser der grossen Anzahl, welche auf dieser Creuzflotte nach Portugall seegelten, gingen sechszigtausend Mann gegen die Slaven, unter der Anführung von vielen deutschen Prinzen; und über siebzigtausend zogen aus Deutschland nach Palästina, mit dem Kaiser. Diese kriegrische Wandrung, ein Werk des Fanatismus, riß, wie es die Natur eines jeden Fanatismus pflegt, so stark zu dem Hauptvorwurfe hin, daß die andern Leidenschaften gleichsam von dieser Hauptleidenschaft verschlungen wurden. Daher kam es, daß ohne Widerspruch, der junge Heinrich so gleich zum römischen Könige und Regierer von Deutschland, in der Abwesenheit seines Vaters, ernannt wurde. Die Krönung des jungen Königs erfolgte bald darauf zu Aachen, und bald darauf auch, nach Ostern 1147, der Abzug seines Vaters, des Kaisers Conrad nach dem gelobten Lande.

Heinrich betrat nunmehr den öffentlichen Schauplatz der Regierung. Der Erzbischof von Mannz, dessen Amte die erste Sorge des Reichs längst zukam, wurde der erste Rathgeber des jungen Königs, und einen ebenfals grossen Antheil an den öffentlichen Geschäften nahm der Abt Wibald, ein feiner Kenner der Politik, Staatsmann, und vollkommen geschaffen, wichtige Rollen an Höfen zu spielen, wie er schon beym Lothar that gezeigt hatte. Ein noch vorhandner Brief des Königs Heinrich an diesen Abt gibt uns ohngefähr den Maasstab an, wie weit sich dessen Hülfe in der Regierung erstreckt habe. Heinrich dankt für die gegebnen Rathschläge darinnen, und bittet den Abt, ihn in Zukunft, in Absicht des Landfriedens, und der gehörigen Behandlung der Fürsten zu unterrichten.

Obgleich die gröste Anzahl der Fürsten Deutschlands mit auswärtigen Kriegen, gegen die Slaven, Mauren und Saracenen beschäftigt waren, und der allgemeine, zu Frankfurt errichtete, Landfriede, bei der Entfernung aller unruhigen Köpfe, sicher zu seyn schien, so gehörte dennoch keine geringe Klugheit dazu, die Regierung unsers Vaterlandes glücklich zu führen, ohne den Saamen der Uneinigkeit auszustreuen, oder Beleidigungen zu verursachen, deren Folgen wichtig werden konten.

Die vornehmste Sorgfalt dieser Interimsregierung erfoderte das Verhältnis mit dem Pabste. Eugenius der dritte, welcher itzo den Stuhl des heiligen Petrus nicht ruhig besaß, sondern durch die aufrührerischen Römer sich in verdrüßlichen Händeln, und endlich gar öffentlichen Krieg verwickelt sahe, wandte seine Vorsorge doppelt auf Frankreich und Deutschland, da sie Italien verschmähte. Besonders unterhielt er mit dem römischen Könige Heinrich eine so genaue Freundschaft, daß kirchliche Verrichtungen die vornehmste Beschäftigungen wurden. So bald Heinrich die Regierung Deutschlands angetreten, meldete er dem Pabste seine Erhöhung in einem besondern Schreiben, und empfahl sich dessen gütiger Aufsicht. Eugenius versprach ihm

ihm nicht nur dieselbe, sondern hielt sein Versprechen auch so genau, daß der junge König von Deutschland sich in eine Menge von geistlichen Regierungssorgen beständig zerstreut sahe. Wibald, der eben so sehr um die Gunst des Pabstes, als die Liebe des Königs sich bewarb, leitete die vornehmste Aufmerksamkeit der Regierung immer, mit künstlicher Feinheit, aus solche Gegenstände, die dem Pabste angenehm waren. Dieser vergaß nicht, sich in Deutschland dadurch wichtig zu machen. Er hatte, zu diesem Endzwecke, schon vorher, den Kaiser Heinrich den zweyten unter die Heiligen versetzt.

Conrad hatte schon, noch vor seiner Abreise, den Pabst nach Deutschland eingeladen. Zu Ende des Jahrs 1147 kam er, auf wiederhohltes Bitten des Erzbischofs von Trier, in diese Stadt, und eröfnete zu Weynachten ein grosses Concilium. Heinrich schickte seine Gesandten auf dasselbe, und bat in einem besondern Schreiben um die gütige Aufnahme derselben. Mit dieser Bitte verband er eine weit angelegentlichere, den Herzog Wladislaus in Pohlen, welchen seine Brüder vertrieben hatten, zu unterstützen. Wladislaus war der Schwager des Kaisers Conrad. Eugenius der Pabst war aber zu sehr Pabst, um so gleich und eilfertig an eine weltliche Streitigkeit in Pohlen gedenken zu können. Er hatte auf dem Concilio zu Trier mit geistlichen Geschäften zu viel zu thun. Vorzüglich fand er für nöthig, eine Schwärmerin, die heilige Erscheinungen zu haben vorgab, merkwürdig zu machen. Die Aebtißin eines Klosters in der mannzischen Diöces, Hildegard, wurde als eine Person verehrt, die

mit

mit den Heiligen in geheimen Umgange stünde, und
Gesichter sähe. Diesen Umgang fortzusetzen, und ihre
Erscheinungen aufzuschreiben, ermahnte sie der Pabst
mit väterlicher Freude.

Der König Heinrich bekam wegen seines Onkels,
des vertriebnen Herzogs von Pohlen keine Befriedigung.
Der Pabst gieng nach Rheims, um daselbst wiederum
ein Concilium zu halten. Heinrich schickte auch dahin
Gesandte, und wiederhohlte seine Bitte wegen des vertriebnen Herzogs von Pohlen, weil der Nachdruck der
päbstlichen Vorstellungen damals so viel Gewicht, wie
eine halbe Armee hatte. Er erhielt von dem Pabste
hierauf die Versicherung, daß derselbe eine Gesandtschaft nach Pohlen senden, und die Streitigkeiten zum
Besten des Bladislaus beyzulegen suchen wollte. Dieser Versicherung war ein Schreiben des Pabstes an die
Bischöffe von Deutschland beygefügt, worinnen sie ermahnt wurden, dem jungen Könige Heinrich mit Rathschlägen, und allen Mitteln beyzustehen, und ihm dafür sorgen zu helfen, daß der allgemeine Friede, in
der Abwesenheit des Kaisers Conrads, erhalten werden möchte.

Der Abt Wibald hatte sich mit unter den Gesandten des römischen Königs nach Rheims befunden,
und seiner Klugheit hatte man viele nützliche Vorstellungen, besonders die Maasregeln zu danken, welche
wegen eines gewählten Abtes zu Fulda, genommen wurden. Der Pabst vernichtete die Wahl dieses Abtes,
und verbot den Mönchen zu Fulda, einen aus ihren
Mitteln zu erwählen. Heinrich und sein Hof war diesem Schlusse des Pabstes entgegen. Dieser schien unwillig

willig zu werden. Wibald aber besänftigte ihn vollkommen in einem noch vorhandnen Briefe. Hierauf gab er in einem andern Briefe dem römischen Könige den Rath, sich itzo der Willkühr des Pabstes nicht zu widersetzen. Er bittet den König in diesem Briefe, den Pabst, der ihm itzo sehr geneigt sey, auf keine Weise zu beleidigen. Er solle sich nicht von fremden Rathgebern hintergehn lassen, sondern dem Pabste in allem nachgeben. „Ich befürchte sonst, fährt er fort, „daß jede Beleidigung ein Stein des Anstosses werden „könte." Er fügt hierauf einen besonderen Rathschlag bey, „daß der König sich hüten möge, während der „Abwesenheit seines Vaters nach Schwaben, Sachsen „oder Lothringen zu gehen, wenn ihn nicht selbst die „Fürsten dazu einladeten, und es eine Sache beträfe, „die unwichtig wäre, und ohne grosse Folgen bald könte „geendigt werden: denn der König müsse sich itzo besonders für allen Vergehungen hüten, und keinen, da „viele gezwungen ihm unterwürfig wären, im geringsten sich abgeneigt machen. Es ist besser einen guten „Ruf, als hohes Ansehn zu haben."

Aus der Antwort des Königs Heinrich darauf, welche den geflissendsten Dank erhält, ersieht man, daß Heinrich zu Frankfurt auf Mariä Geburt 1148 einen Reichstag gehalten habe, zu welchem er den Abt Wibald einladet. Aber es scheint auch nicht viel wichtiges darauf unternommen worden zu seyn; wenigstens sind die Früchte desselben, die kirchlichen ausgenommen, ohne alle bedeutende Folgen gewesen.

Mit verdrüßlichen Kleinigkeiten beunruhigte immer der Pabst den König. Die Abwesenheit des

Erzbischofs zu Maynz auf dem Concilio zu Rheims war Ursache genug, diesen Prälaten zu einer Reise nach Rom zu nöthigen, um sich daselbst wegen seines Aussenbleibens zu rechtfertigen. Man hatte schon dem Pabste zu Rheims vorgestellt, daß die Gegenwart des Erzbischofs, wegen der Aufsicht in Deutschland, und der nöthigen Unterstützung des jungen Königs, am Hofe desselben nöthig sey. Aber umsonst. Der Stolz des Pabstes verlangte, daß der Erzbischof persönlich in Rom nunmehro erschiene, und um Vergebung bäte. König Heinrich sah sich so gar genöthigt, eine bemüthige Fürbitte für den Prälat an den Pabst zu senden; und so ward erst der Pabst versöhnt.

Die Streitigkeiten wegen der Wahl eines Fuldischen Abtes konten nicht eher, bis Conrad wieder zurück kam, geendigt werden. Indessen erweckten sie dem Könige Heinrich verschiedne Sorge und Verdrüßlichkeiten; so wie einige andre noch unerheblichere Vorfälle, mit deren Erzählung wir gern den Leser verschonen wollen. Heinrich hielt noch zwey Reichstage, während seiner Regierung in der Abwesenheit des Kaisers, zu Erfurt und zu Maynz. An beyden Orten geschah aber nichts denkwürdiges, weil Heinrich diejenigen Maasregeln beständig behielt, welche ihm der Abt Wibald in dem vorher angeführten Briefe gegeben hatte, und allen, auch den geringsten, Anlaß zu Unruhen im Reiche, vermied.

Man wird vielleicht geneigt seyn, den größten Ruhm wegen der erhaltenen Ruhe in Deutschland, auf Unkosten des Ruhms von Heinrich, dem Erzbischoffe von Maynz, und dem Abt Wibald zuzuschreiben. Allein

Allein man wird auch alsdenn gewiß dem Könige Heinrich Unrecht thun. So zuverläßig es ist, daß diese beyden Prälaten grossen Antheil an der Regierung nahmen, so sicher ist es auch, daß auf das Genie des Königs und seinen Charakter es allemal ankam, ob er denen gegebnen Rathschlägen folgen wollte. Aus denen noch übrigen Wibaldischen Briefen wird es klar, daß König Heinrich diese beyden geistlichen Minister nicht beständig bey sich hatte, sondern nur, wo er es für nöthig fand, sich ihrer Einsichten bediente, und sie dann nutzte, wenn er gewahr wurde, daß sie das Beste riethen. Ueberhaupt ist dem gewissenhaften aufrichtigen Geschichtschreiber die schwerste, oft eine unmögliche Pflicht, bey den Thaten der Prinzen jederzeit genau zu bestimmen, was die Prinzen durch sich selbst, und was sie durch andre würkten. Bey den berühmtesten Monarchen ist diese Verlegenheit die größte, und sollte es auch Ludwig der vierzehnte seyn. Nur bey einem König Friedrich dem Grossen kan der Geschichtschreiber mit Ueberzeugung sagen: das that er alles durch sich selbst.

Heinrich scheint auf die Eigenthümlichkeit seiner öffentlichen Handlungen, ausser dieser vorhergehenden Bemerkung, einen neuen Anspruch durch das Lob zu bekommen, welches ihm die Geschichte ertheilt hat, und durch die allgemeine Bedaurung seines frühzeitigen Todes, welcher ganz Deutschland betrübte. Dürfen wir wohl demjenigen nichts, oder wenig vortrefliches zuschreiben, den sein Zeitalter für sehr vortreflich hielt?

Er zeigte neue fruchtbare Proben der Staatsklugheit, als die Nachrichten von seinem Vater dem

Kaiser, aus Paläſtina, alle Hofnungen vereitelten. Wie beſtürzt muſten die Briefe von den ſchrecklichſten Unfällen des Vaters nicht den jungen Prinzen machen! Conrad verlohr Geld, Volk, Kräfte, und allen Ruhm des Glücks auf ſeinem Feldzuge gegen die Saracenen. Die Verrätherey der Griechen, und der von ihrem Neide erregte Mangel an allen Bedürfniſſen, ſelbſt die Untreue eines Schwagers, des Kaiſers zu Conſtantinopel, überhäuften den Kaiſer Conrad mit den äuſſerſten Unglücksfällen. Wenn der Ruf davon ſich zu ſchnell in Deutſchland allgemein ausbreitete, ſo muſte man aufrührerische Scenen befürchten. Die ruhigen Gemüther ſchienen nur in der Stille auf den Ausgang des orientaliſchen Feldzugs zu lauſchen. Heinrich, um allen unangenehmen Folgen vorzubeugen, faßte ſich ſo gut, daß er entweder denen ſchlimmen Nachrichten aus dem Orient auf geſchickte Art widerſprechen ließ, oder doch die Umſtände milderte, und den Verluſt für weniger beträchtlich angab, als man behaupten wollte. Die Anzahl der Mißvergnügten über ſo viele hingeopferte Deutſche, und verlohrne Schätze ſchien ſich zu mehren. Der Muth Heinrichs des Löwen, welcher itzo auf Bayern einen Einfall befürchten ließ, und der ganze Anhang der Gvelphiſchen, dieſer dem Kaiſer widrigen Parthey, muſte die furchtſamſte Unruhe erwecken. Der Herzog Welf erſchien ſelbſt unvermuthet wiederum in Deutſchland. Er hatte den Kaiſer Conrad zu Jeruſalem verlaſſen, und war auf ſeiner Rückreiſe, von dem Könige in Sicilien, Rogerius, zu einem neuen Verſuche des Krieges gegen den Kaiſer, und die Gibelliniſche Parthey ermuntert worden. Auch machte er ſchon dazu Anſtalten.

Welf,

Welf, ein offenbarer, und Heinrich der Löwe, ein verdeckter Feind, machten den Jüngling, der noch ganz im Kriege unerfahren war, zitternd. Ihr Zeitalter verehrte ihre Verdienste in der Kunst des Krieges, welche beyde verstunden, und Heinrich gegen die Slaven schon bewiesen hatte. Beyde erwarben sich auf verschiednen, contrastirenden Wegen verehrende Hochachtung. Welf erhielt Ruhm durch Freygebigkeit, Güte, Gnade, Heinrich durch Ernst und Züchtigung der Bösen. Man lobte die Sanftmuth an jenem, und die Standhaftigkeit an diesem. Welf war gegen seine Freunde wohlthätig, für seinen Reichthum wenig besorgt, versagte nie leicht etwas, trachtete nach hohem Ansehn, warb Soldaten an, und sehnte sich immer nach kriegrischen Auftritten, wo sein Muth und Ruhm glänzen könte. Heinrich liebte die Bescheidenheit und den äusserlichen Anstand, vermied unnützen Krieg, sorgte aber eifrig für seine Gerechtsame, Ansprüche, und deren ganzen Umfang.

Solche Prinzen sah der König Heinrich als seine Gegner, und erwartete mit Besorgnis den Ausbruch ihres Mißvergnügens. Welf sammelte schon Truppen, und drohte nahe Gefahren. Die Nachricht von diesen bevorstehenden öffentlichen Unruhen, und dem Bündnisse zwischen dem Könige von Sicilien und dem Herzoge Welf, bewog den Kaiser Conrad, so eilig er konte, aus dem Oriente wieder zurück nach Deutschland zu kehren. Er beschleunigte seine Reise so, daß er das Pfingstfest des Jahrs 1149 zu Salzburg feyern konte.

Heinrich übergab nunmehr die Regierung des deutschen Reichs wiederum in die Hände seines Vaters, und

und genoß die Lobsprüche aller Rechtschafnen und Klugen. Er war weit entfernt, sich an dem Ruhme dieses ersten Probestückes der Staatskunst zu begnügen, sondern trachtete nach neuen Gelegenheiten, sich dem Vaterlande werth und nutzbar zu machen. Es schien, als wenn er nun in der zweyten Kunst der Prinzen, dem Kriege, seine Eigenschaften zeigen, und glänzende Versuche wagen wollte. Und Welf verschafte ihm bald einen Schauplatz dazu.

Der Herzog Welf hatte, wie wir oben bemerkten, den Kaiser Conrad selbst in den Orient begleitet. Conrad, welcher den muthigen Geist des Herzogs kante, und ebenfals überzeugt war, daß er wegen der Entreissung Bayerns Unzufriedenheit ernähre, deren Wirkungen verdrüßlich werden konte, überhäufte den Herzog mit Liebkosungen und allen denenjenigen Schmeicheleyen, die dem verbindlichen geschmeidigen Wesen Conrads eigen waren. Er ließ dem Herzoge Welf Ehrenbezeugungen wiederfahren, die keiner sonst von denen andern begleitenden Fürsten genoß. Immer war Welf der nächste beym Kaiser Conrad. Von den Geschenken, welche Conrad von seinem Schwager, dem Kaiser zu Constantinopel erhielt, gab er einen Theil diesem Herzoge. Allein alle diese Kleinigkeiten konten nicht dem Herzoge Vergütigungen für diejenigen Besitzungen seyn, die er mit Recht fodern konte. Man gibt wahre Vortheile nie für Liebkosungen hin, wenn man kein Feiger ist.

Bey den vielen Unfällen, welche den Kaiser im Oriente betrafen, wuchs der Muth des Herzogs Welf.

Er eilte vom Kaiser weg, und nahm seine Reise über Apulien. Hier ermunterte ihn der König Rogerius aufs neue zum Kriege wegen seiner Anforderungen gegen den Kaiser. Rogerius sicherte sich selbst dadurch, wenn er in Deutschland Beschäftigung machte, für einem befürchtetem Kriege mit dem Kaiser, welcher desto gefährlicher war, da Conrad mit dem Kaiser zu Constantinopel in ein Bündnis gegen ihn getreten war. Welf erhielt nicht allein Unterstützung an Gelde, sondern man machte auch ein Gegenbündniß wider den Kaiser, wozu man besonders Heinrich den Löwen einladete.

Durch diese Hofnungen gestärkt, bereitete sich Welf zu einem neuen Kriege. Indessen aber erschien der Kaiser Conrad selbst in Deutschland. Welf lauerte auf eine bequeme Gelegenheit. Diese zeigte sich, als Conrad im Anfang des Februars 1150 zu Speyer einen Reichstag hielt. Welf brach mit seinen Truppen in die Besitzungen des Kaisers in Schwaben, und belagerte das Schloß Flochberg, nicht weit von Nördlingen.

Hier übernahm der junge König Heinrich die Feldherrnstelle gegen den Herzog Welf, und zog mit einer Anzahl Truppen gegen ihn. Er lagerte sich bey Horburg, und drang bald hernach auf den Feind los. Das Glück krönte diese erste kriegrische Unternehmung und Heinrich lieferte eine Schlacht, nach der damaligen Art, wo Schlachten nicht so starke Armeen wie itzt in Bewegung setzten, und ward in diesem Gefechte Sieger.

Wir

Wir wollen diese Begebenheit mit den eignen Worten des jungen Königs erzählen, wie er sie in einem Briefe an die griechische Kaiserin, seine Tante, berichtet: —

„Am achten Februar fiel der stolze und ungetreue Herzog Welf, uneingedenk verschiedner Wohlthaten meines Vaters, in unser Gebiet ein, als eben mein Vater wegen öffentlicher Geschäfte weit entfernt war. Ich blieb mit einem Theile des Kriegsheeres in einem unsrer Schlösser. Der Feind grif die Festung Flochberg an, ich aber war zu Horburg. So bald ich von dem Angriffe des Feindes Nachricht bekam, ging ich eilfertig auf ihn los. Als ich mich ihm näherte, schickte ich die leichte Reuterey voran, um, wenn er die Flucht ergriffe, ihn zu verfolgen, und ich selbst folgte in zwey Corps nach. Da ihn unsere Truppen erreichten, wendete er sich gegen uns, und wir hielten ein Gefecht, worinnen ich, durch die Hülfe GOttes siegte. Mein Vortheil war so entscheidend, daß, wenn nicht die Finsterniß der Nacht den Feind begünstigt, und ihn unsern Verfolgungen entzogen hätte, wohl keiner davon gekommen wäre. Wir haben dreyhundert Ritter gefangen genommen, eine Menge wurde getödtet oder verwundet. —„

Dieser Sieg des jungen Königs verbreitete allenthalben das Lob seiner kriegrischen Talente. Man erhob seinen Muth, und freute sich, einen neuen jungen Held zur Erhaltung der Ruhe in Deutschland aufwachsen zu sehen. Am Hofe des Kaisers verdoppelte die Furcht für die Guelphische Parthey die Freude des

Sieges. Heinrich hatte sich allen, besonders seinem Vater dadurch auf eine sehr empfehlende Art werth gemacht.

Die Frucht dieses Sieges war über die Erwartung groß. Die Fürsten, welche die Parthey des Herzogs Welf gehalten hatten, wurden schüchtern gemacht, und der Kaiser konte nunmehr es wagen, gegen Welf einen allgemeinen Krieg zu beschliessen, welcher jedoch bald hernach durch die Vermittlung des Herzogs von Schwaben, Friedrichs, vermieden wurde, indem man mit Abtretung einiger Güter den Herzog Welf zufrieden stellte, und die Ruhe von dieser Seite sicherte.

Conrad bemühte sich nunmehr, durch eine würdige Gemahlin, das Vergnügen seines ruhmvollen Sohnes zu vermehren. Er wandte sich an den kaiserlichen Hof zu Constantinopel, und hielt um eine Prinzeßin aus diesem Hause für seinen Prinz an. Das Geschäfte, diese Vermählung zu Stande zu bringen, wurde dem Graf Alexander von Gravina aufgetragen, welcher wegen seines Abfals vom König in Sicilien, dem gemeinschaftlichen Feinde der beyden Kaiser, eine angenehme und gutgewählte Person war. In denen noch vorhandnen Briefen des Kaisers Conrad, dieser Absicht wegen, wird um eine baldige Vollentung des geschehenen Antrags gebeten. Ohnstreitig wollte Conrad gern diese neue Vereinigung seines Hauses und des Kaiserlichen zu Constantinopel vor dem Kriege zu Stande gebracht sehen, welchen er gegen den König von Sicilien nun mit allem Ernst anzufangen im Begrif

grif stand, und wozu sich der Kaiser zu Constantinopel zugleich verbunden hatte.

Ehe noch diese Vermählung geschlossen werden konte, starb, in diesem Jahre 1150, ganz unvermuthet der junge rühmwürdige König Heinrich, in der ersten Blüthe seines Lebens, und vereitelte alle Freude seines Vaters, und alle Hofnungen Deutschlandes, welches in ihm einen künftigen, guten und tapfern Regenten verehrte. Die Bedaurung seines frühzeitigen Todes und des dadurch erhaltnen Verlustes verbreitete sich durch unser ganzes Vaterland. Man muste einen jungen Prinz schätzen, der einem alten versuchten Helden, wie Herzog Welf war, sich entgegen zu stellen gewagt, und zu siegen verstanden hatte.

Heinrich hatte Fähigkeiten gezeigt, die ihn über sein Alter erhoben, und die ersten Früchte davon, dem Vaterlande geweiht, verdienten immer eine Erinnerung der spätern Zeit. Es ist die Schuld seiner schriftstellerschen Zeitverwandten, daß wir den persönlichen Charakter dieses Prinzen nicht genauer zeichnen können. Vielleicht würde dadurch seine Lebensbeschreibung interessanter geworden seyn. Aber auch so, wie wir ihn itzt geschildert haben, ist er immer fähig, mit seinem Andenken den deutschen Leser eine halbe Stunde lang zu unterhalten.

* * *

Ich will hier die Erinnerung nicht wiederhohlen, welche ich, wegen der Wahl der Person für diese Biographie, im Anfange vortrug. Ein berühmter Kenner der deutschen Geschichte wünschte, daß dieser junge

König Heinrich hier in der deutschen Biographie einen Platz erhalten möchte. Sein Wunsch ward mir Bewegungsgrund, und wenn ich den fehlenden Nahmen hieher setzte, glaubte ich eine gute Schutzwehr zu haben. Eben deswegen aber, um dem Urtheile nicht vorzugreifen, setze ich hier nichts weiter hinzu, als die Anzeige dererjenigen Quellen und Hülfsmittel, die mir den Stof meiner Erzehlung hergaben.

Die merkwürdigsten Nachrichten und den ganzen Zusammenhang der Umstände bey dem König Heinrich lernt man am sichersten und ausführlichsten aus den Wibaldischen Briefen, welche die Collectio Amplissima Veterum scriptorum et monumentorum des Martene und Durand Tom. II. a pag. 153 sequ. enthält. Aus diesen bisher noch nicht genug genutzten Briefen, davon eine gute Anzahl den Kaiser Conrad, und den König Heinrich selbst zu Verfassern hat, nahm ich das vorzüglichste meiner Erzehlung, und nutzte das Zeugnis der gleichzeitigen Männer.

Weniger umständliches, ob gleich die Hauptvorfälle, merkt der bekante Otto Frisingensis an, sowohl in seiner Chronik, als auch in seinem Leben des Kaisers Friedrich, woraus ich so gar zwey Stellen übersetzt habe. Eben dasselbe habe ich bey einer Stelle des Radevichs gethan, eines Scribenten, den ich, überhaupt, im Vergleich mit seinen Zeitgenossen, nicht genug preisen und schätzen kan. Man kan ihn den besten Schriftstellern in der Geschichte an die Seite setzen, ob er gleich zuweilen vom Witze verführt zu werden scheint.

Herr

Herr Hahn erzehlt in seiner Reichshistorie weniges, und fast nichts beträchtliches von dem Könige Heinrich. Barre, welcher auch hier seinen Character, des unzuverläßigen, nicht verleugnet, schreibt, ohne Grund, dem Könige Heinrich mehr zu, als bewiesen werden kan. Er führt eine Urkunde an, welche den Herzog von Dijon betrift, (B. III. der deutsch. Uebers. S. 427.) ohne uns zu sagen, wo sie steht, und welche man wohl vergebens suchen wird. Sie ist vom Jahre 1146 angegeben; und damals war Heinrich noch nicht römischer König, welcher, wie bekant, erst im folgenden Jahre 1147 auf dem Reichstage zu Frankfurt zum König erwählt wurde. — Man wird also leicht einsehen, wie wenig Barre brauchbar gewesen sey.

Am genauesten und richtigsten merkt der in der mittlern Geschichte so schätzbare Mascov die Hauptumstände der Periode an, in welcher Heinrich lebte. Die vornehmsten Wibaldischen Briefe sind ebenfals angeführt, und die Commentarii de rebus Imperii Romano-Germanici sub Conrado tertio sind das Beste, was von der Geschichte dieser Zeiten bisher geschrieben worden ist; bis wir nehmlich die grössere Reichshistorie des Herrn Hofrath Häberlin werden erhalten haben, in welcher ohnstreitig noch manches berichtiget werden wird, da schon der so genante Auszug dieses, ohnerachtet der vorgeschriebnen Kürze, auch bey dem Könige Heinrich, leistet.

Leben
Albrechts des unartigen,
Landgrafens in Thüringen.

Diejenigen schrecklichen und sonderbaren Wirkungen einer heftigen leidenschaftlichen Liebe, wodurch die Dichter ihren Geschöpfen der Einbildungskraft Interesse zu geben suchen, machten die merkwürdigsten Begebenheiten des Prinzen aus, den wir itzt schildern wollen. Das Leben Albrechts des unartigen ist ein wahrhafter, wirklich geschehner Roman. Es zeigt uns die menschliche Natur durch Leidenschaft zu den unnatürlichen Handlungen verführt, und wird, als Beyspiel, durch die Folgen der sittlichen Unordnung, für die Neugierde unterhaltend, und für das Herz lehrreich.

Albrecht wurde im Jahr 1240 gebohren. Sein Vater Heinrich, mit dem Zunahmen illustris, der erlauchte; Marggraf von Meissen, und nachher 1247 Landgraf von Thüringen, gehörte zu den reichsten, mächtigsten und gütigsten Fürsten Deutschlandes. Sein Ruhm war eben so groß, als seine Pracht glänzend, daher er den Nahmen des erlauchten bekommen haben soll. Er hieß zugleich der milde, und genoß von denen Unterthanen Liebe, und von denen Fürsten Achtung. Sein ältester Prinz Albrecht erhielt alle diejenige Erziehung, welche ihn zu einen künftigen ruhmvollen Fürsten bil-

Landgrafens in Thüringen.

bilden konte. Besonders machten öftere ritterliche Uebungen und Tourniere, wobey man Pracht verschwendete, einen grossen Theil der Beschäftigungen an dem Hofe seines Vaters aus. Der junge Prinz Albrecht gewann daran sehr bald Geschmack, und schien einen kühnen Helden an sich zu versprechen.

Sehr frühzeitig sorgte der Vater auch für das Glück seines Sohnes durch eine Vermählung. Der Prinz bekam noch in der Wiege eine Braut. Die Prinzeßin Margaretha, des Kaisers Friedrichs des zweyten Tochter von der Englischen Prinzeßin Isabelle, welche erst einige Jahr alt war, wurde schon 1242, dem jungen Prinzen Albrecht, der zwey Jahr alt war, feyerlich verlobt. Heinrich hatte sich selbst zum Kaiser begeben, und diese wichtige Verlobung, mit vielem Vortheile für sein Haus, zu Stande gebracht. Der Kaiser versprach zum Brautschatz eine Summe von zehntausend Mark Silbers, und setzte dafür indessen die Landschaft Pleissen zum Pfande, welche auch hernach, da die Vermählung seines Sohns vollzogen war, Heinrich in Besitz nahm.

Das Ansehn der Verbindung seines Hauses mit dem Kaiserlichen hatte für den Marggraf Heinrich so viel Reiz, daß er zur wirklichen Vermählung der Verlobten, so bald er konte, eilte. Besondre Umstände wurden neue Bewegungsgründe. Der Kaiser, Friedrich der zweyte, starb im Jahr 1250 in Italien, ob gleich viele an diesem Tode, wegen eines ehedem ähnlichen ausgebreiteten Gerüchts, zweifeln wollten. Friedrich selbst hatte befohlen, daß man seinen Tod geheim halten sollte. Der Marggraf Heinrich, welcher ohnstreitig von diesem Tode Nachricht bekommen hatte, verbarg, wie man aus einem Diplom sieht, denselben gleichfals, und trachtete nun desto begieriger nach dem Besitz der versprochnen Herrschaft Pleissen. Unterdessen war der Sohn Friedrichs, Conrad, nach Italien gegangen, wo er mit den schrecklichsten Unruhen zu kämpfen hatte, und endlich 1254 getödtet wurde. Da in Deutschland nunmehr die Zerrüttung sich ganz ausgebreitet, und Räuberey und Unordnung jedes Land unsicher gemacht hatte: so war es der Klugheit Heinrichs um so viel mehr gemäß, daß er behauptete, Friedrich der Kaiser lebe noch, und zum Besitze von den versprochnen Gütern zu eilen suchte. Man hatte wegen der übrigen Erbschaft des verstorbnen Kaisers so gar eine dunkle Aussicht der Hofnung, welche aber hernach, da sie sich völlig aufklärte, Albrecht gar nicht nutzte. Die ersten Absichten wurden so gleich mit der Vermählung erfüllt. Albrecht wurde, da er sechzehn Jahr alt war, (1256) der Gemahl der kaiserlichen Prinzeßin Margaretha, deren Alter dem seinigen gleich war *). Die kurzsichtige Weisheit der Menschen sah in dieser Ehe viel angenehmes vorher, da doch ihre Folgen betrübt und traurig wurden.

Albrecht entsprach in den ersten Jahren der Ehe allen Hofnungen, die man von ihm sich gemacht hatte. Er widmete sich besonders den ritterlichen Uebungen, welche sein Vater, nachdem er die Landgrafschaft Thüringen,

---

*) S. des Hrn. von Lingen, kleine deutsche Schriften Th. I. S. 129. u. ff. dessen critischen Berichtigungen man hier gefolgt ist, und in Absicht der Zeitrechnung auf weiter, in diesem Leben, folgen wird.

ringen, nach dem Tode des Landgrafen erhalten hatte, mit einem auserordentlichen Gepränge öfters halten ließ. Ein solches Tournier wurde zu Nordhausen 1262 gehalten, welches wir seiner Sonderbarkeit wegen hier nicht übergehen wollen. Es wurden von allen Orten her Ritter verschrieben, um diesem Tourniere beyzuwohnen. Die Pracht dabey war auserordentlich, und dauerte mit diesen Uebungen über acht Tage. In der Mitte eines Platzes war ein silberner Baum gesetzt, mit goldnen und silbernen Blättern. Wer im Tournier die Lanze brechen konte, bekam ein silbernes Blatt; wer aber seinen Gegner vom Pferde warf, erhielt ein goldnes. Die Schriftsteller erzehlen, daß ein mehr als kaiserlicher Reichthum und Glanz auf dieses Fest verwendet worden sey.

Durch die blendende Ehre des Ritterstandes gelockt, nahm der junge Prinz Albrecht denselben selbst an, und wurde mit allen Feyerlichkeiten ein Ritter. Es gehörte zu den Gelübden dieses Ordens, keine Gelegenheit vorbey zu lassen, wo man gegen die Ungläubigen fechten konte. Albrecht suchte die Gelegenheit, und begab sich in den Feldzug gegen die Heyden in Preußen. Die Geschichte gibt ihm das Lob der Tapferkeit, und des unerschrocknen Muthes. Man erzehlt, daß Albrecht in diesem Kriege ungemeine Eigenschaften gezeigt, und sich viel Ruhm erworben habe. Wegen des eingefallenen harten Winters aber konte er wenig grosses ausführen, und kam bald, doch nicht ohne Beyfall und Ruf, zurück. Dieß ist die einzige sichre Stelle in dem Leben dieses Prinzen, wo der Biograph Lob und Ruhm hinsetzen kan. Ein sehr gut angefangnes Leben

wur-

wurde bald in ein sehr schlechtes verwandelt. Sonst pflegt die Jugend der muntern Genies irre zu gehn, bis das reifere Alter die richtigen Wege des Lebens zeigt, und die Leidenschaft der Vernunft unterthan wird. Albrecht zeigte das Gegentheil.

Die erste Ursache dazu gab ein unerwartetes Glück, welches ein Ausfluß der gütigen Thorheit des Vaters war. Der Marggraf Heinrich war endlich in seiner väterlichen Liebe bis dahin gekommen, wo sie Schwachheit und Unklugheit wird. Er fiel auf den seltsamen Gedanken, seine Länder mit seinen Söhnen, unserm Albrecht und dessen jüngern Bruder, Dietrich, zu theilen. Ein Herr, der kaum funfzig Jahr alt ist, und schon seine Güter den Kindern mittheilt, gehört zu den ungewöhnlichsten Erscheinungen. Die Schriftsteller haben sich bemüht, Gründe davon aufzusuchen, aber blosse Muthmassungen gefunden. Um sich die allzu beschwerlichen Regierungssorgen zu erleichtern, sagen sie, um seine Prinzen frühzeitig regieren zu lehren, um Streitigkeiten wegen der Erbschaft nach dem Tode zu verhindern, entschloß sich Marggraf Heinrich, einen Theil seiner Länder seinen Söhnen mitzutheilen. Allein man irrt bey allen diesen Vermuthungen, welche aufs höchste Entschuldigungen für den Marggraf bey einem partheyischen oder schielenden Geschichtschreiber seyn können.

Heinrich, der Vater unsers Prinzen Albrecht, war eine von den gutgearteten Seelen, welche aus überfliessender Güte die schädlichsten Fehler begehn. So hatte er schon eine Menge von Dienern, Hofleuten und Geistlichen durch überhäufte geschenkte Reichthümer undankbar

dankbar gemacht. Seine Freygebigkeit ergoß sich über alle, die sich ihm näherten. Was war natürlicher, als daß sie, von der väterlichen Liebe vermehrt, einen besondern Ausbruch gegen die Kinder nahm? Noch blühte im Albrecht die schönste Hofnung. Die Zärtlichkeit des Vaters schmeichelte sich mit den süssesten Träumen, wenn sie so die Kinder selbst Völker glücklich regieren sehen würde. Das weiche überwallende Vaterherz ließ sich von diesen Gedanken bethören, und weil die Entschliessung der Empfindlichkeit immer der Ueberlegung des Verstandes zuvor rennt, so wurde auch hier bald die Theilung der Länder zwischen Vater und zwey Söhnen zu Stande gebracht. Prinz Albrecht wurde Landgraf von Thüringen, so daß er dieses ganze Land, in geistlicher und weltlicher Gerichtsbarkeit, uneingeschränkt und frey beherrschte. Der jüngere Prinz Dietrich erhielt Landsberg, und das so genante Osterland, zwischen der Elbe, Elster und Mulda, ausgenommen Altenburg und Pleissen, welches als ein Erbgut der Gemahlin dem Prinz Albrecht zu Theil wurde. Die übrigen Länder, besonders Meissen, behielt der Vater, Marggraf Heinrich. Die Zeit dieser Vertheilung wird von den Schriftstellern sehr verschieden angegeben: einige setzen das Jahr 1263, andere das folgende. Die noch vorhandnen Urkunden beweisen, daß wenigstens vor dem Jahr 1265 Marggraf Heinrich die Unvorsichtigkeit dieser Vertheilung seiner Länder beging.

Wenige Zeit war Albrecht Herr von Thüringen gewesen, als er auf einmal alle von sich gemachte Hofnung täuschte, und ein Widerspiel mit sich selbst wurde. Prinz Albrecht, und der Landgraf Albrecht schienen zwey verschiedne Personen zu seyn; so sehr war er ausgeartet. Er bekam so gar bald darauf den Nahmen des ausgearteten oder unartigen (Degener), und behauptete diesen Nahmen im Leben und in der Geschichte. Zwietracht mit seinem Vater, Bruder, und endlich mit seinen eignen Söhnen, Verfolgung seiner Gemahlin, und unartige Liebe mit allen ihren Folgen bezeichneten sein Leben.

Als er wenige Zeit die Landgraffschaft Thüringen beherrscht hatte, und mit diesem Glücke, welches ihm sein Vater gegeben hatte, bekant geworden war, so ergrif ihn schon der Neid wegen der Besitzungen seines Bruders. Er überließ sich dem Ehrgeize, welcher gemeiniglich diejenigen Personen ergreift, die unvermuthet grösser wurden, als sie glaubten. Ihr Geist dehnt sich gleichsam in eine weitere Sphäre aus, und bekomt durch diese angenehme Uebung Lust, sich noch weiter auszudehnen. Der wilde Charakter Albrechts verbarg diese Schwachheit nicht, sondern beneidete seinem Bruder Dietrich die reichen Bergwerke zu Freyberg so öffentlich, daß er entweder, nach einigen Scribenten, einen Theil der Ausbeute verlangte, oder, nach andern Berichten, fand er sich durch den Vater beleidigt, der diese Bergwerke noch besaß, aber, auf den Fall seines Todes, den jüngern Prinzen Dietrich zum Erben davon bestimte. Nach verschiednen wechselseitigen Streitigkeiten griffen im Jahr 1268 beyde Brüder, Albrecht und Dietrich, zu den Waffen. Ehe aber noch der Krieg sich ausbreitete, ob er gleich wirklich schon angegangen war, legte sich der Bischof von Naumburg, der Vetter der streitenden Brüder, ins Mittel, und söhnte sie wiederum

derum mit einander aus. Zu Ende des Jahrs 1269, da schon beyde feindliche Heere verschiedne Gefechte mit einander gehalten hatten, kam dieser brüderliche Friede zu Stande, welcher dennoch nach sechs Jahren wieder gebrochen wurde. Man findet, daß nach dem Tode des Marggrafens Heinrich beyde Prinzen Albrecht und Dietrich an den Einkünften der Bergwerke zu Freyberg Antheil gehabt haben.

Kaum hatte Albrecht mit dem Bruder Friede gemacht, als er nun auch mit dem Vater Streitigkeiten anfing. Die Ursache dazu scheint die Predilection zu seyn, die Marggraf Heinrich gegen seinen jüngern Prinz Dietrich bezeugte, weil Albrecht itzt immer mehr und mehr entartete, gegen den Vater rauh, gegen seine Bedienten verschwenderisch, und mit Weichlichkeit wollüstig wurde. Die Geschichte schweigt von den Feindseligkeiten, welche sich etwa der unartige Sohn gegen seinen gütigen Vater mag erlaubt haben; sie hat uns aber das Denkmal einer Versichrungsacte aufbewahrt *), woraus man den stärksten Argwohn von sehr unnatürlichen Vergehungen schöpfen kan. Albrecht verspricht darinnen; er wolle seinem Vater nicht hinterlistig nachstellen; er wolle dessen Schlösser und Städte nicht feindlich angreifen; er wolle die Räthe seines Vaters weder gefangen nehmen, noch ihnen Schaden zufügen; er wolle sich in kein Bündnis wider den Vater einlassen. Versprechungen, welche verrätherisch genug sind, und anzeigen können, wie weit Albrecht die kindliche Pflicht schon damals beleidigt haben müsse! Alles was bis dahin wider den

---

*) S. Tenzelii Vit. Fr. adm. in Menck. Scriptt. To. II. p. 914 sequ.

den Vater vorgenommen worden sey, solle vergessen und aufgehoben seyn. In streitigen Fällen, welche sich etwan ereignen sollten, gelobte Albrecht an, sich dem Ausspruche des Bischofs von Meissen, und seines Vetters, des Grafen von Henneberg, Hermans, zu unterwerfen. Diese Versicherungen wurden auf Treue und Glauben gegeben, und mit einem feyerlichen Eide bestätigt.

Noch in eben diesem Jahre 1270 fügte Albrecht seinen bisherigen Vergehungen eine neue bey, welche sein ganzes Leben hernach verdarb. Er hatte schon seinen Bruder und Vater zum Gegenstande seines Hasses gemacht; nun fing er an seine Gemahlin zu hassen. Die Wirkungen stiegen bis zur Grausamkeit und Mord.

An seinem Hofe befand sich ein Fräulein von bewunderter Schönheit, Cunigunda von Isenberg. Sie war eine Hofdame der Landgräfin, und sollte derselben zur Aufwartung und zum Umgange dienen. Sie entzückte den ganzen Hof. Jedermann erhob ihre Reize. Die schöne Cunigunde ward mit Lobsprüchen überhäuft, und man gab ihr von ihren Reizen allgemein den Nahmen, der schönen. Wäre Margaretha, die Gemahlin Albrechts, nach der Mode ihres Geschlechts, eifersüchtig gewesen, so hätte sie etwas so verführerisches, wie eine Schöne für einen lebhaften Gemahl ist, durch gute Mittel, bald im Anfange zu entfernen gesucht. Allein Furcht, oder ehrliche Sorglosigkeit hielt sie von allen Mitteln, eine schöne Dienerin vom Hofe zu schaffen, ab. Zu spät sahe sie die Gefahren, in welche sie gerathen war.

Der

Der Landgraf verliebt sich in die schöne Cunigunde, und sie gibt den unsittlichen Foderungen bald Gehör. Mit jeder Schönheit, welche ihren Werth nur im geringsten kennen lernt, ist Stolz verbunden, und wenn dem Stolze geschmeichelt wird, artet er sehr leicht in Laster aus. Cunigunde, deren weibliche Schwachheit durch blendende Versprechungen des Landgrafens bethört wurde, überließ sich ganz der Leidenschaft. Sie wurde Buhlerin, weil sie stolz war. Sehr bald gewann sie, nach Art solcher entehrender Geschöpfe, die ganze Zuneigung des Landgrafens, und beherrschte ihn gänzlich. Von einem Schritte des Lasters ging sie zum andern fort. Sie wendet nicht allein das Herz des Gemahls von der Gemahlin völlig ab, sondern flößt ihm auch einen Haß gegen die Gemahlin ein, welchen sie täglich zu vermehren versteht. Margaretha, die kaiserliche Prinzeßin wird verfolgt, und ihre Dienerin geliebkoßt; jene sieht sich beständig den empfindlichsten Beleidigungen, Murren und Unwillen ausgesetzt: diese genießt Liebe, Schmeicheley und Vergnügen, wenn anders die Berauschung des Strafbaren Vergnügen heissen kan.

Es vergingen einige Jahre in dem Taumel dieser schändlichen Verbindung, denn man setzt den Anfang derselben gemeiniglich in das Jahr 1268, ehe die äusersten Wirkungen erschienen. Die Gemahlin seufzte, und die Buhlerin frohlockte bis ins Jahr 1270.

Nun hatte der Stolz der Cunigunde so viel Frechheit, durch öftere Uebung, erlangt, daß sie Verbrechen zu begehen stark genug war. Sie überredete ihren Liebhaber, daß er die Gemahlin aus dem Wege zu räu-

räumen beschloß. Albrecht war heftig und wild, und solche Charaktere sind leicht zu verführen. Man faßte den Anschlag, die mitleidswürdige Margaretha zu vergiften. Weil ihre Diener aber ihr getreu waren, und keiner von denen Hofleuten dieses schändliche aufgetragne Geschäfte übernehmen wollte, so mußten die Verliebten andere Mittel ersinnen, um eine Ehe durch Mord zu endigen.

Cunigunda ruhte nicht eher, bis sie den Entwurf ihres abscheulichen Anschlages vollendet, und jemanden zum Morde der Landgräfin vermocht hatte. Ein Mann aus dem niedrigsten Pöbel, ein Eseltreiber, welcher täglich auf seinen Thieren Wasser und Holz dem Schlosse Wartburg zuführte, übernahm endlich die Rolle des Mörders. Der Fürst und Cunigunde liessen ihn heimlich in ihr Zimmer kommen, und versprachen ihm die grösten Belohnungen, wenn er die Landgräfin in der folgenden Nacht tödten wollte. Cunigunde sagte ihm, wie er ins Schlafgemach kommen konte, und sie selbst wollte ihm die Thüren dazu öfnen. Er sollte sich in ein Gespenst verstellen, und so die Gemahlin erwürgen; worauf man ihren Tod, als einen unnatürlichen einem bösen Geiste zuschreiben wollte.

Der Eseltreiber läßt sich gewinnen, und stellt sich des Nachts zur bestimten Zeit ein. Die Buhlerin öfnet ihm den Weg, und er tritt in das Zimmer der Landgräfin, wo sie schläft. Hier entsetzt er sich plötzlich — denn er war kein geübter Bösewicht — und er verabscheut seine schwarze That in dem Augenblicke, da er sie ausführen will. Er weckt durch ein Geräusche die Land-

Landgräfin aus dem Schlafe auf; kniet vor ihr Bette, und weint, und bittet um Verzeihung. Die Landgräfin geräth in eine sonderbare Ueberraschung, und fragt den Mann, was er wolle. Er gesteht alles, was er weiß, und was er thun sollte. Er bittet sie, für ihr Leben eilig zu sorgen, und sich zu erretten; er selbst will ihr Begleiter, und lieber ihres Elendes, als ihrer Ermordung theilhaftig seyn. Sie läßt in der Verwirrung ihren Haushofmeister, einen Schenk von Vargula rufen, und berathschlagt sich mit ihm über ihre Errettung. Man beschließt die eilfertigste Flucht. Die Landgräfin begibt sich noch vorher, in der Eile, zu ihren geliebten Kindern, die sie verlassen muß, und nimt unter tausend Thränen und Wehmuth von ihnen Abschied. Margaretha war eine zärtliche Mutter, und konte sich von den Umarmungen ihrer Kinder nicht losreissen. Sie bedeckte sie mit Küssen der wärmsten, thränenvollen Inbrunst, mit den letzten Küssen, die sie ihren geliebten Kindern geben konte. Sie gerieth besonders bey dem mittelsten von ihren drey Prinzen, Friedrich, welcher zwölf Jahr alt war, in eine solche heftige Hitze, daß sie ihn unter den raschesten Küssen in den Backen biß, wovon er beständig das Merkmahl, ein Zeichen der mütterlichen innigsten Zärtlichkeit, und auch den Zunahmen in der Geschichte, Friedrich der gebissene (admorsus) erhielt. Nach diesem traurigen wehmüthigen Abschiede, den die Gefahr beschleunigte, wurde sie, in verschwiegner Stille, an zusammengebundnen Tüchern oder Seilen, mit vieler Gefahr, über die Mauer des Schlosses herunter gelassen; und so entrann sie der obschwebenden Todesgefahr.

Margaretha, die Tochter eines ruhmwürdigen Kaisers, und eigentlich die Erben itzo von weiten Staaten, begab sich nun ins Elend. Sie gieng; es war gleich nach Mitternacht, zu Fuße, mit wenigen Begleitern nach Kranenburg, wo sie einen Wagen bekam, der sie nach Fulda führte. Von hier sandte sie der Abt Berthold nach Frankfurt. Als sie dort angekommen war, ging sie in ein Nonnenkloster, und widmete sich der Einsamkeit und den gottesdienstlichen Handlungen. Unter Gram und Betrübnis lebte sie da den traurigen Rest ihres unglücklichen Lebens hin, einen kleinen Rest; denn der Schmerz der Wehmuth verkürzte das Leben der Unglücklichen. Sie starb, vom Gram verzehrt, noch in demselbigen Jahre 1270 zu Frankfurt, bedauert von den Rechtschafnen, beweint von ihren Freunden, ein Opfer der Eifersucht, und ein Grund zu einer Reihe von neuen widrigen Vorfällen. Der Weichherzige weiht der unglücklichen Prinzeßin eine Thräne, welche den Frauenhaß; der immer bittrer und grausamer ist, als Männerhaß; mit allen seinen Wirkungen, bis zur tödtenden Wuth, erlitt.

Albrecht freute sich mit seiner Buhlerin, von der Gemahlin entledigt zu seyn, ob gleich die Umstände dieser Befreyung auch sehr unangenehm waren. Doch wie leicht setzt sich ein von der Leidenschaft der Wollust Trunkner über alle Vorwürfe, Ruf und Achtung hinweg! Nicht nur Ruf und Achtung, sondern die beträchtlichsten wesentlichsten Vortheile vernachläßigte der für buhlerische Liebe nun fast unsinnige Albrecht. Margaretha verschafte ihm Ansprüche auf die ganze Verlassenschaft und alle Länder des Kaisers Friedrich, nachdem

die

die männlichen Erben, noch vor dieser Zeit, gestorben waren. Allein daran gedachte der bethörte Albrecht nicht: so weit verdirbt die unsittliche Liebe den Menschen. Albrecht konte Foderungen auf das Herzogthum Schwaben, und auf das Königreich Sicilien machen; er war der nächste Erbe dazu, nachdem Conrad der vierte todt, und auch Conradin, der letzte von diesem Stamme 1268 zu Neapel war enthauptet worden. Alles vergaß er, in den Armen der Cunigunde. Er beschäftigte sich lieber mit den Küssen der Buhlerin, als mit der Erbschaft der Länder. Er führte lieber Krieg mit den Söhnen, als mit den Feinden seines Glücks.

Wie er merkte, daß die Ursache von der Flucht seiner Gemahlin bekant werden möchte, und er doch das Gerüchte noch einiger maassen scheute; so gab er öffentlich vor, daß seine Gemahlin mit einem Hofmanne, welcher sie begleitet hatte, verbotne Liebe gepflegt, und mit demselben nun endlich entlaufen sey. Den Herrn von Vargula, welcher zur Flucht gerathen, und das meiste dazu beygetragen hatte, bestrafte er mit den härtesten Worten, und zog gleich darauf alle seine Güter ein.

Als die Gemahlin, Margaretha, zwey Monate nach ihrer Flucht gestorben war, so ließ sich Albrecht mit der Cunigunde, welche er immerfort, wie ein alter Scribent sagt, „ganz überschwenglich liebte,„ feyerlich vermählen. Er hatte mit ihr einen Sohn erzeugt, welchen Cunigunda, nach der Gewohnheit der damaligen Zeiten, ehrlich machen ließ. Sie nahm ihn, während der Trauung unter ihren Mantel oder Rock. Es war dieser Gebrauch damals, die unehligen Kinder also ehrlich zu machen, gewöhnlich. Nun genoß Cunigunda, der schöne Körper, und die häßliche Seele, die Erfüllung ihrer Wünsche.

Noch nicht damit zufrieden suchte sie ihren Sohn, zum Nachtheil aller andern Söhne des Landgrafens aus der ersten Ehe, zum Erben von den väterlichen Ländern zu machen. Albrecht gerieth bald auch in eine eben so thörichte Neigung gegen seinen kleinen Sohn, als er gegen die Mutter desselben hatte. Er bestrebte sich aufs äuserste, ihn in allen, seinen ächten Brüdern vorzuziehen, und jene zu verachten und zu verfolgen. Ein alter Scribent erzehlt so gar, daß er willens gewesen sey, die drey Söhne von der kaiserlichen Prinzeßin Margaretha aus dem Wege zu räumen. Wenigstens hielt er sie so hart, daß das Mitleid ihren Onkel, den Marggraf Dietrich rührte, und weil er befürchtete, daß ihr Leben in Gefahr kommen möchte, und die häßliche Cunigunde sie zu sehr möchte verfolgen, so bat er sich diese Prinzen von ihrem Vater aus, welcher sie auch bald verwilligte. Der Vater Albrechts, der alte Marggraf Heinrich lebte noch und sah alle diese Trauerspiele in dem Hause seines entarteten Sohnes, sah die Früchte seiner übereilten väterlichen Liebe, und der Theilung der Länder. Er bewog endlich den Sohn, Albrecht, daß er dem ältesten Sohne, Heinrich, die Verwaltung der Herrschaft Altenburg übertrug. Bald hernach aber entriß Albrecht seinem Sohne wiederum das gegebne Land, und daher bekam dieser junge Prinz den Nahmen, Heinrich ohne Land. Der Grimm des ungerechten Vaters machte sein Leben traurig. Er erscheint in der Geschichte nicht merkwürdig. Die Schriftsteller gehn in der Bestimmung des Jahrs seines Todes sehr weit von einander ab. Man kan aber mit der grösten Wahrscheinlichkeit behaupten, daß er 1284 gestorben sey.

Seine zwey anderen Brüder, Friedrich und Dietrich, oder, wie er insgemein genent wird, Diezman, waren es, welche an dem Hofe des ältern Dietrich, ihres Onkels, erzogen wurden. Die Ungerechtigkeiten des Vaters, woran sie selbst ihr Aufenthalt täglich erinnerte, das Andenken an die Grausamkeit gegen ihre verstorbne zärtliche Mutter, der Groll gegen die verschwenderische Liebe, womit ihr Vater ihren unächten jüngern Bruder, überschüttete, und endlich das Urtheil selbst und die Vorstellungen ihres großmüthigen Onkels, flößten ihnen nach und nach einen heftigen, grimmigen Haß gegen den Vater ein, woraus Zwietracht, Krieg und unnatürliche Folgen entstunden.

Albrecht ging in seinem schändlichen Hasse gegen seine Prinzen so weit, daß er ihnen so gar die Gunst, die sie an seines Bruders Hof genossen, beneidete. Als Dietrich dieses bemerkte, so erhöhte er nur immer desto mehr seine Liebe gegen die Unglücklichen, und setzte sie so gar, auf den Fall, daß sein einziger Sohn, Friedrich, sterben würde, und wenn keine männliche Nachkommen da wären, zu den Erben seiner Besitzungen ein. Hier fand sich Albrecht beleidigt, welcher glaubte, daß er allein das Recht zu erben haben müste. Die Anreizungen der Cunigunde entfachten seinen Zorn noch mehr; und er drohte mit Krieg, worinnen ihm aber, gleich nach dieser Drohung, Dietrich zuvor kam, und mit einem starken Heere in Thüringen einbrach. Mit dem

dem Marggraf Dietrich hatte sich der Erzbischof von Magdeburg, und der Marggraf Otto von Brandenburg, verbunden. Albrecht, der sich so schnell von Feinden angegriffen sah, sammelte in der Eile ebenfals ein starkes Heer zusammen. Der Erzbischof von Magdeburg war in einigen kleinen Gefechten unglücklich gewesen, und machte daher für sich allein mit dem Landgraf Albrecht Friede, wobey er dennoch die schwarze Tücke hatte, zu seiner Zeit sich zu rächen, und auch nach einigen Jahren, bey Belagerung eines Schlosses, die Soldaten des Landgrafen überfiel. Itzo ward aber Albrecht beym ersten Angriffe seines Bruders von ihm befreyt, und ging hierauf gegen das Heer seines Bruders los. Albrecht war glücklich, und trieb seinen Bruder Dietrich aus Thüringen, nachdem er, nach Art der damaligen Zeiten, einige kleine Gefechte mit Vortheil gehalten, und dadurch den kriegrischen Muth der Feinde gedämpft hatte. Man grif im dreyzehnten Jahrhunderte eben so schnell zu den Waffen, als man sie wieder niederlegte. Die beyden Brüder, unser Albrecht und Dietrich, versöhnten sich noch in dem Jahre 1276, ohne eine wichtigere Veränderung, als daß beyde Volk und Geld verlohren hatten.

Albrecht kehrte wieder in den Schoos seiner Wollust zurück, und hing seinen Begieden nach. Cunigunde hatte ihn durch ihre Liebesbanden dergestalt gefesselt, daß er sich nie wieder erlösen konte. Sie bemächtigte sich nicht nur seines Herzens, sondern, wie gewöhnlich, auch dadurch seines Verstandes, und lenkte ihn nach ihren Winken. Ihr Sohn wurde in der grösten Pracht und Verzärtelung erzogen. Er bekam das von den Nahmen, Apez oder Apitius. Eigentlich hieß er Albrecht, nach seinem Vater; allein Vater, Mutter und Hofleute nanten ihn aus Liebkosung Albrechtchen, und, noch zärtlicher, in der damaligen Sprache, Apezchen oder Apez. So wird er auch insgemein von den Geschichtschreibern genant. Er verdiente den Zunahmen der ausgelassensten, unumschränkten Zärtlichkeit. Der Vater verschwendete grosse Summen an ihn. Alles stand ihm frey, und die Weichlichkeit der Erziehung überschüttete ihn mit allen Vergnügungen und Ergötzlichkeiten des Lebens von allen Arten. Albrecht wandte ihm nicht allein alles zu, sondern er nahm sich vor, mit allem Nachdruck ihn zum Erben seines Gebietes zu bestimmen, und die Söhne der ersten rechtmäßigen Ehe ganz von aller Erbschaft auszuschliessen. Er trug diesen Entschluß denen Landständen von Thüringen vor. Eine grosse Anzahl aber von ihnen weigerte sich, und verschiedne davon gaben denen beyden Brüdern am Hofe des Marggraf Dietrichs davon Nachricht. Dietrich wurde dadurch so aufgebracht, daß er die Prinzen selbst ermunterte, den ungerechten Vater mit den Waffen von seinen seltsamen Entschliessungen abzuhalten. Einige Stände und Grafen von Thüringen erklärten sich öffentlich gegen den Landgraf, und ladeten seine Prinzen ein, ihre Erklärung mit der Macht der Waffen zu unterstützen.

Unter solchen Gährungen der Gemüther, ging, auf Anrathen seines Onkels, der jüngste Prinz Diezmann selbst zu seinem Vater, und bat ihn mit aller Ehrfurcht eines Sohns, und heftig, daß er ihm doch einen gewissen Unterhalt bestimmen möchte. Allein alle

alle Bitten, und alles Flehen war bey dem grausamen Vater umsonst. Diezmann ging von dem Hofe seines Vaters mit diesem Ausdrucke hinweg: Der HErr weiß es, wie ungerecht mein Vater ist, und mich zu dem äusersten nöthigt.

Nach diesem mißlungnen Versuch, und der dadurch erlangten nähern Kentnis von dem Zustande an dem Hofe des Landgrafens, entschlossen sich endlich, die zwen Brüder, Friedrich und Diezmann, Gewalt der Gewalt entgegen zu setzen, und für ihre Rechte zu kämpfen. Selbst ihr Großvater, der alte Marggraf Heinrich, begünstigte ihr Unternehmen, da er seine rechtmäßigen Enkel so mißhandelt, und die Frucht einer unartigen Liebe bis zum Abscheu geliebkoßt sahe. Ihr Onkel Dietrich unterließ nicht, seinen Beyfall zu einem Kriege der Söhne gegen den Vater zu geben. Will man die Prinzen dennoch tadeln, so kennt man die menschliche Natur und ihre Leidenschaften nicht genug. Man tadelt etwas, welches wenigstens übersehen, wo nicht gebilligt, werden muß. —

Albrecht fügte den Ausschweifungen seiner Liebe noch Grausamkeit gegen seine Unterthanen bey. Sie floß aus der Liebe, welche sich gegen jeden rächen wollte, der ihr nicht schmeichelte, und den Schmeichlern hingegen mit einer blinden Bethörung sich überließ. So gab Albrecht die Regierung seines Landes in die Hände der gefälligen Lobredner seiner Thorheiten. Sie herschten, weil sie das Häßliche schön nanten, eine Buhlerin als eine Gemahlin, und einen Herrn als einen Diener verehrten.

Nie

Landgrafens in Thüringen.   43

Nie bekamen Günstlinge eine hohe Gewalt, ohne Feinde zu haben, und ohne diesen Frieden wehe zu thun. Albrechts Günstlinge verfolgten viele Rechtschafne, und trieben die Glückseligkeit aus Thüringen. „Es waren „falsche böse Leute, sagt ein alter Schriftsteller, welche „den Landgraf regierten, und viel Unheil anstifteten, „indem sie der Cunigunde und ihrem Bastard Apez zu „Gefallen leben wollten.„ Besonders befanden sich einige Thüringische Grafen, diejenigen ohnstreitig, welche dem Landgraf die Enterbung seiner rechtmäßigen Prinzen nicht hatten zugestehen wollen, durch Gewaltthätigkeiten beleidigt, und empörten sich wider ihren Herrn. Ihr Beyspiel lockte, wie gewöhnlich, mehr Unzufriedne zur Gesellschaft, und Albrecht sahe einen grossen Theil seines Landes gegen sich in den Waffen.

Unterdessen hatten die beyden Prinzen sich der Herrschaft Pleisse, welches, wie wir oben bemerkten, das Erbtheil ihrer verstorbnen Mutter war, bemächtigt; nicht ohne Begünstigung ihres Großvaters, des Marggrafens Heinrich zu Meissen. Diese Anmassung war bey denen Verhältnissen, in welchen sie mit ihrem Vater standen, nicht so ungerecht, wie es im ersten Anblicke scheint. Aber Albrecht, der Vater, empfand diesen Eingrif in seine Güter mit so vieler Bitterkeit, daß er gegen seine Söhne zu Felde zu ziehen sich entschloß. Die Prinzen zogen selbst gegen den Vater, und so entstand ein wilder, und zugleich sonderbarer Krieg. Die Stadt Erfurt war der Parthey Albrechts mit einer Anzahl von Grafen, die wir hier nicht nennen mögen, beygetreten. Eine andre Anzahl von Grafen und Unterthanen nahm die Parthey der Prinzen. Der

Krieg

Krieg ging im Jahre 1281 an, und wurde so, wie dieses Zeitalter pflegte, geführt. Man vermied eine Hauptschlacht, plünderte, hielt kleine Gefechte, zerstörte Schlösser, schwärmte in wilder Unordnung dahin und dorthin, und siegte, ohne zu gewinnen, und eroberte, ohne etwas zu bekommen.

Es wurden bey den vorfallenden kleinen Gefechten verschiedne Gefangne gemacht, und vorzüglich verlohr Albrecht, gleich im Anfange, einige seiner liebsten Günstlinge. Bald aber darauf erhielt er das Beste, was er wünschen konte. Prinz Friedrich grif bey Weimar das feindliche Heer an, welches unter den Befehlen des Grafen von Kefernburg stand. Er war unglücklich, und wurde gefangen genommen. Frohlockend brachte der Graf den gefangnen Prinzen seinem Vater, auf das Schloß Wartburg. Der Vater wollte den Ungehorsam des Sohns mit Härte bestrafen, und ließ ihn, nachdem er ihn alle Macht des Unwillens und des Zorns durch Vorwürfe und strafende Worte hatte enpfinden lassen, in einen finstern Thurm werfen, wo er alles äuserstes Ungemach einer Todesgefangenschaft erlitt. Er ging noch weiter, und wollte den gefangnen Sohn verhungern lassen; welches auch erfolgt seyn würde, wenn nicht das Mitleid der Hofleute ihn noch insgeheim mit einigen Nothwendigkeiten des Lebens versehen hätte.

Ein neuer Vorfall, welcher sich während dieser Gefangenschaft zutrug, gab unserm Fürst Gelegenheit, seinen Sohn eine neue Wirkung seines Zorns fühlen zu lassen. Einige mächtige Städte der Lombardie, worunter Florenz und Mayland die vornehmsten waren, la-

beten

Landgrafens in Thüringen.

beten den Prinz Friedrich durch einige Bevollmächtigte in ihr Land ein, und trugen ihm die Herrschaft über sich auf. Friedrich hatte sich schon damals, im vier und zwanzigsten Jahr seines Alters, einen weit ausgebreiteten Ruhm erworben. Er war, wegen seiner Mutter, der nächste Erbe von den Besitzungen des schwäbischen herzoglichen Hauses, und die Italiener, welche die fremde Herrschaft des Grafens Carl von Anjou, nicht ertragen konten, wünschten sich diesen muthigen Prinzen zu ihrem Herrn. Die Crone von Sicilien wäre, bey begleitendem Glücke, welches sehr wahrscheinlich war, eine Belohnung seines Muthes geworden. Aller Hofnung dieses Glückes entzog ihn die Ungerechtigkeit seines Vaters. Albrecht verwarf alle Vorschläge der Gesandten, weil sie einen Sohn, den er haßte, betrafen. So weit ging der Groll des Vaters. Noch lebte Cunigunde, und wir würden ihr Unrecht thun, wenn wir ihr nicht den grösten Antheil davon zuschrieben. Es war ihr leicht, den Vater gegen den Sohn aufzubringen, weil die Freunde, welche die heiligsten Bande der Verwandschaft verknüpfet, bey der ersten Entfernung sich desto bitterer entrüsten, je mehr jeder Theil glaubt, daß die Beleidigung des andern die unnatürlichste und ungerechteste sey. Und was kan eine Buhlerin, auch selbst wenn Alter ihren Reiz auslöscht, nicht thun? Durch die Ungerechtigkeit Albrechts verlohr Friedrich alle Hofnung auf Italien, denn der gelegene Zeitpunct zu einem solchen schweren und wichtigen Glücke kam nachher, wie gewöhnlich, nicht wieder.

Albrecht fuhr fort seinen Sohn so hart zu behandeln, wie er angefangen hatte, und schon hatte er ihn ein Jahr hindurch schmachten lassen, als einige getreue Diener einen Zugang zu dem Prinzen funden, ob gleich keinem Menschen der Zutritt erlaubt war. Diese Getreuen überfielen einmal des Nachts die Wächter, und führten sie, nebst dem Prinzen, mit Gewalt hinweg. So entkam Friedrich der Gefangenschaft, und Albrecht muste neuen kriegrischen Auftritten entgegen sehen.

Der Krieg hatte durch die Gefangenschaft des Prinzen doch nicht aufgehört, und wurde, nach dem Gebrauch der damaligen Zeit, immer durch einzelne Streifereyen und Verwüstungen fortgesetzt, obgleich Albrecht selbst nicht zu Felde zog. Diezmann, sein jüngerer Prinz, stritt für seine, und seines gefangnen Bruders Rechte. Da Friedrich befreyt war, wurden die Feindseligkeiten mit neuer Lebhaftigkeit vermehrt. Dennoch war das Genie der Zeit zu jeder grossen That im Kriege ungeschickt. Man fand im Rauben und einzelnen Zerstörungen Vergnügen; wichtige Eroberungen suchte man nicht. Weil dieser Krieg der Kinder gegen ihren Vater gar zu sonderbar schien, so pflog man, durch Vermittlung des Großvaters, des Marggrafens Heinrich, verschiedne mal Unterhandlungen, und suchte die Ruhe wiederum herzustellen. Albrecht bezeugte sich auch, nach vielem Zureden, dazu geneigt, und man traf einen Waffenstillstand. Der erzürnte Vater wollte aber seinen Söhnen keine Genugthuung geben; die Söhne nicht ohne derselben sich befriedigen. Man grif, ohne Erfolg der Vorschläge, von neuen zu den Waffen, und der unglückliche Zwist nährte sich in Befehdungen, und öfters wiederhohlten, gegenseitigen Einfällen.

Unter diesen Unruhen starb Albrechts jüngerer Bruder, der Marggraf Dietrich im Jahr 1285. Seine Liebe gegen die Prinzen Albrechts begleitete ihn ins Grab. Er setzte den Prinz Friedrich zum Vormund seines Sohns, welcher das funfzehnte Jahr noch nicht erreicht hatte, und im Falle des Todes dieses schwächlichen Prinzen, erbten die hinterlassenen Besitzungen beyde Söhne des Landgrafens. Neue Ursachen zum Grolle des Vaters gegen die Söhne, welche die Vormundschaft und Hofnung einer künftigen Erbschaft raubten! Eine so tief eingewurzelte, so sehr immer durch neues Interesse beseelte Feindschaft konte nicht anders, als unaufhörlich, unbezwinglich seyn.

Die verwelkenden Reste von der Schönheit der geliebten Cunigunde hatten für unserm Albrecht immer noch reizendes genug, um ihn in den Banden der Leidenschaft zu erhalten. Cunigunde vergaß nicht öftere Vergleichungen zwischen den zwey ungehorsamen Söhnen der erstern Ehe, und ihrem Sohne, Apez, dem liebenden Gemahle vorzustellen, und das Aergernis über die erstern zu einer Quelle von Wohlwollen auf den letztern zu machen. Gern hätte Albrecht diesen jüngsten Sohn zum Erben seines Landes eingesetzt, wenn einige von den thüringischen Ständen und die gegenwärtige Lage nicht entgegen gewesen wäre. Inzwischen that er, was er konte. Apez wurde von Schmeicheleyen und Wohlthaten überhäuft, erhielt Güter geschenkt, und genoß alle Vergnügungen des weichesten Lebens. In Ausgiessungen der Wohlthaten über ihn kühlte sich der Zorn des Vaters, wegen der ältern Kinder, ab. Man verschwendet Gütigkeiten oft deswegen, um

andre

andre sehen zu lassen, wie gütig man gegen sie hätte seyn wollen.

Cunigundens Liebkosungen wetteiferten mit den Gütigkeiten des Gemahls. Wirklich führte er, innerhalb seines Schlosses Wartburg, ein glückliches Leben, umgeben von einer Menge schmeichelhafter Seelen, und zärtlich von der Geliebten geliebt, so wie alle diejenigen, welche in der Ehe sich tief unter ihren Stand erniedrigen, und eine Person zur Dame machen, die sonst hätte Damen dienen müssen, und es täglich empfindet, wie viel der Mann ihr gab, der ihr Mann wurde. So betrug sich Cunigunde, die Landgräfin. Die ältern Schriftsteller geben sie als die einzige oder vornehmste Ursache des Krieges zwischen Albrecht und seinen Kindern an. Noch während diesem Kriege im Jahr 1286, entriß sie der Tod aller Liebhaberey und Ehre. Sie soll, erzehlen zwey alte Scribenten, sich „noch vor ih„rem Tode bekehrt haben,„ und „eine grosse Reuerin „ihrer Sünte geworden seyn.„ Nehmlich sie vermachte in ihrem Testamente ein Dorf, welches ihr eigen geschenkt war worden, dem Catharinenkloster vor Eisenach, verordnete Seelenmessen, und betete Formeln mit Mönchen und Geistlichen. Dieses gehörte damals zu dem Hauptwerke in der Religion, und ein Frauenzimmer konte leichter, wie itzt, die drey auf einander folgende Charaktere, einer Schönheit, einer Buhlerin, und einer Betschwester, der Reihe nach, hinter einander weg, spielen.

Gleich nach dem Tode der Verführerin bemühte man sich, die Einigkeit in der Familie des Landgrafens Albrecht, wieder herzustellen. Es fand sich eine erwünsch-

erwünschte Gelegenheit, den Verträgen Ansehn zu geben, da der Kaiser Rudolph, im April des Jahrs 1287, in diese Gegenden kam. Rudolph, als Kaiser ein Geschenk GOttes für das zerrüttete Deutschland, welchem Muth, Alter, Macht, und ein Zusammenfluß von erhabnen Eigenschaften allgemeine Ehrerbietung und Ansehn verschaft hatten, dieser würdige Kaiser machte es sich zur besondern Pflicht seiner Regierung, die Fehden, und unglücklichen einzelnen Kriege in unserm Vaterlande aufzuheben. Seine Gegenwart stellte auch die Ruhe in Thüringen wieder her, und richtete einen Vergleich zwischen Albrecht und seinen beyden Prinzen auf. Die Puncte dieses Vergleichs sind zweifelhaft. Am wahrscheinlichsten ist es, daß Albrecht die Herrschaft Pleisse seinem jüngern Sohn Diezmann, dem ältern Friedrich die Pfalzgrafschaft von Sachsen, und auserdem, beyden Kindern, neunhundert Mark von den Zöllen zugestanden habe.

Nunmehr schien die öffentliche Ruhe gesichert zu seyn, und man glaubte das Ende der unnatürlichen Streitigkeiten zwischen Vater und Kindern erlebt zu haben. Allein man sahe sich schon nach einigen Monathen von der Hofnung betrogen. Der Vater Albrechts, der alte achtzigjährige Greis, Heinrich, starb im Februar des Jahrs 1288. Albrecht, sein Sohn war, allen Rechten nach, Erbe, mit dem hinterlaßnen Prinzen seines verstorbnen Bruders, Dietrichs. Man findet auch Urkunden, welche beweisen, daß Albrecht von seinem Erbtheil Besitz genommen habe, und also diejenigen irren, welche erzehlen, daß die beyden Prinzen desselben die Länder ihres Grosvaters geerbt hätten.

Schir. D. Biogr. 3. Th.   D   Allein

Allein gewiß ist es, daß diese beyden Prinzen, gleich nach dem Tode des Marggrafens Heinrich, einen Theil seiner Erbschaft von ihrem Vater, dem Landgraf Albrecht, foderten. Die Quellen sind in diesen Nachrichten sehr trübe. Entweder hatte wirklich Heinrich verordnet, daß seine beyden Enkel, zum Behuf einer anständigen Lebensart, einige von seinen hinterlassenen Besitzungen so gleich erhalten sollten, oder sie verlangten dieses, eben aus dem Grunde, weil sie nunmehr Einkünfte suchten, von welchen sie als Prinzen leben könten. Albrecht wenigstens verschwendete mehr, als ein Fürst zu thun pflegte. Aus Haß, seinen beyden Söhnen wenig zu hinterlassen, oder ihnen doch itzt Aergerniß zu erwecken, gab er eine Menge von Dörfern, und reiche Einkünfte seinem Lieblinge, dem jungen Apez, indeß er die andern zwey Prinzen darben ließ. Er verwendete viel auf Pracht, und suchte seinem Hofe blendenden Glanz zu geben. Seine Freunde und Vertraute beschenkte er mit übertriebner Freygebigkeit; die Geistlichen erhielten nicht weniger. Kurz, er schien die reichsten Provinzen in Schulden zu bringen, und, so viel möglich, dafür zu sorgen, daß alles verschwendet würde, ehe seine zwey ältern Prinzen etwas bekommen könten. So schildert uns die Geschichte den Landgrafen.

Bey einer so unangenehmen Furcht auf die Zukunft, und bey dem stets steigenden Unwillen über das Betragen des Vaters, entschlossen sich die zwey gleichgesinnten Brüder, Friedrich und Diezmann, nochmals die Waffen zu ergreifen, und sich für Erben der Länder ihres Großvaters zu erklären. Sie wurden ohnehin
von

Landgrafens in Thüringen.

von der Feindschaft ihres Vaters gegen sich täglich überzeugt, und Friedrich besonders konte das Andenken an seine unglückliche Mutter nicht vergessen, daher er jede Gelegenheit, ihren Schmerz und Tod zu rächen, ergrif. Man beschloß, die List der Gewalt vorzuziehen. Friedrich begab sich, mit einigen muthigen Leuten begleitet, im November des Jahrs 1288 nach Thüringen, um seinen Vater mit guter Manier gefangen zu nehmen. Albrecht hielt sich eben zwischen Gotha und Eisenach auf, unbesorgt und ohne Furcht für irgend eine Gefahr, als er von seinem Sohne Friedrich überfallen und gefangen hinweg geführt wird. Friedrich bringt seine wichtige Beute nach Landsberg, welches eigentlich der jüngere Friedrich, der Sohn des Marggrafen Dietrich, besaß; aber wegen seiner damals sehr starken Befestigung der sicherste Ort zu seyn schien, worinnen Albrecht gefangen gehalten werden konte. Der Sohn hielt den gefangnen Vater zwar nicht so hart, wie er von ihm, als Gefangner, vor einigen Jahren war gehalten worden, aber er nahm sich fest vor, ihn dennoch nie wieder frey zu lassen.

Kaum erfuhren die vornehmsten der Unterthanen Albrechts das Schicksal ihres Herrn, als sie so gleich bey seinem Prinz eine Fürbitte thaten. Da die ersten Vorstellungen fruchtlos waren, so verdoppelte sich die Menge der Bittenden. Albrecht hatte sich durch ausgeschüttete Freygebigkeit, wie gewöhnlich, sehr viel Anhänger und Freunde erkauft. Es war diesen Herren sehr viel daran gelegen, daß sie von dem befreyten Landgrafen bald wieder neue Gütigkeiten geniessen möchten, und sie sparten daher keine Mühe, ihn der Gefangenschaft zu entledigen. Indessen erhielt der Kaiser Rudolph von diesem Vorfalle auch Nachricht, und verwendete sein Ansehn zum Vortheile des Gefangnen. Friedrich sah vorher, daß er zuletzt vielleicht dazu, ohne Nutzen, gezwungen werden möchte, wovon er itzt durch Klugheit beträchtliche Früchte erndten könte. Er versprach, unter vielen Bedingungen für sich und seinen Bruder Diezmann, dem gefangnen Landgrafen die Freyheit. Man richtete einen förmlichen Vergleich auf, welcher zu Rochlitz, am ersten Jenner 1289 geschlossen wurde, und der Gefangenschaft Albrechts ihr Ende setzte. Vermöge dieses Vertrages bekamen die Prinzen ansehnliche Vortheile. Der Landgraf trat viele Städte, worunter Freyberg mit seinen ergiebigen Minen war, an Friedrich ab, und Torgau nebst andern Gütern an den jüngern Prinz Diezmann. Dieser Rochlitzer Vergleich legte nun einen sichern Grund zu einer wechselseitigen Ruhe, und schien das Verlangen der Prinzen vollkommen zu befriedigen. Albrecht gebrauchte von dieser Zeit an, in den öffentlichen Schriften, die noch vorhanden sind, alle Bezeugungen einer väterlichen Liebe, und mildere Gesinnungen.

Aber wie konte Albrecht den Groll gegen Söhne, die ihn durch Gefangenschaft zu unangenehmen Bedingungen gezwungen hatten, völlig tilgen? Albrecht hatte eine lebhafte Einbildungskraft, und also waren seine Leidenschaften jederzeit heftig. Sehr leicht wurden die Leidenschaften durch die Einbildungskraft erweckt, und Beleidigungen rührten ihn empfindlicher als andre kältere Menschen. So bald er seine ungestüm fodernde Prinzen befriedigt hatte, stellte er sich die Ungerechtigkeit,

keit, die ihm begegnet war, als die abscheulichste vor. Er sann; denn die Affecten trieben ihn; auf Rache. Ehedem hatte er seine Prinzen aus Liebe zur Cunigunde gehaßt; itzo haßte er sie aus Empfindlichkeit über die zugefügten Beleidigungen. Aber welche Rache sollte er nehmen? Seinen jüngern Sohn Apez konte er nicht, weil er aus unächter Ehe war, zum Erben seiner Länder einsetzen. Gewalt der Waffen konte er gegen seine Kinder ebenfals nicht gebrauchen; und dazu hatte sein schon durch Weichlichkeit entnervter Geist keine Lust. Also verkaufte, verschwendete, schenkte, verpfändete Albrecht alles, was er nur weggeben konte. Besonders gab er seinem Lieblingsohne Apez viele Schlösser, Zölle, Gebäude, und davon abhängende Einkünfte. So viel nur Pracht und Ueppigkeit verzehren konte, wurde aufgewandt, und um geringe Preisse verkaufte man ansehnliche Güter. Der Adel seines Landes bekam alle Freyheiten, die er nur verlangte, und Albrecht ließ mit vorbedachter Nachsicht zu, daß jederman im Lande und am Hofe seinen Vortheil und Eigennutz, nach allen Kräften besorgte. Er wünschte, daß nach seinem Tode, wo möglich, nichts übrig bliebe.

Eine solche unartige Wirthschaft entrüstete die beyden ältesten Prinzen wiederum aufs neue. Sie waren ohnedieß sehr scheelsüchtig, und, da sie ihrem Vater nicht trauten, auf alle Schritte von ihm aufmerksam. Sie bekamen sehr zeitig von allen Vorfällen Nachricht, und der glimmende Haß entbrante, so bald sie sich itzt nun wiederum so beleidigt fühlten, und einsahen, daß man nicht eher ruhen wollte, bis alles, was sie zu erben hoften, vernichtet seyn würde. Noch nicht war das Jahr 1289, an dessen ersten Tage der Vergleich zu Rochlitz geschlossen wurde, vorbey, als beyde Brüder abermals ihren Vater mit Krieg überzogen. Albrecht schickte Truppen gegen sie. Hier schwärmte nun, in diesem wilden, kindlichen Kriege, der rohe Geist des Jahrhundertes so wütend in den Waffen herum, daß Thüringen eine Einöde zu werden schien. Viele Räuber und freche Müßiggänger machten sich die Gelegenheiten zu Nutze, und plünderten, wo sie Lust hatten, unter den Fahnen der Feinde. Die Einwohner von Thüringen ergriffen gegen einander selbst die Waffen, so bald es ihnen einfiel: unter einem Gemische und wütendem Gewimmel von Fehden seufzte Thüringen am Ende dieses Jahrs.

Indessen kam, schon im November des Jahrs 1289, der grosse Friedensstifter in Deutschland, Kaiser Rudolph, nach Erfurt. Er berief die Stände des Reichs zu einem grossen allgemeinen Reichstag, welcher auch von der zahlreichsten Menge besucht wurde, aber bis ins folgende Jahr fort dauerte. Hier errichtete Rudolph einen allgemeinen Landfrieden, welcher um desto nöthiger war, weil nicht bloß Thüringen, sondern allenthalben die Provinzen voller innerlichen Unruhen waren, und die geistlichen und weltlichen Fürsten, Grafen und Edelleute fast beständige kleine Kriege unter einander führten. Es wurden, auf Rudolphs Befehl, die räuberischen Schlösser zerstört, und Rudolph selbst verbannte neun und zwanzig gefangene Räuber von Adel zum Tode, und ließ sie hinrichten. Diese Strenge, und das hohe Ansehn eines gefürchteten und ehrwürdigen alten Kaisers machte guten Eindruck, und die

Feindseligkeiten in Thüringen hörten auch allmählig auf, ob gleich die Verbitterung zwischen Albrecht und seinen Prinzen blieb.

Albrecht selbst erschien auf dem Reichstage, zu Erfurt persönlich; und ebenfals Friedrich und Diezmann. Rudolph verwandte sein Ansehn zur Beylegung der so unglückseligen Zwietracht in der Familie des Landgrafens. Die Streitigkeiten waren so verwickelt, und beyde Partheyen wusten so viel günstiges für sich vorzubringen, daß eine Entscheidung langwierig werden muste. Ein Krieg der Kinder gegen den Vater ist etwas abscheuliches; aber die Verschwendung aller Güter, um den Kindern nichts zu hinterlassen, ist es nicht weniger. Wären die Söhne Albrechts keine Prinzen, keine Besitzer von Ländern, so hätten sie vielleicht auch die Ungerechtigkeiten eines Vaters mit Geduld ertragen sollen. Allein Regenten der Länder sind ihren Nachkommen, und dem allgemeinen Wohle ihrer Staaten zu viel schuldig, um dieselbe geruhig in Unglück versenken, und fremder Herrschaft übergeben zu lassen. Ein Fürst muß bey seinen öffentlichen Handlungen immer mehr an die Nachwelt denken, als an sich. Man konte die Söhne des Landgrafens, aus diesem Gesichtspuncte betrachtet, nicht so sehr wegen ihrer Kriege gegen den Vater tadeln. Albrecht hingegen konte nicht gezwungen werden, seinen Hofstaat und Ausgaben nach den Willen seiner Söhne einzurichten. Bey diesen so doppelseitigen Umständen bestrebte sich Rudolph durch Zuredungen bey unserm Landgrafen und seinen Prinzen, Eintracht wiederum herzustellen und das Mißvergnügen zu tilgen. Durch die Vorstellungen und Warnungen des

Kaisers liessen sich auch endlich die Streitenden zu einem neuen vollkommen Vergleiche bewegen. Zwar findet man nicht dabey Erwähnung des Kaisers, allein es ist nur allzu sicher, daß dieser das meiste zu einem neuen Frieden zwischen Albrecht und seinen Prinzen beytrug.

Der Friede und ein neuer Vertrag kam endlich im August des Jahrs 1290 zu Stande. Albrecht, welcher vermuthlich aus Furcht für den Kaiser nachgab, verlohr dabey viel Macht und Freyheit. Gewiß würde er eher das äuserste gewagt, als seinen verhaßten Prinzen so viel zugestanden haben, wenn er nicht durch höheres Ansehn wäre dazu gedrungen worden. Es ward ein Vertrag errichtet, wodurch der Vater gleichsam sich unter die Vormundschaft der Kinder, und derjenigen Grafen und Adelichen begab, die ihm die Kinder zu Aufsehern setzten. Albrecht versprach nämlich, daß er künftig nichts, weder Schlösser, noch Städte, noch Grafschaften, noch Unterthanen, noch irgend andre Güter, ohne Bewilligung seines ältesten Prinzen Friedrichs, des rechtmäßigen Erben, verpfänden, oder auf irgend eine Art veräusern wolle. Der Graf Günther von Schwarzburg, und drey andre bestimte Personen wurden Oberaufseher über die Besitzungen Albrechts, und dieser gelobte an, denen benanten Herren seine Schlösser und Städte zu überlassen, so bald er das errichtete Bündnis brechen würde. Er versprach ferner, keiner Anklage wider seinen Prinz Friedrich Gehör zu geben, noch einige Feindseligkeit gegen ihn zu begehen, in welchem letztern Falle Friedrich das Recht haben solle, ohne Vorwürfe, die väterlichen Provinzen in Besitz zu nehmen.

Uebri-

Uebrigens behielt Albrecht das Vorrecht, seinem jüngern Prinzen Apez ein bestimtes Erbtheil, doch mit Bewilligung der andern Brüder, zu geben. Man gab die Herrschaft Tenneberg, nachdem man sie eingelößt, und das darauf von Albrecht geliehene Geld dem Abte zu Reinhardsborn wiedergegeben hatte. So weit sah sich nun Albrecht gebracht, ein Fürst, welcher denen übrigen in Deutschland zuvorglänzen konte, dessen Macht Ehrfurcht und Ansehn hätte einprägen können. Izt wurde er verachtet, an statt geehrt zu werden, und eingeschränkt, an statt seine Macht zu erweitern. Kinder gaben ihm Geseze, und Unterthanen Aufsicht; und dieß alles waren Folgen eines schönen Gesichts, in welches er sich verliebt hatte.

Auser dem hergestellten Frieden zwischen sich und den Söhnen, schloß Albrecht noch einen neuen Vergleich, im Jahr 1290, unter der Vermittlung des Kaisers Rudolph, ebenfals mit einem seiner nächsten Anverwandten. Es schien, als wenn Zank und Zwietracht in dieser Familie wohnte. Der hinterlaßne Prinz des Marggrafs Dietrich, des Bruders von Albrecht, unterstüzte anfänglich die wider ihren Vater Krieg führende Prinzen; und das Schloß Landsberg, wo Albrecht gefangen gehalten wurde, gehörte ihm zu. Andere mehrere Ursachen zum Mißvergnügen, wegen seiner Söhne, kamen dazu. Dennoch ließ sich Albrecht 1289 mit ihm in einen Tausch von verschiednen Gütern in Meissen ein, mit andern an Thüringen näher liegenden. Ueberdem verkaufte er noch andre an diesen seinen Neveu für baares Geld, welches entweder nicht bald genug ausgezahlt worden war, oder Albrecht glaubte

glaubte sonst, daß er von seinem Vetter hintergangen sey. Es entstanden Mißhelligkeiten und Feindschaft, deren Versöhnung der Kaiser selbst übernahm, und so glücklich seinen Wunsch erreichte, daß Albrecht und Friedrich Tuta Freundschaft errichteten, die sich erst mit dem Tode des letztern endigte. Von dem Ausbruche eines offenbaren Krieges zwischen diesen zwey Prinzen schweigt die Geschichte, und es ist auch nicht wahrscheinlich, da andere Unruhen einen solchen Krieg genug verhinderten.

Nach den geschloßnen Verträgen mit seinen Söhnen und Vetter, kam der Landgraf wiederum nach Erfurt, wo sich der Kaiser aufhielt. Die Absicht war, Pracht und Glanz zu zeigen, denn Albrecht liebte die Verschwendung. Er überließ sich ihr nicht bloß, um seinen Söhnen wehe zu thun, sondern stillte dadurch auch den eignen Trieb der Eitelkeit nach dem Geräusche des Ansehns. Man wird finden, daß Charaktere, welche heftig lieben, immer geneigt zur Pracht und Verschwendung sind. Das Sinnliche rührt sie jederzeit stark. Albrecht zeigte auf dem Petersberge bey Erfurt dem kaiserlichen Hofe, und den zahlreich versammelten Fürsten des deutschen Reichs die Herrlichkeit seiner Pracht bey einem feyerlichen Ritterschlage. Mit vielem Pompe, und unter einer glänzenden Begleitung von den Vornehmsten seiner Vasallen, umgürtete er selbst sechzehn abliche Jünglinge mit dem ritterlichen Schwerdte, und seine Freygebigkeit beehrte sie darauf mit vielen und herrlichen Geschenken, von Spornen und andern silbernen Waffen. Die neidischen Prinzen legten diese glänzende Feyerlichkeit übel aus, und glaubten, ihr Vater suche

suche schon wieder auf neue Art ihnen ihre Erbschaft zu mindern, und wohlthätig gegen andre, um gegen sie ungerecht zu seyn. Sie waren beständig, bey Kleinigkeiten so gar, scheelsüchtig, und überschritten oft auch die Grenzen der Pflicht. Wie dieses Albrecht merkte, vermehrte eine Bitterkeit die andre, und er glaubte sich zu Beleidigungen gereizt zu sehen. Nie konten solche erbitterte Herzen der Freundschaft Platz geben.

Albrecht sann herum, ob er seinen Söhnen nicht einen neuen Streich spielen könte, welcher ihre Eifersucht in Absicht der Erbschaft martern möchte. Er war erst 50 Jahr alt; man wollte den Söhnen ihr Erbe schmälern: was war natürlicher, als daß Albrecht eine neue Gemahlin nahm? so wurde auf einmal der Plan der Söhne, in Absicht der gehoften Länder, verrückt. Albrecht vermählte sich also mit der Wittwe des Grafens von Lobbeburg, einer gebohrnen Gräfin.Reussen von Plauen. Die Wahl war gut; die Braut schön, angenehm. Sie hatte noch eine Tochter von 12 Jahren von ihrem ersten Gemahl, deren Reize, nicht nur durch die Jugend, sondern durch ihren Werth, der Mutter ihre übertrafen. So bald die Vermählung des Landgrafens, welcher keine Art der Pracht und Feyerlichkeit fehlte, vollzogen worden war; dachte der Prinz Friedrich auf eine neue List, die Freude seines Vaters zu verderben. Die List gelang *). Als einige Zeit nach der Vermählung Albrecht sich nebst seiner Gemahlin und Tochter zu Arnshaug, voller Vergnügen aufhielt, und an einem schönen Tage ganz früh in die Kirche ging, über-

---

*) S. Oetters Samlungen verschiedner Nachrichten B. I. St. 3. S. 347 u. ff.

überfiel Prinz Friedrich, der älteste Sohn, welcher sich schon längst in der Nachbarschaft aufhielt, die junge Prinzeßin, setzte sie auf sein Pferd, und ritt mit ihr davon. Es war Liebe, die ihn zu dieser Entführung bewog. Er eilte mit seiner schönen Beute nach Gotha, und schrieb von da an seine Stiefmutter, die Landgräfin, daß er die entführte Tochter von ihr zu seiner Gemahlin nehmen wolle. Bald kamen eine Menge von Grafen, und andern getreuen Vernehmen zu dem Prinz Friedrich, und er ließ sich mit dieser jungen Prinzeßin von dem Abte zu Reinhardsborn trauen. Die erste Absicht Friedrichs bey dieser Entführung und Vermählung war, seinem Vater die Gelegenheit zu benehmen, daß er diese Prinzeßin nicht an einen seiner Lieblinge verheyrathen, und demselben ein Theil von Gütern geben möchte. In der Folge wurde diese Vermählung aber sehr beglückt, und die entführte Elisabeth wurde die Stammutter der heutigen Churfürsten zu Sachsen.

Albrecht wurde also nicht nur seiner vielleicht gehofften Absichten mit seiner jungen liebenswürdigen Stieftochter beraubt, sondern er fühlte einen neuen innerlichen Groll gegen seinen Prinz Friedrich. Ueberdem bekam er aus der neuen Ehe mit seiner Gemahlin keine Kinder, und die Hofnung war auch auf dieser Seite vereitelt.

Der immerfort glimmende bösartige Haß des Vaters, unsers Fürsten Albrechts und seiner Prinzen, fing gleich nach dem Tode des Kaisers Rudolphs neues Feuer. Während der Zwischenzeit, wo kein Kaiser die allgemeine Ruhe durch sein Ansehn beschützte, und überhaupt unser Vaterland denen wildesten Zwistigkeiten ausgesetzt war, starb zwey Monathe, nach dem Tode Rudolphs, Friedrich Tuta, der Prinz Dietrichs des Bruders des Landgrafens Albrechts, — Neuer Anlaß zu Streitigkeiten und Zwietracht in dieser unglückseligen feindlichen Familie! — Friedrich Tuta, oder der Stamler, wegen des Unvermögens zu sprechen also genant, welcher, nach einiger Vermuthung durch Gift aus der Welt zu den mehrern, denen Todten, gesandt wurde, hatte in seinem Testamente seine Länder an Friedrich und Diezmann, den beyden Söhnen Albrechts vermacht. Der ältere bekam Meissen, der jüngere die Niederlausitz. Landgraf Albrecht glaubte, nicht ohne Grund, ein näheres Recht dazu zu haben, und fand sich durch diesen neuen Schritt der Ungerechtigkeit seiner Söhne, aufs neue empfindlich beleidigt. Itzt brach sein Unwille in einen förmlichen offenbaren Krieg aus. Dennoch sah er wohl, daß er nunmehr für sich selbst zu schwach seyn würde, und errichtete daher, mit Versprechung von sehr vortheilhaften Bedingungen, ein Bündnis mit den Marggrafen von Brandenburg, und den Fürsten von Anhalt gegen seine Söhne.

Der ordentliche Krieg nahm, nach vorhergegangenen fruchtlosen Unterhandlungen, im Jahr 1292 seinen öffentlichen Ausbruch. Ein zahlreiches Heer fiel in die Besitzungen der beyden Brüder ein, und der Krieg ward wild und scharf. Auf das so genante Osterland unternahm unser Albrecht selbst, mit einem starken thüringischen Heere begleitet, den Angriff. Sein Sohn, Friedrich, fochte gegen ihn mit einer ebenfals starken Armee. Von einer andern Seite brachen die brandenburgischen

burgischen Truppen in Niederlausitz ein, und belagerten Luccau, welches aber so herzhaft vertheidigt wurde, daß die Feinde die Belagerung aufhoben, und gegen den Prinz Diezmann, der ihnen entgegen kam, aufbrachen. Der Prinz hielt verschiedne kleine Gefechte mit ihnen, und schwächte ihren Muth und ihr Heer so sehr, daß sie sich zurückzogen. Sie erschienen aber, in dem folgenden Jahre, 1293, aufs neue im Felde, und verwüsteten Meissen und das so genante Osterland, worauf sie sich mit der ganzen versammelten Armee zwischen der Elbe, der Mulda, und Sale lagerten. Das brüderliche Heer der Söhne Albrechts zog sich auch zusammen, und traf die Feinde zu einer Schlacht bereit. Sie erfolgte am sechzehnten August, und wurde von beyden Seiten mit wütender Hitze gehalten. Der Sieg entschied das Schicksal der Länder, und die beyden Söhne Albrechts musten das äuserste wagen, weil der Ausgang dieses Treffens ihr völliger Untergang seyn konte. Nach einer hartnäckigten Gegenwehr siegten endlich die Söhne Albrechts, und errichteten unter den Feinden eine völlige Niederlage. Viele Vornehme, und nach einigen Nachrichten, selbst Heinrich, der Marggraf von Brandenburg, und der Graf von Anhalt, Bernhard, wurden gefangen. Dieser Sieg erweckte so viel Freude, daß deswegen ein besondrer Altar erbaut, und eine Messe zum Andenken desselben gestiftet wurde. Man nuzte den Sieg auch mit Lebhaftigkeit; und die siegende Armee brach selbst in die Mark Brandenburg ein, wodurch ein vortheilhafter Friede erzwungen wurde. Die Gefangnen musten mit vielem Gelde erlößt werden; der besiegte Heinrich bekam die Marggrafschaft Landsberg,

und

und die Söhne Albrechts sahen sich in ihren Besitzungen bestätigt.

Albrecht selbst konte nicht anders, als diesen neuen mißlungnen Streich, und den zum Vortheile seiner verhaßten Prinzen geendigten Krieg, mit dem äuserstem Mißvergnügen bemerken. Er hatte neue Proben von dem unerschütterten Muthe, und der Tapferkeit seiner Söhne gesehen. Sie hatten sich neues Ansehn erworben, und Albrecht befand sich neuem Hasse und neuer Verachtung ausgesetzt. Alle diejenigen quälenden Gedanken, welche eine Seele beunruhigen, die mit heftiger Inbrunst nach einem Gegenstande strebt und ihn nicht erlangen kan, die desto gieriger wird, je fruchtloser ihre Bestrebungen sind, verwirrten den Geist unsers Landgrafens. Durchaus wollte er seinen Söhnen ihre Länder entreissen, und dennoch schlug alles fehl, was er in dieser Absicht unternahm. Die Macht und das Ansehn seiner Söhne, die Geringschätzung, in welcher er selbst, wegen seiner unnatürlichen Feindschaft, bey andern Fürsten stand, und sein mehr zum Wohlleben, als zum Kriege geneigter Geist schienen ihm jeden neuen Entwurf, den er machen könte, zu vereiteln. Er muste wenigstens einen sehr mächtigen Fürsten seinen Söhnen entgegen stellen, wenn nicht wiederum alles mißlingen und sein Aergernis vermehrt werden sollte. Er erfand für seinen Wunsch nichts. —

Unter diesen Umständen bestieg ein armer Graf den Thron von Deutschland. Graf Adolph von Nassau war, durch die List des Churfürsten von Maynz, zum Kaiser von Deutschland erwählt worden. Adolph verband mit dem Stolze, welcher die schnell erhöhten immer zu ergreifen pflegt, eine feurige jugendliche Wildheit, und da er, nach Gewohnheit der Jugend, schmeichlerischen, schlechten Rathgebern folgte, so muste er nothwendig Dinge unternehmen, für welche sich andre Kaiser gefürchtet haben würden. Ohne Vorsicht, ohne Klugheit überließ er sich dem hohen Gedanken, daß er als Kaiser vieles unternehmen könne, welches andern nicht erlaubt sey. Es ist natürlich, daß man in einem neuen Stande gern den Maasregeln seines Vorgängers folgt, wenn derselbe dadurch glücklich geworden ist. Adolphs Vorfahr auf dem kaiserlichen Stuhle war ebenfals aus dem Grafenstande zu dieser Würde erhoben worden, hatte aber sein Haus sehr glänzend zu machen gewust. Um diesen Maasregeln zu folgen, hatte man Rudolphs Klugheit und ehrwürdiges Ansehn nöthig. Aber der junge Adolph sollte sich erst Ansehn erschaffen, und verdarb dafür alles durch seine unbedachtsame Hitze. Er erzürnte einen hochmüthigen Pabst, einen eigennützigen Freund, den Churfürst von Maynz, gerieth in Zwistigkeiten in Frankreich, und machte Bündnis mit England. Von daher bekam er beträchtliche Summen an Gelde zu Hülfe, um den Krieg gegen Frankreich anzufangen.

So waren die Umstände, als der auf seine Söhne eifersüchtige Landgraf Albrecht von dem Charakter des neuen Kaisers Adolphs, und diesen Umständen, so wie andre Fürsten Deutschlands, vollkommen unterrichtet ward. Dieß war ein Mann für ihn. Ein junger, wilder Herr, der sein Haus gern vergrössern wollte, ein Kaiser — ein Herr von vielem frischem Gelde aus England — durch ihn konte man noch etwas

etwas gegen die Prinzen Albrechts ausrichten. — So dachte Albrecht, und reißte zu dem Kaiser Adolph selbst, welcher sich an der Nähe des Rheins befand. Er trug seine Länder dem Kaiser zum Kauf an. Der Kaiser fand sich bald dazu bereit, und glaubte, einen Theil von dem aus England — zum Kriege gegen Frankreich — erhaltnes Geld nicht besser anlegen zu können. Albrecht verkaufte Thüringen an den Kaiser Adolph, und der Handel war bald geschlossen. Man wird sich noch von vorher erinnern, daß Albrecht seinen Söhnen heilig hatte versprechen müssen, nichts von seinen Ländern zu veräusern, und daß, in diesem Falle, gewisse bestimte Grafen das Recht haben sollten, sich aller Plätze und Schlösser sogleich für die Prinzen des Landgrafens zu bemächtigen. Allein, wie bald vergißt der Mensch nicht Versprechungen, den Hitze der Leidenschaft treibt und quält! Albrecht verkauft, ohnerachtet seines Versprechens, Thüringen an den Kaiser Adolph.

Man muß sich wundern, daß die andern Fürsten unsers Vaterlandes bey diesem seltsamen Eingrif in alle Rechte, stille schwiegen, noch mehr, daß sie, bey der nachher ausgebrochnen Empörung gegen den Kaiser Adolph, nicht dieser Ungerechtigkeit Erwähnung thun. Allein die Verwunderung hört auf, wenn man einsieht, daß eben diejenigen, welche am meisten dagegen streiten sollten, aus den Verwirrungen in Meissen und Thüringen den grösten Vortheil zogen. Der König von Böhmen, Wenceslaus, hatte, durch Tausch, schon einen Theil von Meissen an sich gebracht, und hofte, Reichsvicarius in Meissen zu werden. Der eigennützige Churfürst von Maynz, Gerhard, konte glauben, bey den Verwirrungen in Thüringen, endlich, seine Besitzungen daselbst zu vermehren. Die Churfürsten von Sachsen und Brandenburg konten in ihrer Nachbarschaft gar gern einen Krieg entzündet sehn, wobey sie nichts verliehren, aber zur gelegnen Zeit, immer etwas gewinnen, konten. Der Eigennutz ist die Triebfeder der Weltuhr.

Auser diesem Bewegungsgrunde hielt anfangs eine lauschende Furchtsamkeit die Fürsten von allen Widerstrebungen, bey diesem so widerrechtlichen Kaufe, ab. Da hernach ein neuer Kaiser diesen Kauf in der Folge gültig für sich machen wollte, so war es wieder ganz natürlich, daß man dem vorigen Kaiser nicht über etwas Vorwürfe machen konte, welches der itzige selbst für gültig erkennen, und zu seinem Vortheile ausführen wollte.

Albrecht, dessen Leben wir hier schildern, freute sich höchstens, als er den Kauf berichtigt, und sein Land seinen Söhnen entwand, und dem Kaiser zugewandt glaubte. Allein die Söhne widersprachen diesem Kaufe öffentlich, und die meisten thüringischen Landstände wetzerten sich ebenfals herzhaft, eine fremde Herrschaft sich aufdringen zu lassen. Albrecht, welcher zwölftausend Mark Silbers für Thüringen, und des Friedrichs Tuta ehmaligen Landesantheil, bekommen, und sich das Schloß Wartburg bloß auf Lebenszeit, zu seiner Residenz vorbehalten hatte, sah auf seinem Schlosse dem einbrechenden Kriege geruhig zu.

Der Kaiser rückte, zu Ende des Septembers, im Jahre 1294, in Thüringen ein, und schlug sein Lager bey Eisleben auf. Da er nicht sogleich Gehorsam fand,

fand, sondern sich ihm fast jedermann widersetzte, vermehrte seine jugendliche Hitze den Unwillen bis zur Grausamkeit, und seine Soldaten streuten die wildesten Verheerungen um sich her. Die Geschichte beschreibt uns diese Ausschweifungen als unmenschlich, und ihre Schriftsteller können nicht Ausdruck genug finden, um die schrecklichen Scenen dieses argen Krieges nach dem Leben zu mahlen. Man plünderte, erwürgte, und entehrte jedes Heilige vor dem Angesichte des Kaisers selbst. Die Einwohner von Thüringen wehrten sich, wo sie konten, und erschlugen viele Soldaten, wenn sie einzelne Einfälle wagten. Die wechselseitige Wuth stieg aufs höchste, und alles wurde mit Rauben, Mord und Geilheit erfüllt. — Welche Empfindungen mochte doch wohl hier unser Albrecht haben? — Zwar der Grimm seines Herzens läßt uns kein Mitleid vermuthen. Der Krieg dauerte in seinen grausamen Zerstörungen fort. Die Einwohner entflohen aus den Dörfern, und begaben sich in befestigte Städte und Schlösser. Die Grafen aber, denen, nach dem letztern Vertrage zwischen dem Landgraf und seinen Söhnen, die Aufsicht über jenen übergeben war, widersetzten sich mit Heftigkeit. Adolph fand sich dadurch so beleidigt, daß er ihre Güter, und mit Gewalt eroberte Schlösser kläglich verheerte. Man beraubte so gar die Kirchen, und führte alle Kostbarkeiten hinweg; man schändete die Nonnen, entehrte die Priester mit öffentlichen Spotte, und Raubgier, und Unsinn trieb den ausgelassensten Muthwillen. Indessen erhielten die widerspänstigen thüringischen Grafen von den Söhnen Albrechts neue Hülfe, und besetzten damit ihre Schlösser. Der Kai-

Kaiser verlohr, bey verschlednen Ausfällen, viel Volk, und zog sich, besonders nach einem grossen Verluste durch einen Ueberfall der Feinde, als ein Theil seiner Truppen nach Fütterung ausgesandt war, von Mittelhausen nach Mühlhausen. Hier verübten seine Soldaten ebenfals die schrecklichsten Ausschweifungen, und trieben endlich die Bürger bis zu einem Aufstande der Verzweiflung. Sie liessen Sturm lauten, und rottirten sich schaarenweise zusammen, erschlugen eine Menge von den kaiserlichen Soldaten, und diese wieder viele von ihnen. In diesem stürmischen Gewimmel, wo niemand seines Lebens sicher war, verließ der Kaiser die Stadt, und fürchtete sich vor den empörerischen Bürgern so sehr, daß er mit dem Heere von da aufbrach, und gegen die Söhne Albrechts zog. Diese waren gegen das Heer des Kaisers zu schwach, und flüchteten. Der Kaiser ging über Gotha, Erfurt und Weimar nach dem so genanten Osterlande, wo er Freyburg belagerte, und durch Verrätherey einiger Bürger eroberte. Er gewann eben diese Verräther durch Geld, daß sie ihn mit seiner Armee nach Naumburg führten, und diese Stadt in seine Gewalt überlieferten. Gegen Naumburg war Adolph so grausam, daß er alle wehrhafte Personen niedermachen, und die Befestigungen zerstören, und die Stadt anzünden ließ.

Das Schrecken wegen dieser Härte bemeisterte sich der vornehmsten Städte in Sachsen. Viele ergaben sich dem nahenden Kaiser freywillig, oder nach einer geringen Gegenwehr. So bemächtigte sich der wilde Krieger der Städte Eulenburg, Pegau, Borna und Leipzig. In dieser letzten Stadt war er noch gegen des

Decem-

Decembers dieses Jahrs, 1294. Hierauf begab er sich wiederum gegen den Rhein, weil seine Gegenwart in Sachsen nicht mehr nöthig schien, und im Winter auch nichts ausgerichtet werden konte. Er ließ unter den Befehlen seiner Generals ein Heer zurück, um die eroberten Städte zu besetzen.

Kaum war der Kaiser hinweg, als die zwey Prinzen Albrechts neue Versuche machten, das Eroberte wiederum sich zu unterwerfen. Sie nahmen den grösten Theil des entrißnen Landes wieder ein, und brengten die noch übrigen kaiserlichen Völker. Adolph kam auf diese erhaltne Nachricht, so bald er konte, zurück, und brach, zum zwenten male 1295 mit einer sehr starken Armee in Thüringen ein. Die Städte und Dörfer, welche ihm nicht huldigen wollten, wurden verwüstet und verbrant. Frankenstein und Salzungen ergaben sich auf Bedingung. Die Stadt Creußburg aber that heftigen Widerstand, und hielt eine harte Belagerung aus. Nachdem sie vier Wochen vergebens war bestürmt worden, gelung es dem Kaiser endlich, Feuer in die Stadt zu bringen, wodurch ihr gröster Theil in Asche verwandelt wurde. Das Schloß wehrte sich noch einige Zeit, und ergab sich endlich auf Bedingung. Dennoch konte nicht ganz Thüringen erobert werden, ehe der Sommer verstrich, und ein General des Kaisers, Gerlach von Brauberg, blieb zur Erhaltung der eroberten Besitzungen mit einem Heere in Thüringen.

Albrecht, der Landgraf, sah allen diesen Unruhen und wüstem Kriege mit Gelassenheit und vielleicht geheimen Vergnügen zu. Er opferte der Weichlichkeit und

und der Verschwendung die Summe auf, die ihm der Kaiser für Thüringen bezahlt hatte. Sein Leben in diesem Zeitpuncte, würde keine Unterhaltung für das Interesse des Lesers geben können, wenn die Geschichte auch gleich alle einzelne Umstände aufgezeichnet hätte.

Seine Prinzen hingegen erregen Bedaurung. Man wollte ihnen mit der Gewalt der Waffen itzo nicht allein Thüringen, sondern auch Meissen rauben. So eifrig und muthig sie sich auch in Vertheidigungsstand zu setzen suchten, so wenig sahen sie sich den einbrechenden Schaaren der Feinde gewachsen. Der Kaiser Adolph kam, mit dem Anfange des Jahrs 1296, nach Pleissen, um beyde Prinzen anzugreifen. Als er sich im April zu Altenburg aufhielt, ladete er den Prinz Friedrich zu einer Unterredung ein, in welcher man die Streitigkeiten endigen, und besonders wegen ihres Vaters, unsers Albrechts, Verkauf von Thüringen, Unterhandlung pflegen wollte. Allein Tücke verbarg sich unter dem Glimpfe; Friedrich erschien zu Altenburg, wurde aber über der Tafel von Meuchelmördern überfallen, und konte sich kaum mit der schnellsten Entfernung und der Flucht in der Nacht darauf vom Tode erretten.

Der Krieg wurde von neuen fortgesetzt, ob gleich der Kaiser selbst nicht immer mit seiner Armee gegenwärtig seyn konte, sondern nach andern Gegenden des Reichs zu gehen sich genöthigt sahe. Die kaiserliche Armee fand in Meissen harten Widerstand. Freyberg wurde bis in den sechzehnten Monat belagert, und erst bey der Wiederkunft Adolphs mit Bedingungen eingenommen, welche Adolph aber nicht hielt, sondern sich

sehr

Landgrafens in Thüringen.

sehr grausam bezeugte. Er ließ sechzig von den vornehmsten Gefangnen enthaupten, und drohte denen übrigen ein gleiches Schicksal, welches vielleicht auch geschehen seyn würde, wenn nicht Friedrich zur Erlösung dieser Gefangnen, die Städte Grimma, Rochlitz und Leisnig, dem Kaiser freywillig überlassen hätte.

Unter diesen Umständen muste Adolph nach dem Rheine eilen, wohin ihn die Unruhen in Elsaß riefen, und auserdem ein Anschlag, ihm Krone und Scepter zu rauben, angelegt wurde. Das Heer, welches er unter der Anführung seines Vetters, des Grafen von Nassau, gegen die Söhne Albrechts stehen ließ, litt sehr bald an Geld und Truppen Mangel. Die beyden Prinzen, Friedrich und Diezmann erfuhren den Zustand des Kaisers sehr richtig, und faßten neuen Muth, ihre Besitzungen wieder zu erobern. Sie überfielen den Graf von Nassau in Rochlitz, und nahmen ihn gefangen. Da der Kaiser von dem Herzoge von Oesterreich, Albrecht, am Rheine aufgehalten wurde, und seinen Truppen in Meissen weder Geld noch Volk zu Hülfe schicken konte, so eilten die muthigen Prinzen des Landgrafens in ihren Unternehmungen fort, und eroberten fast alles wieder, was ihnen vom Kaiser Adolph war entrissen worden.

Er selbst der Kaiser wurde indessen, in einem hitzigen, unvorsichtigen Treffen mit dem gegen ihm erwählten Herzog Albrecht, von Oesterreich, (am 2. Julius 1298) getödtet. Nun schöpften die beunruhigten, unglücklichen Söhne des Landgrafens neue Hofnung. Eine neue Regierung ließ neue Ruhe und Billigkeit vermuthen. Munterkeit und Freude wechselten nun mit Furcht

Furcht und Gefahren ab. Endlich glaubte man am Ende der Reihe von Unfällen und Kriegen zu seyn. Landgraf Albrecht hingegen befand sich nun in einer seltsamen Lage. Er hatte sein Land verkauft, und der Käufer war todt. Er hatte es eigentlich nicht verkaufen dürfen, und nun also sein Land gleichsam doppelt verlohren. Es fehlten zu der Summe für Thüringen noch zweytausend Mark Silbers. Dieses Geld verlangte der Landgraf Albrecht von Nordhausen, und beunruhigte diese Stadt deswegen öfters. Ob er noch Herr von Thüringen wäre, wußte er selbst nicht recht: Der Todt des Käufers konte ihm einen Vorwand geben, daß er nunmehr wiederum sein Land besitzen könne. In dieser Verwirrung der Umstände, der Folge des gehäßigen Charakters unsers Albrechts gegen seine Prinzen, wandte sich der jüngere Prinz Diezmann an den neu erwählten Kaiser, dem Herzoge Albrecht von Oesterreich, und stellte ihm selbst, zu Nürnberg, das Elend seiner Familie und ihrer Staaten vor. Der Kaiser beantwortete den Vortrag mit keiner Gewißheit. Seine kaiserliche Hauptleidenschaft war die Habsucht, und der Anfang der Regierung muste sie doch einiger maassen verbergen. Daher trachtete seine Begierde nach Vortheilen bey den thüringischen Streitigkeiten, und verzögerte die Entscheidung. Der Prinz hingegen wandte sich an einige Fürsten, und schloß besonders mit dem Erzbischofe von Maynz ein Bündnis.

Nach der Zurückkunft von Nürnberg beeiferte sich sowohl Diezmann, als sein Bruder Friedrich, wiederum das Verlohrne zu erobern, und sich ihrer Länder zu versichern. Beyde Prinzen unterwarfen sich alle

Landgrafens in Thüringen.

entrißne Städte in Meissen, und der umliegenden Gegend. Leipzig, Torgau, die vornehmsten Plätze erkanten mit Freude ihre vorige Herrschaft. Adolphs Recht war mit seinem Tode vernichtet. Albrechts, des Landgrafen, Söhne erlangten den Besitz aller ihrer vorigen Länder in Meissen.

Nicht aber bloß erlangten sie ihre vorige Besitzungen in Meissen, sondern erweiterten ihre Herrschaft auch in Thüringen. Nach einer noch aufbewahrten Urkunde waren beyde Prinzen im Jahr 1299 bey ihrem Vater, dem Landgraf, auf dem Schlosse zu Wartburg. Hier errichteten sie eine neue Versöhnung, oder scheinen vielmehr den nun ganz unmächtigen Vater zur Einwilligung auf den Besitz von verschiednen Gütern und Städten in Thüringen genöthigt zu haben. Die Nachrichten von diesen Umständen sind trübe, und nicht ausführlich genug, um den nachforschenden Geschichtschreiber zu befriedigen. Diejenigen, welche von einer vollkomnen Aussöhnung zwischen den Landgraf Albrecht, und seinen Prinzen, reden *), berufen sich auf Urkunden, aus deren Worten man nichts mit Gewißheit schliessen kan, weil diese Worte mancherley Auslegung unterworfen sind. Am wahrscheinlichsten ist es, daß Albrecht seinen Prinzen das Recht, in Thüringen sich einer Stadt, nach der andern, zu bemächtigen, durch die Dürftigkeit seiner Umstände zu überlassen gezwungen wurde. Albrecht war nun sechzig Jahr alt, und von Ausschweifungen der Jugend geschwächt. Jederman verachtete oder haßte ihn. Die offenbare Treulosigkeit gegen seine Söhne, denen er ihr Erbe verkauft hatte,

---

*) Wilke. in Ticem. p. 112. sequ.

wendete alle Neigung der sittlich denkenden von ihm ab. Es war ihm nicht möglich, seinen Söhnen sich nunmehr in irgend etwas zu widersetzen. Weder Geld, noch Soldaten, noch Ansehn, noch Liebe; nichts unterstützte ihn mehr. Man haßte ihn, und alle Zeitgenossen redeten von ihm mit Unwillen. Selbst in dem Schoos seiner Familie verbreitete sich Verachtung gegen ihn. Seine eigne Gemahlin liebte ihn nicht, sondern gönte dem Prinz Friedrich, ihrem Schwiegersohne, alle Neigung. Es gibt Personen, welche kein Mensch in der Welt liebt; zu diesen wenigen Unglücklichen gehörte Albrecht.

Bey solchen Umständen war es seinen zwey immer bisher so verfolgten Söhnen nicht so gar schwer, sich den grösten Theil von Thüringen unterwürfig zu machen. Friedrich, der älteste Prinz, machte sich eigentlich zum Herrn dieses Landes, und bekam fast allenthalben, wo er hinkam, neue Unterthanen. Einige Städte verweigerten ihm den Gehorsam, unter welchen sich Eisenach hervor that. Albrecht scheint insgeheim, so viel itzt noch sein Unvermögen erlaubte, die Widerspänstigkeit der thüringischen Stände angefacht zu haben. Ob er gleich durch verschiedne Verträge zu dieser und jener Ueberlassung von Gütern an seinen Prinz aus Furcht einer vielleicht gar zu besorgenden Gefangenschaft genöthigt war, so wünschte sein innerer Haß doch nichts so sehr, als Schwierigkeiten für seinen Sohn in Absicht des Besitzes von Thüringen.

So verflossen beynahe sechs Jahre, ohne Veränderungen von Wichtigkeit. Mit dem steigenden Alter erschlafte Albrechts Muth, und mit den Sinnen wurden

den zugleich die Leidenschaften stumpf. Der Greis haßt nie so brünstig, wie der Jüngling. Daher kam es, daß einige Schriftsteller sich eine völlige Versöhnung zwischen unserm Landgraf und seinen Prinzen vorgestellt haben. Nicht Versöhnung und Liebe; Fahrläßigkeit und Kälte des Alters milderte itzt die Gesinnung des hassenden Vaters, und es durfte sich nur eine Gelegenheit zeigen, so brach der Groll aus. Zwar räumte der Tod ein harten Stein des Anstoßes aus dem Wege. Der Liebling Albrechts, Apez, starb 1299, und mit ihm der Anlaß zur täglichen Eifersucht der zwey ältern ächten Söhne. Die itzige dritte Gemahlin trug auch sehr viel zur Einigkeit des Vaters und der Söhne bey. Ihre Tochter vom ersten Gemahl, mit welcher sich, wie wir oben erzehlten, der älteste Prinz, Friedrich, vermählt hatte, wurde von ihr ungemein geliebt, und eben so sehr von ihrem Gemahle, Friedrich. Die Gemahlin des Landgrafens Albrechts, sorgte mehr für die Vortheile ihrer Tochter und Schwiegersohns, als ihres eignen Gemahls, und unterließ nichts, wodurch Eintracht, und wenigstens äuserliche Freundschaft erhalten werden konte.

Man sahe einer dauernden Ruhe entgegen, als auf einmal die Habsucht des Kaisers Albrechts die Aussichten trübte. So bald der Kaiser merkte, daß er seine Begierden unter dem Schirme des Ansehns stillen könte, beschloß er die längst gehegten Absichten auf Thüringen auszuführen. Es war überhaupt der vornehmste Fehler seines Regierungssystems, so wie auch nachher die Ursache seines Todes, daß er die Vergrößerung seiner Macht, und die Bereicherung seines Hauses so

offen-

offenbar, so ungerecht und unvorsichtig suchte, daß er sich allgemeinen Haß und Abscheu zuzog. Die Verwirrungen in Thüringen gaben ihm längst Gelegenheit, etwas in Absicht dieses Landes zu versuchen. Itzt, nach Verlauf von einigen Jahren, und der gesicherten kaiserlichen Hoheit ging er nach Fulda, um seinen Endzweck zu erhalten. Er war ohnehin schon durch Abgeordnete von einigen Städten in Thüringen, welche sich nicht an den Prinz Friedrich ergeben wollten, um Beystand gebeten worden. Um der Unternehmung eine gute, gehörige Wendung zu geben, ladete der Kaiser den Landgrafen Albrecht, mit seinen beyden Söhnen, nach Fulda ein, wo er sich aufhielt. Er hielt in Gegenwart vieler Fürsten, hier, zu Fulda, (im Julius des Jahr 1306) ein Gericht über die Ansprüche der jüngern Landgrafen, der Söhne Albrechts, auf Thüringen, und über den getrofnen Verkauf an den vorigen Kaiser Adolph. Der alte Landgraf Abrecht erschien zur bestimten Zeit: seine beyden Prinzen sahen vorher, daß ihnen der Kaiser nicht Gerechtigkeit geben würde, und erschienen also nicht. Sie hatten schon von dem Churfürsten zu Maynz die Nachricht geheim erhalten, daß der Kaiser zur völligen Vernichtung des ehmaligen Kaufes nicht zu bewegen sey. Der Kaiser könte so reichen Zuwachs zu seinen Besitzungen nicht gleichgültig weggeben. Er behauptete, daß Thüringen an das Reich verkauft sey, und ihm also, dem Kaiser, nunmehro gehöre. Weil die Abwesenheit der eingeladenen Prinzen einen guten Vorwand gab, so beschuldigte man sie der eignen Ueberzeugung von der Ungerechtigkeit ihrer Sache und der Contumaz. Man beschloß, mit der Macht
der

Landgrafens in Thüringen. 77

der Waffen die Ansprüche auf Thüringen, welches gekauft worden sey, geltend zu machen, und rüstete sich eifrig, um noch in diesem Jahre mit Kriege Thüringen zu erobern, und die zween Prinzen des Landgrafens Albrechts zu demüthigen. Allein der Tod des Königs in Böhmen wandte die Waffen des kaiserlichen Eigennutzes in dieses Land.

Dennoch erschienen schon einige kaiserliche Völker am Ende dieses Jahrs, 1306, in Thüringen. Ein anderes kleines Heer fiel in die Besitzungen des Marggrafens Diezmann ein, und verwüstete sie. Die beyden Prinzen des Landgrafens fanden sich bey diesen Vorfällen von ihrem Vater aufs neue beleidigt, doch wurde der öffentliche Ausbruch des Mißvergnügens durch die Klugheit der Gemahlin Albrechts verhindert. Diese liebte ihren Schwiegersohn und ihre Tochter zärtlich, in deren Gesellschaft sie auf dem Schlosse Wartburg war, wo sich der Landgraf ebenfals aufhielt, und in Ruhe dem einbrechenden Kriege zusah.

Diese Ruhe wurde sehr zeitig von dem kaiserlichen General, Wildenau gestört, welcher mit seinem kleinen Heere das Schloß Wartburg selbst, ehe es etwa in feindliche Hände gerathen möchte, einzunehmen beschloß. Man befürchtete diesen Vorfall desto mehr, da man die Neigung der Landgräfin gegen ihren Schwiegersohn und Stiefsohn kante, und ihrer Schmeicheley bey ihrem Gemahl viel zutraute. Die Furcht war nicht ungegründet. Selbst, da das kaiserliche Heer sich vor Wartburg zog, unterhielt sie mit ihrem Prinz Friedrich eine geheime Verbindung, und Friedrich kam und errettete Wartburg in einem nächtlichen, höchstverwegnen

wegnen Ueberfalle mit sechszehn Mann. Er trieb die Feinde in einen Wald, aus welchem sie sich nicht eher hervorzukommen wagten, bis neue Verstärkung von Mühlhausen angelangt war. Hierauf griffen sie Wartburg von neuen an.

Ich kan nicht umhin, hierbey eine Anecdote zu erzehlen, welche geringfügig scheinen kan, und dennoch so etwas sonderbares hat, daß sie, wie mich deucht, gewiß gefallen wird. In ein so romantisch verwirrtes Leben, wie des Landgrafens ist, gehört sie am ersten. In Romanen ließt man solche kleine angenehme Privatlügen so gerne. Warum nicht hier die Wahrheit?

Als Friedrich, dessen wagenden Muth der Leser schon kennt, die Belagerung des Schlosses Wartburg vorhersah, und sich die Feinde näherten, hielt er es für die klügste Wahl, das Schloß selbst zu verlassen, damit er von auswärts auf die Errettung Mittel ausfinden könte. — Vor acht Tagen aber hatte seine Gemahlin eine junge Prinzeßin gebohren, welche noch nicht, wegen Mangel des Priesters, getauft war. Er entschloß sich, seine junggebohrne Tochter bey Gelegenheit seiner Flucht taufen zu lassen. Er nahm sie mit auf sein Pferd: die Amme und zwölf Personen folgen mit. Unterdessen wird diese ganze Sache denen Feinden verrathen, und sie jagen ihm nach. Friedrich galoppirt so schnell er kan; aber das arme Kind fängt an zu schreyen. Er ruft der Amme, und läßt das Kind stillen. Während diesem Aufenthalte kommen einige von den Feinden heran. Er stellt sich gegen sie, und schlägt sich mit ihnen herum, bis sie weichen. Hierauf ergreift er die Flucht von neuen, und die nachjagenden, welche

Hülfe

Hülfe bekommen haben, fliegen ihm nach, ohne ihn jedoch erreichen zu können, weil er so, wie eine Lebensgefahr es erfoderte, fortflog. Er komt endlich in Tenneberg an, wo er seine Prinzeßin vom Abte zu Reichardsborn taufen läßt. Nachdem er sie in sichre Verwahrung gebracht, eilt er umher neue Völker zum Entsatze von dem Schlosse Wartburg zusammen zu bringen.

Das Glück begleitete den Heldenmuth, und Friedrich war bald fähig mit einem guten Heere dem Schlosse zu Hülfe zu eilen, und der Besatzung Proviant zu bringen. Hierauf drang er selbst auf die Feinde los, bekam den Anführer gefangen, und beunruhigte sie so gar in ihren eignen Befestigungen. Die Strenge des Winters endigte diese Feindseligkeiten.

Um diese Zeit, nach einiger Bericht, ob gleich, nach meinem Urtheile, noch früher *), erschien die völlige Katastrophe von dem Leben des Landgrafens Albrechts. Auch die Erzehlungen davon sind verschieden. Einige berichten uns, daß Friedrich endlich seinen Vater in Wartburg gefangen genommen, und zu Erfurt im Verhafte bis an seinen Tod gehalten habe. Andre nehmen

*) Herr Wilke setzt diese hierauf erzehlte Begebenheit in den Anfang des Jahrs 1307. (S. dessen Ticemann. p. 170.) mir komt es aber wahrscheinlicher vor, daß sie schon früher, im Jahr 1306 sich zugetragen habe, weil der Aufenthalt der Gemahlin Friedrichs in Wartburg, die Vertheidigung dieses Schlosses, und selbst der Angrif der Feinde alsdenn einen bessern Zusammenhang haben. Ich folge bey dieser Vermuthung noch überdem einem alten Schriftsteller, dem Verfasser des Chronicon Thuringiae in Menckenii Scriptt. Rer. Germ. p. 1766. sequ. Tom. II.

men einen errichteten Vergleich und vollkomnen Vertrag an; wozu bis itzt aber sich noch keine Urkunde findet. Auserdem stand es ja auch nicht in dem Vermögen des Landgrafens mehr, einen Vertrag wegen Thüringen zu errichten, da er das Land schon verkauft, und das Geld dafür erhalten hatte. Die Wahrheit liegt in der Mitte derer gegenseitigen Erzehlungen, und wir theilen sie dem Leser so mit, wie wir durch hinreichende Gründe, die wir hier, ohne die Gedult zu ermüden, nicht vortragen können, davon vollkommen überzeugt sind.

Die dritte Gemahlin Albrechts war ganz verschieden von der Liebhaberin Cunigunde. Sie besaß weder die Coquetterie derselben, noch Gleichgültigkeit genug, das Betragen des Vaters gegen seine Prinzen zu billigen. Die Liebe zu ihrer Tochter, der Gemahlin des ältesten Prinzen ihres Gemahls, und die Neigung zu ihrem Schwiegersohne selbst, einem tapfern, muthigen und tugendhaften Prinzen, lenkte ihren Geist von ihrem eignen, unartigen Gemahl noch mehr ab. Albrecht sah den abstechenden Charakter dieser itzigen Gemahlin mit seiner vorigen geliebten Cunigunde auch nicht, ohne Bewegung, an. Er wurde mürrisch aus Verdruß, und unerträglich aus Alter. Die verschiednen neuern Unfälle, davon er die Ursache war, und die dennoch immer zu seinen Mißvergnügen ausschlugen, beunruhigten ihn unaufhörlich. Die Beschwerlichkeiten des Alters (Albrecht war nunmehr 66 Jahr alt) drückten ihn mit ihrer ganzen Last. Er war gewohnt, in Pracht und Ueberfluß zu leben; und itzo fehlten die Einkünfte. Mangel, der an die Stelle des Ueberflusses tritt, ist

die

die schrecklichste Strafe der Welt, die der Weichling leiden kan. Mit diesem Verdrusse vereinigte sich die allgemeine Verachtung bey unserm Fürst. Jederman billigte, lobte seine glücklichen Prinzen, indeß er ihn ohne Bedaurung betrachtete, und wohl gar über den betrübten Zustand von ihm Zufriedenheit blicken ließ. Nothwendig muste so ein Schicksal das Gemüth Albrechts ganz niederschlagen. Da er aber seine Prinzen für die Ursachen aller dieser Begebenheiten, und seines ganzen Zustands hielt, und seinen Unmuth darüber gegen sie selbst doch nicht äusern konte, so ließ er, wie bey solchem Falle immer gewöhnlich ist, den Ausbruch seiner Leidenschaften diejenigen, die um ihn waren, fühlen. Man erleichtert sich im Zorne, wenn man seine Wirkungen nur ergiessen kan, und sollten sie auch unschuldige treffen.

Bey der Last so vieler Mißvergnügungen und Bitterkeiten faßte die Gemahlin Albrechts den Entschluß, sich von der kleinen Familientyrannen, und allem Mißvergnügen, auf einmal zu befreyen. Der von allen verlaßne Albrecht wird von der Gemahlin verrathen.

Sie veranstaltet eine geheime Unterredung mit ihrem Schwiegersohne, dem Prinz Friedrich. Hier wird der Entwurf gemacht, das Schloß Wartburg in Friedrichs Hände zu überliefern. Abgeredter massen erscheint Friedrich des Nachts in einer bestimten Stunde vor dem Schlosse, mit einer getreuen Begleitung. Elisabeth, die Gemahlin Albrechts, läßt ihm durch ihre Getreuen die Thore öffnen, und Friedrich ist in dem Augenblicke Meister vom Schlosse. Der Vater sieht sich

sich in der Gewalt seines Sohnes, und muß nun jede Bedingung eingehn, und thun, was man ihm vorschreibt. Diese That der Landgräfin Elisabeth, und wenn sie auch noch so viel zu erdulden hatte, wirft kein schönes Licht auf ihren Charakter. — Die Schriftsteller dieser Geschichte setzen hinzu; daß die That Tadel verdiente, wenn sie nicht gegen Albrecht wäre unternommen worden. So sehr haßte sein Zeitalter und die Nachwelt unsern Fürst.

So bald Friedrich seinen Vater in seiner Gewalt, und sein Schloß eingenommen hatte, ließ er ihn nach Erfurt bringen, wo ihm gewisse Einkünfte von einigen Meyerhöfen daselbst ausgesetzt wurden. Es war nicht nöthig, ihn in einen Verhaft zu bringen; denn er konte nicht entfliehen, ohne den äusersten Mangel und Hunger zu erwarten. Da er keinen Anhang hatte, so konte er nichts ausrichten, und die Kunst, sich beliebt zu machen, verstand er nie. Sein hohes Alter hinderte vollends alle Entwürfe und ihren Erfolg. Bis hieher war er immer in allem unglücklich gewesen, was er gegen seine Söhne unternommen hatte; und nun war er so gar unfähig etwas zu unternehmen.

Dürftigkeit, Verachtung und Schmerz umgaben ihn zu Erfurt. Er ward ein Privatmann. Seine Gemahlin verließ ihn, und wurde von ihrem Schwiegersohne Friedrich mit allen Vergnügungen und aller Ehre eines fürstlichen Lebens überhäuft. Verschiedne reiche Einwohner von Erfurt, an die Albrecht ehmals Reichthum verschwendet hatte, um ihn seinen Söhnen zu entwenden, liessen noch ihrem vorigen Wohlthäter einiges dankbares Mitleid zufliessen, und schenkten ihm

ver-

verschiednes zu seiner mehrern Bequemlichkeit. Er durfte nicht mehr als zwölf bestimte Personen bey sich haben; oder man gab ihm vielmehr nicht grössern Unterhalt, als für ihn und diese bestimte Anzahl hinlänglich war. Schwer, unerträglich schwer, drückten die Thorheiten der Jugend das Alter.

Mitten unter den Drangsalen der letztern Jahre sah Albrecht noch schreckliche Folgen seiner vorigen Unartigkeiten, welche Verwüstung der Länder, und hohe Gefahren seinen beyden Prinzen erweckten. Da Albrecht noch diese Vorfälle erlebte, da er unmöglich ohne Empfindung dabey bleiben konte, so wollen wir hier dasjenige, was bis an seinen Tod noch seinen beyden Prinzen begegnete, und wovon er der Grund war, ganz kurz berühren. Man wird dabey an unsern Fürst Albrecht zurück denken und sich vorstellen, was die unglückliche Vaterseele dabey fühlen muste. So sehr Albrecht auch seine Söhne mag gehaßt haben, so wenig unempfindlich konte er bey denen Begebenheiten bleiben, welche sich vom Jahr 1307 an, dem ersten Jahre seines Privatstandes zu Erfurt, in seinen ehmaligen Ländern, und mit seinen beyden Prinzen zutrugen. Entweder Freude, — doch so boshaft ist vielleicht Albrecht in seinem hohen Alter am Rande des Lebens, nicht gewesen — oder Unwillen, Betrübnis, Gram; gewiß starke Leidenschaften musten ihn ergreifen, als er sah und hörte, welche Schicksale itzo wüteten. Wir wollen diese Schicksale kurz berühren.

Der Kaiser Albrecht wollte seine Absichten auf die Besitzungen des Landgrafens Albrechts mit aller Macht ausführen. Als er die Eroberung des Schlosses Wartburg, das Glück des jungen Landgrafens Friedrichs, und die mißlungnen Versuche seines Heers in Thüringen erfuhr, rüstete er sich mit stärkrem Eifer, zur Erobrung von Thüringen und Meissen.

Gleich mit dem Anfange des Frühlings 1307. schickte der Kaiser Albrecht, unter der Anführung des Grafen von Nassau, Philipps, eine fürchterliche Armee gegen die Söhne des Landgrafens Albrechts. Aus Oesterreich, Bayern, den Rheinländern, und besonders Schwaben war dieß Heer zusammen gezogen worden, welches bis Pegau vorrückte, sich aber hernach bis Lucca zurückzog. Landgraf Friedrich sammelte mit seinem Bruder Diezmann ebenfals, so viel er konte, in Leipzig Völker zusammen. Mit diesem ging er, von Leipzig aus, den Feinden entgegen, befahl bey seinem Abzuge, unter dem Thore von Leipzig seine Sache GOtt, schlug auf sein Schwerdt, und ritt seinem Heere muthig voran. Mit gleichem Muthe grif er das kaiserliche Heer bey Lucca am 31 May im Jahr 1307 an, und schlug es, nach einer tapfern, fünfstündigen Gegenwehr, glücklich in die Flucht. Die Früchte dieses grossen und vollkomnen Sieges waren, auser denen vielen Gefangnen, die Eroberungen von Pegau, Borna und Freyberg. Die Feinde hatten über viertausend Todte auf dem Platze verlohren, und ihre ganze Armee war zerstreut. Des Landgrafens Albrechts Prinzen unterwarfen sich nunmehr einen Ort nach dem andern. Sie gingen weiter nach Thüringen, und breiteten Schrecken und Unterthänigkeit um sich herum. Der Sieg bey Lucca war so groß und merkwürdig gewesen, daß es ein Sprüchwort des mittlern Zeitalters wurde, zu sagen: es wird dir gehen, wie den Schwaben bey Lucca.

Aber der Kaiser Albrecht entbrante im Zorn, und wollte den Verlust bey Lucca rächen. Er brach gegen Thüringen auf. Unterwegens aber nöthigten ihn neue Veränderungen in Böhmen, sich dahin zu begeben. Indessen bemächtigten sich die beyden Heldenbrüder, Friedrich und Diezmann, noch einer Menge von Städten, und setzten ihre Eroberungen fort, und liessen sich allenthalben huldigen. Fast ganz Meissen, Osterland und Thüringen, bis auf wenige widerspänstige Städte erkanten ihre Herrschaft. Der Kaiser Albrecht muste seine Gefangnen mit vielem Gelde befreyen, und vorietzt alle Hofnung zur Wiedererlangung des Verlohrnen fahren lassen, weil zu gleicher Zeit Empörungen in der Schweiz entstanden.

Der Landgraf Friedrich begab sich nach Freyberg, und richtete daselbst die Ordnung der Regierung ein. Sein jüngerer Bruder Diezmann ging nach Leipzig. Hier hatte er wenig Zeit die Ruhe genossen, als er am 25 December 1307 von einem Meuchelmörder getödtet wurde. Er hatte sich vor Tages Anbruch zu Pferde nach der Thomaskirche daselbst begeben, um der Frühmetten beyzuwohnen. Er kniet beym Altare nieder, und dankt da GOtt für die erhaltnen Siege und Befreyung der Länder von der Gewalt des Kaisers. Bey dieser heiligen Handlung hatte sich jederman von seiner Begleitung entfernt. Als während diesem Gebete ein Gesang angefangen wird, springt ein Bösewicht hinter dem Altare hervor, und durchsticht den Prinzen mit einem Messer oder Dolche. Der Prinz ruft durch sein

sein Geschrey, daß er verwundet worden wäre, einen Zulauf vom Volke herbey, welcher den Mörder in Verhaft nimt. Der verwundete Prinz lebte noch bis an den dritten Tag.

Der Schöpfer dieser abscheulichen That war der Graf von Nassau, welcher vorher von dem vereinigten Heere der beyden Brüder bey Lucca eine so empfindliche Niederlage erlitten hatte. Friedrich rächte nachher den Tod seines Bruders, und tödtete im folgenden Jahre 1308, bey einem vorfallenden Gefechte, den Graf, mit eigner Hand.

Durch den Tod des jüngern Bruders Diezmann wurde Friedrich der einige Herr aller Länder, welche der Marggraf Heinrich, Friedrich Tuta, und unser Landgraf Albrecht inne gehabt hatten. Da der Kaiser Albrecht durch die entstandnen Empörungen in der Schweiz, dahin zu gehn genöthigt war, so konte er nach Thüringen und Meissen keine hinlängliche Völker senden. Und am ersten May 1308 wurde der Kaiser selbst ermordet. Nun entwichen alle Gefahren, und der Landgraf Friedrich unterwarf alles, was noch Widerstand gethan hatte, seiner Bothmäßigkeit. So endigte sich eine Reihe von Unfällen zum Vortheil und größtem Glücke Friedrichs, dem man alles hatte entreissen wollen.

Unser alte Landgraf Albrecht sah diese Glücksveränderung als erniedrigter Privatmann zu Erfurt. Er sah seinen Prinz Friedrich, den er eben am heftigsten gehaßt hatte, in dem Besitze aller derjenigen Güter bestätigt, in deren Entwendung er die größte Beschäftigung seines Lebens gesucht hatte. Er fühlte nun im

vollen

vollen Maaße die Folgen der Ausschweifungen seiner mittlern Jahre, und was für eine gefährliche Sache es sey; zu lieben. —

Es gibt eine dreyfache Liebe in der Welt: aus Geschmack: aus Phantasie: und aus Leidenschaft. Die erste macht nie, die zweyte selten, und die letztere fast beständig unglücklich. Der Verführung dieser letzten unglücklichen Neigung sind besonders Personen von einem lebhaften und weichen Temperamente unterworfen. Ein solches hatte Albrecht; allein eben deswegen bildete er sich ganz nach den Formen, die ihm von seiner unartigen Beherrscherin, Cunigunde eingedrückt wurden. Er wurde grausam, weil er sich zu leicht lenken ließ, und hart, weil er zu weich war, denen Zuredungen einer Buhlerin zu widerstehen. Anfangs haßte er seine Söhne bloß aus Schwachheit; da diese ihn hernach selbst zu beleidigen schienen, so verwandelte sich die Schwachheit in Bitterkeit und Groll. Beleidigungen erweckten Gegenbeleidigungen; und daher entspann sich ein Gewebe von wechselseitigen Intriguen und Unternehmungen. Der Gedanke des Ungehorsams und der Abscheulichkeit desselben bey unserm Albrecht; und der Gedanke der verletzten väterlichen Pflicht und der grausamen Ungerechtigkeit davon bey den Söhnen, trieb die erbitterten Geister immer zu seltsamen Handlungen, welche wiederum Ursachen zu neuen Anschlägen des Verderbens wurden. So verketteten lauter Unfälle dasjenige Leben, welches wir hier beschrieben haben.

Selbst in dem Charakter Albrechts lag der Saamen zu vielen Widerwärtigkeiten. Personen von derjenigen

jenigen Sinnlichkeit, wie er besaß, sind zur Pracht und Verschwendung geneigt; und dadurch eben erregte er immer die Eifersucht seiner Söhne. Es war natürlich, daß er, so bald er diese Eifersucht gewahr wurde, aus Entrüstung darüber, sich der Verschwendung überließ, um den Söhnen zu zeigen, wie viel der Vater über sein Vermögen Gewalt habe. Albrecht war nicht kriegerisch, ob gleich unruhig. Er stürzte sich in Gefahren, und beraubte sich vorher der Mittel, ihnen Trotz zu bieten. Der wilde Geist seines Jahrhunderts rührte nur immer die Oberfläche seiner Seele: ächter Muth und wahre Tapferkeit fehlte ihm. Daher verlohr er immer bey seinen Zeitgenossen, im Vergleich mit seinen muthigen, tapfern Prinzen. Daher gab die Geschichte ihm einstimmig den Tadel eines unartigen Charakters; und wo er auch noch Entschuldigung verdiente, gönnte man sie ihm nicht.

Seine unordentliche Wirthschaft am Hofe verursachte zuweilen Mangel, welcher allen fürstlichen Anstand beleidigte. Diejenigen, die durch seine Geschenke waren bereichert worden, verliessen ihn, nach der Mode der Welt, am ersten. Bey einem Fürsten war es doppelte Thorheit, durch Unbedacht in der Freygebigkeit aus aufmerksamen Dienern, ungetreue Freunde zu erschaffen. Ueberhäufte Gütigkeit gereicht oft mehr zum Verderben, als übertriebne Härte. Die Tugend liegt in der Mitte.

Albrecht zeigte, mit einem grauvollen Beyspiele, wie weit man durch die einzige Leidenschaft der Liebe gebracht werden könne. Aus der einzigen Neigung zur schö-

schönen, oder vielmehr, um richtiger zu reden, zur häßlichen Cunigunde floß das ganze verwirrte Leben, welches wir itzt betrachtet haben. Albrecht verließ dieses unruhige, und zuletzt so unglückliche Leben, zu Erfurt im Jahr 1315. Es hatte über 74 Jahre gedauert, und war durch eine Menge von meistentheils unglücklichen Begebenheiten merkwürdig worden.

* * *

Das dreyzehnte Jahrhundert, besonders die letztere Hälfte desselben, ist, in Absicht der Particulärgeschichte, ein sehr dunkler Zeitpunct für den philosophischen Arbeiter, und den critischen Forscher, in diesem Fache. Die Zeitrechnung der alten Chroniken widerspricht sich: die Nachrichten selbst gehen, in den erzehlten Umständen, häufig von einander ab, und manche Urkunden sind entweder verlohren, oder noch versteckt, und nicht genutzt worden. In der Geschichte einzelner Länder und ihrer Fürsten findet man die trockne Dürftigkeit alsdenn am meisten, wenn man den ganzen Auswuchs des Ueberflusses sorgfältig gesammelt hat.

Ich habe bey dem Leben Albrechts die Schwierigkeiten von der Geschichte dieser Zeit, in Absicht einzelner Staaten, und der Aufklärung verschiedner Puncte so sehr gefühlt, daß ich, ohne der Hülfe einiger neuern Gelehrten, nicht fähig gewesen seyn würde, die Wahrheit angenehm vorzutragen. Ich würde mich haben in critische Untersuchungen einlassen müssen, welche mit dem von mir gewählten Vortrage nicht gut zusammen stim-

stimmen. An verschiednen Orten habe ich deswegen, nach einer genauen Untersuchung und Ausfindung der Richtigkeit, die Wahrheit gleich, so wie ich sie einsah, vorgetragen, weil die weitere Prüfung und Ausführlichkeit derselben alles gefällige Ansehn hinweg genommen haben würde.

Es wird wohl ziemlich unnöthig seyn, alle Quellen, deren ich mich bedient habe, hier einzeln anzugeben; da sie schon aus neuern, nachher zu nennenden, Büchern, bekant genug geworden sind. Aus diesem Grunde darf ich nur den zweyten Theil von der bekanten Sammlung des Hrn. Menke Scriptt. Rer. Germ. anführen, worinnen sehr viele Aufsätze enthalten sind, die ich brauchen muste. Zu den ausführlichsten Nachrichten gehört Ioannis Rothe chronicon Thuringiae, von S. 1741 u. ff. Auser dem vielen Unnützen aber, welches man daselbst liesst, fehlt der Zeitrechnung öfters die gehörige Richtigkeit. Vieles auch fehlt, was zu dem Leben Albrechts nöthig war. Den zweyten Platz muß ich dem Chronico terrae Misnensis und denen Annalibus veterocellens. geben. Man findet hier viele Begebenheit richtig und gut aufgezeichnet. Ohne derer andern einzelnen Schriften in dem angeführten Theile des Menkischen Werkes zu gedenken, welche ich mit prüfender Sorgfalt genutzt habe, kan ich das Leben Friedrichs; von Tentzel; nicht übergehn, ob ich gleich auch einige, doch nicht sehr erhebliche, historische Fehler darinnen angetroffen habe. Die Schrift, im Ganzen betrachtet, ist ein höchstschätzbares Geschenk, und zeichnet sich,

wie

wie längst bekant, durch Gründlichkeit, Ordnung, und eine nicht unangenehme Schreibart aus.

Die Annales breues, oder Historia de Landgrauiis Thuringiac sowohl in Scriptt. Pistorii To. III. ed. Struuii p. 1296 sequ. als auch in Eccardi Historia Geneal. Princip. Saxon. super. sind zu kurz, um brauchbar genug zu seyn. Sie erzehlen dafür, wie bey diesen Schriften gewöhnlich, viele andre unbrauchbare Dinge, die nicht zur Absicht gehören. In Absicht des Stils und des historischen Geschmacks muß man an keine Foderung denken.

Fabricius hat in seinen Originibus Saxonicis, oder Saxonia illustrata. Lipf. 1606. Fol. eine ganz gute Anlage, und schreibt mit Nachdenken. In dem leben des Landgrafens Albrechts aber übergeht er viel wichtiges. Was er erzehlt, wird sehr umständlich berichtet; allein die Richtigkeit in der Zeitrechnung vermißte ich dennoch öfters, und es fallen sogar Lächerlichkeiten vor. Z. E. Albrecht müste, nach Fabricius Chronologie, zwanzig Jahr eher, als er lebte, Kinder gezeugt haben u. s. w. Indessen gibt dieses Buch in Einzelheiten gute Nachrichten, und ist dem Geschichtschreiber in seiner Gattung unentbehrlich.

Zwey Bücher, die ganz nach einerley Plan geschrieben sind, und die leben des Vaters, und des jüngsten Prinzen des Landgrafens Albrechts enthalten, leisteten der Geschichte dieser Umstände die wichtigsten Dienste. Hornii Princeps Henricus, cognomento illustris. Franc. et Lipf. 1726. 4. und
Wil-

Wilkii Ticemannus siue Vita Theodorici junioris Thuringiae Landgrauii. Lipſ. 1754. 4. Der Ruhm, besonders der letztern Schrift, ist noch aus den Rezensionen in den gelehrten Tagebüchern zu bekant, als daß ich hier viel davon zu sagen brauchte. Man weiß schon, daß in beyden Büchern mühsamer Fleiß, Kritik und Gründlichkeit herrscht. Die angehängten Urkunden verbreiten über die erzehlten Facta das Licht der Gewißheit, und daraus kan man die verworrne Zeitrechnung ungemein glücklich berichtigen. Ich wünschte nur, daß der Plan nicht, durch die abgetheilten Bücher und Kapitel, die Reihe der Erzehlungen so öfters zu unterbrechen genöthigt hätte. Es ist nothwendig geworden, von einerley Sache an verschiednen Orten zu sprechen, nachdem sie in viele Kapitel einschlug. Man kan daher diese beyden historischen Schriften nicht zu den Biographien rechnen, sondern es sind diplomatarische, fleißige Berichtigungen und Sammlungen von historischen Merkwürdigkeiten der zwey beschriebnen Fürsten. Die Aufmerksamkeit aber macht sie so vollständig, als man nur wünschen kan.

Folgender Abhandlung verdanke ich verschiedne chronologische und andre Bemerkungen: Von Alberti Degeneris Thuringorum Landgrauii et Saxonum Comitis *Palatini* Geburt, erster und andern Vermählung, und Kindern, vornehmlich von *Henrico* und *Agneten* erster, und *Alberto*, wie auch der bisher unbekanten Elisabeth anderer Ehe; — in des Herrn von Lingen Flei-

kleinen teutschen Schriften 1 Th. S. 103 u. ff. Man muß sich aber durch eine fast unerträglich gelehrte, citationenwelche, und mit einem sonderbaren Tone vorgetragene Weitläuftigkeit hindurch arbeiten, ehe man das Neue findet, was der Verfasser mittheilt. Er gibt seine Geschenkchen mit saurer Mine weg.

Von der dritten Gemahlin des Landgrafens Albrechts, und der Anecdote von der Entführung ihrer Tochter durch den ältesten Prinz des Landgrafens unterrichtete mich aus den Quellen ein besondrer Aufsatz in Oetters Sammlung verschiedner Nachrichten aus allen Theilen der historischen Wissenschaften. Der Aufsatz selbst, welcher Hrn. Büchner zum Verfasser hat, steht im 4. Stücke dieser Sammlung von S. 347 an, unter der Rubric: „Gründlicher Beweis, daß Landgraf Albrechts des unartigen, zu Thüringen, dritte Gemahlin eine gebohrne Reußin und Vogtin von Plauen gewesen." Die Abhandlung ist mit gutem Fleiße verfertiget.

Weder Peccensteins Theatrum Saxonicum, noch die diesem ähnlichen, oder andre, nur bey gewissen Puncten gebrauchte, Bücher darf ich hier anführen.

Leben
des Herzogs v. Braunschweig, Otto,
Fürsten von Tarent.

Der Prinz, dessen Leben hier folgen wird, war ein Urenkel von dem Landgrafen Albrecht, dem unartigen, von der Prinzeßin desselben, Agnes, welche sich mit dem Herzoge von Braunschweig Heinrich vermählte. Der älteste überlebende Prinz desselben, welcher Heinrich mit dem Beynahmen de Graccia hieß, war der Vater des Herzogs Otto, unsers Helden in gegenwärtiger Lebensbeschreibung.

  Dieses Leben wird mit dem vorigen, des Landgrafens Albrechts, wie Licht mit Schatten, abwechseln. Dort erwecken unnatürliche Streitigkeiten und Laster, hier erhabne Eigenschaften und Tugenden unsre Aufmerksamkeit. Albrecht entzündete Kriege, aber führte sie nicht leicht selbst: Otto stillte Kriege, und fochte zur Beschützung für andre. Albrecht lag dem Vergnügen in den Armen, Otto hielt vierzig Gefechte, und ward in den meisten Sieger. Man könte mit leichter Mühe eine sehr lange rhetorische Parallele hinzufügen, wenn man Plutarch seyn wollte. Edelmuth, Tapferkeit, Vorsicht, Güte des Herzens machten durch die Krümmungen sonderbare Schicksale hindurch den Herzog Otto berühmt und des späten Andenkens werth.

Ein

Ein gleichzeitiger Schriftsteller nent ihn die Regel der Fürsten normam Principum, und gibt ihm solche Lobsprüche, welche bey einem andern, als ihn, Verschwendung seyn würden. Es ist denen gvelphischen Fürsten immer eigen gewesen, an Heldenmuth und grossen Thaten die andern zu übertreffen: Otto bestrebte sich, sein eigen Geschlecht zu übertreffen.

Die wahrscheinlichste Meynung ist, daß unser Prinz im Jahr 1320 gebohren wurde. Andere geben irrig 1307 zum Jahr seiner Geburt an. Seine Erziehung wurde nicht verabsäumt; besonders die Bildung zum künftigen Helden, welche er so bald erhielt, und sein Genie so frühzeitig zur Reife brachte, daß er in jungen Jahren schon den Ruhm der Waffen erlangte. Sein Vater unternahm im Jahr 1327 eine Reise durch Italien und Griechenland nach Jerusalem, und den Berg Sinai, worauf er beynahe fünf Jahr verwandte. Eine Walfarth war damals der höchste Grad des Glaubens: man kan sagen, daß sie es noch seyn würde.

Ohne weitere Nachricht von den Umständen seines Lebens erscheint Otto im Jahr 1339 in der Geschichte von Italien, und spielt in diesem Lande eine glänzende Rolle. Hier finden wir sein Leben in beständiger ruhmreicher Beschäftigung. Entweder hat ihn sein Vater, bey seiner Reise nach dem gelobten Lande, da er den Weg durch Italien nahm, dahin mitgenommen. Otto war erst sieben Jahr alt. Oder, welches mir wahrscheinlicher dünkt, ging der junge muntre Prinz selbst nach Italien, da sein Muth im Vaterlande keine Nahrung fand, um in fremden Grenzen Lorbeern zu suchen. Vielleicht

leicht begleitete er den König von Böhmen, Johannes, auf seinen letzten Feldzuge nach Italien, und blieb nachher daselbst. Vielleicht hörte er von dem verwirrten Zustande Italiens, und sah bald ein, daß diese Gelegenheit der Eingang in die Laufbahn seines Ruhms seyn könte. Man möchte ungedulbig werden, wenn wir noch mehrmals ein: vielleicht: hinzusetzten; und es ist auch nicht nöthig. In denen Jahren, in welchen Otto nach Italien gegangen seyn muß, hielten sich verschiedne deutsche Helden daselbst auf, und standen bald dieser, bald jener Parthey bey.

Italien konte in diesem Jahrhunderte, in Absicht seiner Schicksale, ein seltsames Land heissen. Der meiste Theil der Nationen der Welt machte Ansprüche darauf. Der Pabst, der Kaiser, Böhmen, Ungarn, Frankreich, eingebohrne von Italien, und auswärtige Prinzen strebten darnach. Im Lande selbst war ein Gewimmel von Kriegern, und die leichtsinnige Treulosigkeit der Italiener gab Gehorsam und versagte ihn, diente und widerstrebte, nachdem es der Eigennutz wollte. Ein halbverrückter Kopf, Rienzo, war fähig, unter dem Titel eines Candidaten des heiligen Geistes, sich Rom, und sechszig andre Städte in Italien zu unterwerfen, und selbst vom Pabste Schmeicheleyen zu erlangen. Man gestand ihm eine Menge von Ehrentiteln zu, die des Commodus seine übertrafen, und unter welchen ein einziger wahrer sich befand: des **Liebhabers der Welt**. Fast wusten die meisten Städte nicht, wer ihr Herr sey. Wer sie am ersten geplündert hatte, der war es so lange, bis ein neuer wieder plünderte. Der Aufruhr, und fortwährende

Krie‐

Kriege verwüsteten dieses schönste der Länder Europens, indeß einzelne Personen reich und groß wurden.

Die edelste Grösse, den Ruhm eines gerechten Muthes, und der Beschützung, erwarb sich unter diesen Unruhen der Herzog Otto. Er befand sich in den Diensten des Marggrafen von Montferrat. Die Schriftsteller nennen hier seinen Nahmen zuerst, ohne daß man die Umstände, wie er zu dem Marggrafen gekommen sey, erfährt; sie nennen ihn einen Jüngling, und es scheint also, daß dieß die erste Probe seines Muthes gewesen sey, welche sie erzehlen. Der Marggraf von Montferrat führte an seinen Grenzen einen beschwerlichen Krieg. Er belagerte ein Schloß, Calusenum. Hier wollte der junge Otto seine Tapferkeit zeigen, und that es allen, zuvor. Indem er aber, beym Einbruche in das Schloß, andern zuvor fechten will, wird er verwundet, so daß er in Gefahr des Lebens gerieth. Der Marggraf wollte seinen jungen Held so gleich belohnen, und übergab ihm die Aufsicht und Beschützung des Schlosses. Dieses Amt scheint er verschiedne Jahre ruhig verwaltet zu haben, wenn wir nach dem Stillschweigen der Geschichte urtheilen wollen.

Indessen hatte sich die Königin von Neapel, Johanna, eine Frau, die wir noch weiterhin sehr weitläuftig werden kennen lernen, zu einem Kriege wider den Marggraf von Montferrat, um den Guelphen beyzustehn, bewegen lassen. Sie schickte 1345, ein zahlreiches Heer unter den Befehlen eines Renfortia Dago gegen den Marggraf, welcher die Parthey der Gibellinen hielt. Die Feinde belagerten und eroberten das feste Schloß Gamenaria. Ihre Anzahl war fürchterlich.

Schir. d. Biogr. 3. Th.   G   Der

Der Herzog Otto rieth dem Marggrafen, mit dem Feinde zu schlagen, und durch die öfters wiederhohlte Ermahnung: besiege doch deinen Feind: besiege doch den Feind: brachte er es endlich dahin, daß eine Schlacht gewagt wurde. Otto selbst fochte an der Seite des Marggrafen mit unüberwindlicher Herzhaftigkeit, und trug das meiste dazu bey, daß die Feinde die Flucht ergriffen. Diese Schlacht unterscheidet sich von andern sehr wichtig, wenn die Nachricht verschiedner Schriftsteller gegründet ist, daß auf dreyßigtausend Mann geblieben sind. Der Anführer der Feinde wurde selbst getödtet, und im Nachjagen der Flüchtigen eine unzählige Menge niedergemacht, das Schloß Gameria wieder erobert, und der Krieg gedämpft.

Der Herzog Otto hatte sich bey diesen Vorfällen die Gunst des Marggrafen ganz eigen gemacht. Er war ohnehin ein Vetter von ihm, und nun wurde er sein vertrauter Freund und erster Rathgeber. Er begleitete den Marggrafen allenthalben, und in den öffentlichen Urkunden steht sein Nahmen den Vornehmsten des Landes voran. Er war bey der Belehnung einiger Güter von Saluzzo gegenwärtig, ingleichen, als sich einige Städte mit ihren Bezirken der Herrschaft des Marggrafen übergaben. Vorsichtigkeit und Klugheit mit Muth und hitziger Tapferkeit verbunden, macht einen so vollkommen und seltnen Character, daß er sich allgemeine Verehrung und Liebe erwerben muß. Einen solchen Charakter hatte Otto. Bey denen flüchtigen, unbeständigen Italienern war die deutsche Standhaftigkeit ein Wunder; und je mehr sie der deutsche Prinz zum Vortheile seines Freundes, des Marggrafen

zeig-

zeigte, desto mehr befestigte er sich Achtung und Freundschaft. Die angenehme Bildung seines Körpers und ein freundliches Gesicht machte ihn allenthalben beliebt. Die erhabnen Eigenschaften seines Geistes verriethen sich bey politischen Vorfällen, wo man ihn immer glücklich um Rath fragte. Er besaß Feinheit der Beurtheilungskraft, und Feuer des Muthes. Man bewunderte in Italien einen Prinzen, der so sehr Mensch war.

In diesem Ruhme und angenehmen Zustande blieb Otto einige Jahre. Er unterstützte den Marggraf von Montferrat mit seinen Rathschlägen, und nahm an der Regierung Antheil. Man verlangt zu viel, wenn man nähere Umstände davon sucht. Das Verdienst des Staatsmannes ist öfters grösser, als dasjenige des Siegers; allein seine Natur erfodert eine Stille, und wird daher weniger bekant. Der grosse Feldherr wird vom öffentlichen Geräusche begleitet: der grosse Minister von einer geheimen Verschwiegenheit. Wenn beyde gleich groß sind, so kennt man diesen kaum, wenn man schon jenen vergöttert. Der grosse Geist im Cabinette sieht seine wohlthätigen Eigenschaften von dankenden Thränen des Volkes genug belohnt; da hingegen der Krieger sich dafür durch rauschendes Lob schadlos hält, und die Geschichte zu seiner Freundin macht. Aus diesen Gründen findet man den Helden in der Geschichte immer den andern grossen Geistern zuvorglänzen.

Otto war beydes; allein, da Montferrat seiner Begierde, sich in den Waffen zu zeigen, nicht Gelegenheit genug gab, so suchte er einen andern Schauplatz. Es war einem Fürsten anständiger, Feldherr, als

Staats-

Staatsmann zu seyn. Die erste Kunst eines Fürsten ist beständig die Kriegskunst, die zweyte Staatsklugheit; und ein vollkomner Fürst verbindet die dritte Kunst damit, Wissenschaft und Wirkungen eines durch Gelehrsamkeit aufgeklärten Verstandes.

Frankreich hatte in diesen Zeiten die beschwerlichsten Kriege mit England zu führen, und wenn auch einmal ein Stillestand war, so machten doch beyde Nationen dieses nur zu einer Quelle von neuen Zurüstungen. Otto trat, bey diesen Umständen, in die Dienste des Königs von Frankreich, und begab sich, im Jahr 1352, zu ihm. Hier hätte er vielleicht sein Leben durch seinen Muth in einem Zweykampfe verliehren können, wenn ihn nicht die Umstände beschützt hätten.

Der Herzog von Lankaster, ein Englischer Prinz von Geblüte, ein tapfrer, muthiger Herr, unternahm einen Feldzug nach Preussen, gegen die Heyden. In diesem Jahrhunderte waren die Kreuzzüge nach Preussen gewöhnlich geworden, und an die Stelle der Kreuzzüge nach dem gelobten Lande, des Fanatismus der vorhergehenden drey Jahrhunderte getreten. Der Herzog von Lankaster trat diesen Feldzug 1351 an, in Begleitung von 500 vornehmen Rittern. Er sandte 400 Ritter voran, welche aber von Westphälischen Grafen und Edelleuten, nach der damals gewöhnlichen Strassenräuberey, angegriffen und gefangen wurden. Der Herzog muste sie mit Gelde auslösen. Als er zu Cöln angekommen war, bekam er die Nachricht, daß der Herzog von Braunschweig, Otto, auf Anstiften des Königs in Frankreich, ihn unterwegens überfallen und gefangen nehmen wollte. Er setzte aber dennoch seinen

Weg

Weg unter guter Bedeckung fort, und kam bis nach Stettin. Es scheint nicht, daß er seinen Endzweck erfüllt habe, nach Preussen zu gehen. Um Ostern 1352 war er wieder zu Cöln, und hier beschwerte er sich öffentlich über den Herzog von Braunschweig, daß er ihn habe gefangen nehmen wollen. Er fügte den Beschwerden verschiedne beleidigende Ausdrücke bey, und erklärte sich endlich, daß, wenn der Herzog von Braunschweig etwas an ihn suche, so werde er seinen Mann an ihm finden. So bald Herzog Otto dieses erfuhr, glaubte er, sich zu einer Ausfoderung auf einen Zweykampf berechtigt zu finden. Wenn jemals ein so halbmenschliches Ding, als ein Duell ist, Rechtfertigung verdient, so war es gewiß hier. Otto befand sich als einen Strassenräuber angegeben, und der Herzog von Lankaster hatte schon selbst ihn aufgefodert, sich zu vertheidigen. Das Vorurtheil seines Zeitalters wurde ihm dabey zum Gesetze, da er den grösten Theil seines Ansehns am französischen Hofe verliehren konte, wenn er nicht so handelte, wie er that. Im vierzehnten Jahrhunderte ist ein Duell bloß ein Flecken der Zeit, aber im achtzehnten aufgeklärten Jahrhunderte ist es ein Fehler des Verstandes. Man kan hier nur sehr wenige Ausnahmen, und zwar nur einseitig machen.

Herzog Otto zeigte seinen persönlichen Muth mit Lebhaftigkeit und schrieb einen Brief an den Herzog von Lankaster, dessen vornehmster Inhalt dieser ist.

„Otto, von GOttes Gnaden Herzog von Braunschweig, Herr von Thüringen, Sohn des grossen Herzogs von Braunschweig, an den Prinz, und edlem Herzog von Lankaster; — Wisset hierdurch, daß die Worte, welche ihr zu Cöln, am nächsten Freytage nach Ostern, in Gegenwart vieler rechtschafnen Ritter, und des Herzogs von Jülich, wider uns gesagt habt, auf eine niederträchtige und entehrende Art Unwahrheiten sind. Wir wollen Euch dieses persönlich gegen Eure eigne Person zeigen, und unsre Ehre gegen lügen retten. Diese Sache soll zwischen Guines und St. Omer, oder wo es der König von Frankreich für gut finden wird, ausgeführt werden. Wir erwarten darauf von Euch die gehörige Antwort.„ —

Der Herzog von Lankaster, nahm, wie leicht zu erachten, den Zweykampf an. Beyde Herzoge erwählten den König von Frankreich zum Richter. Otto erschien vor dem Könige in Person; der Prinz von Lankaster aber durch Bevollmächtigte. Nachdem beyde Theile die an einander geschriebnen Briefe für ächt erkant, und die Wahrheit derselben zu behaupten sich erklärt hatten, warf der Herzog von Braunschweig das gewöhnliche Pfand hin. Es war Gebrauch, daß derjenige, welcher einen andern zum Kampf heraus gefodert hatte, in Gegenwart des Richters, etwas als ein Unterpfand hinwarf, daß er die Gerechtigkeit auf seiner Seite habe. Derjenige, welcher aufgefodert worden war, oder die von ihm dazu Bestellten, huben alsdenn das hingeworfne Pfand auf, und nahmen dadurch den Zweykampf an. Die Bevollmächtigten des Herzogs von Lankaster wollten aber das Pfand nicht aufnehmen, weil es ihnen ihr Herr verboten, da er den Zweykampf persönlich ausführen wollte. Der König von Frankreich setzte hierauf einen Termin, an welchem die Bevollmächtigten des Herzogs von Lankaster wieder erschienen,

nen, und nicht allein das Pfand nunmehro annahmen, sondern auch dem Herzoge von Braunschweig ein Pfand zuwarfen. Dieser wollte es anfangs nicht annehmen, weil er nicht der Kläger wäre, bis ihn der König von Frankreich dazu bewog. Man setzte hierauf den vierten December zu dem Tage an, wo der Zweykampf, und zwar bey Paris, gehalten werden sollte.

Der Herzog von Lankaster ließ sich nun eine förmliche Erlaubnis zu diesem Duell von seinem Könige geben, und ging in Begleitung eines Grafen und sechzig bewafneter Ritter nach Frankreich, wo er mit vielen Ehrenbezeugungen aufgenommen wurde. Der König von Navarra und der Dauphin gaben sich viele Mühe, beyde Theile zu vergleichen. Allein es war vergeblich. An dem bestimten Tage erschienen beyde Herzoge, völlig zum Streite gerüstet, in den Schranken. Aber der König von Frankreich legte sich hier ins Mittel, und brachte es endlich dahin, daß die ganze Sache seinem Ausspruche überlassen wurde. Er entschied die Streitigkeit so, daß er beyde Herzoge versöhnte, und den Zweykampf aufhub, weil die Nachricht, welche der Herzog von Lankaster von dem Herzoge Otto gehört hatte, ungegründet war, und also auch die deswegen vorgefallnen Beleidigungen für ungültig erklärt werden musten. Man muß dem Lobspruche beystimmen, welchen Leibnitz dem Könige von Frankreich dabey gibt. Der König zeigte einen wahren Edelmuth, da er den vornehmsten Held seines Feindes, des Königs von England, von der Gefahr seines Lebens befreyte. Sein Lob wird desto grösser, da er, der König selbst, dabey empfindlich beleidiget war, weil man alles, was man dem

Herzoge von Braunschweig vorwarf, seinem Anstiften zuschrieb. So gewiß ist es, daß öfters barbarische Zeiten von dem Schimmer der Tugenden erhellt werden, die wir in unserm Zeitalter für Seltenheiten halten *).

Man erzehlt, daß unser Prinz, nach dieser Begebenheit die Wittwe des Königs Jacob von Majorca, Jolanda geheyrathet, und derselben im folgenden Jahre die tausend Pfund zum Wittwengilde vermacht habe, welche der König von Frankreich ihm für die gegen Engelland zu leistenden Kriegsdienste versprach. In Französischen Schriften findet man den Nahmen des Herzogs Otto von Braunschweig unter denen Vornehmsten, welche sich zum Dienst gegen England verpflichteten. Allein die Vermählung mit der Königin Jolanda bleibt dennoch zu dunkel, um mit Gewißheit hier erzehlt zu werden. Kritische Untersuchungen aber, aus welchen zuletzt Vermuthungen entstehen würden, hätten hier, in einer Biographie, wo man interessante Erzehlun-

---

*) Ich bin in dieser Erzehlung dem 81 und 82 Stück der Hannoverischen gelehrten Anzeigen vom Jahr 1751 gefolgt. Daselbst aber wird diese ganze Sache einem andern Herzoge von Braunschweig, des Herzogs Magnus Prinzen zugeschrieben. Allein dieser Prinz starb 1339 zu Nürnberg. Zuerst erzehlte man auch diesen Vorfall mit dem Herzog von Lankaster von unserm Herzoge Otto. Hierauf widerlegte man es; man bestätigte die Widerlegung. Hernach wurde die Widerlegung widerlegt, und die Sache ward, was sie zuerst gewesen war. Ich darf hier nicht weitläufig seyn, und muß verschiednes, was ich gern sagen möchte, zurück halten. Man sehe indessen (Herrn Kochs) Pragmatische Geschichte von Braunschweig und Lüneburg. S. 135.

zehlungen, und nicht zweifelhafte Muthmassungen verlangt, einen unschicklichen Platz.

Eine andre Gelegenheit, den Leser zu unterhalten, würde uns die angebliche Rückkunft des Herzogs in seine väterlichen Lande verschaffen. Er soll mit Pomp zurück gekehrt seyn, und die Beschreibung davon ist weitläuftig. Sie würde vielleicht auch hier angenehm, aber zugleich romanhaft seyn. Es ist schon von andern gezeigt worden, daß Herzog Otto nie wieder in sein Vaterland zurück gekehrt sey, nachdem er es einmal verlassen hatte.

Auch in Frankreich hielt sich Otto nicht lange auf, sondern folgte einer neuern schimmernden Aussicht. Er ging aus diesem Lande, um in Italien Ehre zu suchen. Dort zeigte sich ein neuer Auftrit. Der Kaiser Carl der vierte kam im Jahre 1354 nach Italien, um sich von einem Legaten des Pabsts zum Kaiser in Rom, nach der damaligen Gewohnheit, krönen zu lassen. Man erwartete von der Gegenwart eines Kaisers in Italien viele Veränderungen. Die vornehmsten Fürsten dieses Landes hatten sich entweder für ihn, oder gegen ihn verbunden. Otto begab sich zu denenjenigen, welche den Kaiser persönlich begleiteten. Er erschrack vielleicht nicht wenig, als er bey dem Kaiser hundert Mann, an statt eines grossen Heeres, antraf. Inzwischen begleitete er den Kaiser dennoch, bey dem sich nunmehr täglich neue Fürsten, Ritter und Volk einfanden, so daß einige tausend Mann nunmehr die Bedeckung des Kaisers ausmachten. Unter ihnen war auch der Marggraf von Montferrat, der vorige Freund unsers Herzogs. Beyde verneueten ihre Freundschaft, und beyde begleiteten den Kaiser nach Rom, wo er am Ostertage 1355 feyerlich gekrönt wurde, aber sich sehr unfeyerlich betrug, und ganz in der Stille, noch an demselbigen Tage Rom verließ, weil er es dem Pabste zu Avignon versprochen hatte. Otto begleitete den Kaiser weiter, und wurde allenthalben ein Augenzeuge von seinem unwürdigen Betragen, wodurch er alle Hoheit des Kaiserthums erniedrigte, nur Geld suchte, und sich schimpflich, ohne Strafe, begegnen ließ. Unter den Begleitern befand sich auch der dritte Bruder des Herzogs Otto, Ridbag, welcher auch beständig bey dem Kaiser blieb.

Herzog Otto schien keinen Geschmack an einem solchen Kaiser zu haben, wie Carl der vierte war, welcher zwar in listigen Anschlägen, und einer feinen, nicht aber immer ehrlichen Politik, groß war, hingegen allen Kriegermuth, und alle Eigenschaften eines Helden verleugnete. Otto muste selbst sehen, daß Carl die Gibellinen hart behandelte, welche eben seine Vortheile unterstützen konten, daß er gegen seine Feinde feig, und gegen seine Freunde eigennützig war, daß er sich gefallen ließ, in verschiednen Städten gar nicht eingelassen zu werden, in den Staaten der Visconti verachtet zu seyn, und zu Cremona nur mit der Bedingung, einen einzigen Tag da zu bleiben, Erlaubnis erhielt, ohne Begleitung herein kommen zu dürfen.

Von dem unkaiserlichen Charakter Carls des vierten wurde Otto zu Pisa noch mehr überzeugt. Carl ertheilte daselbst dem Marggrafen Johann von Montferrat, die Belehnung, und weil er in dem freundschaftlichen Dienste gegen ihn sich sehr hervorgethan hatte, so gab er demselben auch das Vicariat über Pavia und einige

nige andre Gegenden. Einige Tage darauf ließ er aber eine schriftliche Urkunde aufsetzen, in welcher er dem Marggrafen die Erlaubnis gab, daß er, ohne Gefahr, nach seinem Gefallen, wenn er, der Kaiser, durch das Gebiete der Visconti ziehen würde, den kaiserlichen Befehlen Gehorsam leisten, oder versagen könte. Er wolle dem Marggrafen nicht beschwerlich seyn, und wenn er ihm etwas befehlen sollte, so wäre es nicht sein fester Wille, sondern alles solle von dem Marggrafen abhangen. So spielte Carl mit seiner Hoheit in Italien, und suchte sich, durch listige Schlingen, so gut er konte, fortzuschleichen, um nur in Italien gewesen zu seyn. Es ging ihm auch in dem Gebiete der Visconti, wie sein Kleinmuth verdiente. Man begegnete ihm als einem fremden Reisenden, und erkante nichts kaiserliches an ihm. An andern Orten ließ sich Carl beschimpfen, und nahm Geld dafür — Nun bestätigte er alles, was man wollte.

An statt dieses Monarchen Gunst zu suchen, überließ sich Herzog Otto ganz seinem vorigen Freunde, dem Marggrafen Johann von Montferrat. Dieser sah seine Freundschaft durch so viele Dienste belohnt, daß durch wechselseitige Neigung beyde Prinzen, der Marggraf und Herzog, mit einander auf das zärtlichste verbunden, und nur durch den Tod des Marggrafen getrennt wurden. Beyde hatten sehr gleichgestimte Seelen; der Marggraf war kühn, kriegrisch, rechtschaffen, und doch listig, dabey ein Liebhaber der Großmuth. Er freute sich, an dem Herzog von Braunschweig einen so ähnlichen Prinz zu finden, um desto mehr, je weniger immer Männer von Genie Freunde finden, wie sie sie suchen,

suchen, denn sie suchen immer die Seltenheiten ihres gleichen.

Der kriegrische Geist des Marggrafen suchte bald, nach der Rückkehr des Kaisers, für sich, und seinen Freund Beschäftigung. Die so genanten Visconti, besonders der Visconte Galeazzo, Beherrscher von Mayland, erweiterte mit Uebermuth allenthalben herum seine Herrschaft. Die Eifersucht des Marggrafen erregte ihm, so viel nur möglich war, Hindernisse. Aus dieser Quelle entstand eine Streitigkeit über das Gebiet um Asti. Die Einwohner selbst waren zum Mißvergnügen geneigt, weil sie ihre Freyheiten nicht, wie sie glaubten, erhielten. Sie ladeten den Marggrafen von Montferrat ein, zu ihnen zu kommen, und trugen ihm die Herrschaft über sich auf. Dieser schrieb an den Viscont Galeazzo, und machte ihm seine neue Herrschaft bekant. Der Krieg brach so gleich aus. Galeazzo verstärkte seine Besatzung zu Asti. Johann und Otto belagerten die Stadt. Bey innerlicher Empörung ist kein heftiger Widerstand. Der Marggraf drang in Asti ein, und vermehrte dadurch seine Staaten, mit einem neuen Gebiete.

Der Krieg mit dem Viscont Galeazzo wurde hierauf fortgesetzt. Der tapfre Johann und Otto nahm die Stadt Alba noch weg, bewog Cherasco, Chieri, und alle Derter in Piemont zu einer Empörung, und schloß am Ende des Jahrs 1356 mit dem Graf Amadeus von Savoyen ein Bündnis.

In denen darauf erfolgten Feldzügen machte sich Herzog Otto berühmt, und die Lobsprüche von ihm verbreiteten sich allenthalben. Es ist zu beklagen, daß die Schrift-

Schriftsteller dieser Zeiten in Bemerkung der persönlichen Verdienste so nachläßig sind, und nur immer im Allgemeinen erzehlen. Aber es ist gewiß, daß Otto die grösten Thaten in diesem beschwerlichen und wilden Kriege verrichtete. Er führte zweytausend Deutsche, welche unter den Befehlen des Grafen von Candi standen, dem Marggrafen von Montferrat zu. Indessen war Pavia, worüber Johann vom Kaiser zum Vikar ernent war, und in welcher Stadt er Soldaten hatte, von den Visconten belagert. Die Einwohner aber vertheidigten sich heftig. Ein Mönch Jacob Bussolari predigte ihnen Trost und Muth ein, und beschützte auf der Canzel die Stadt mehr, als ein General auf der Mauer. So hielt sich Pavia bis der Marggraf Johann durch den Herzog Otto Hülfe schickte, worauf, in einem tummelvollen Ausfalle aus der Stadt die Feinde ganz hinweg geschlagen wurden. Der Marggraf Johann nahm die Stadt Novara ein. Genua empörte sich wider die Visconten, und der neue Doge machte ein Bündnis mit dem Marggrafen. Es verbanden sich hierauf noch viele andre Fürsten gegen die so mächtigen Visconten. Diese hingegen, ob sie gleich oft ins Gedränge getrieben wurden, und Treffen, und Städte verlohren, wusten sich dennoch beständig so zu erhalten, daß sie unüberwunden blieben. Wenn wir die Weitläuftigkeit liebten, könten wir hier sehr leicht einige Seiten von diesem Kriege fortschwatzen, ohne doch von dem Helden, dessen Leben wir beschreiben, etwas gewisses sagen zu können. So ungerecht ist aber die Geschichte nicht gewesen, ihn ganz zu vergessen. Sie gibt ihm das Lob, daß er in diesen Unternehmungen, Feldzügen

zügen und Eroberungen die Tapferkeit mit der Klugheit, und kriegrische Hitze mit Großmuth, in einer seltnen Vereinigung gezeigt habe.

Pavia reitzte die Aufmerksamkeit der beyderseitigen Feinde vorzüglich. Johann eiferte eben so sehr für ihre Vertheidigung, als Galeazzo nach ihrem Besitze. Die Stadt wurde verschiedne mal mit aller Hitze, vergebens, belagert. Man sah, wie viel die Religion, oder vielmehr der Aberglaube wirken kon, und dieses Beyspiels wegen erzehlen wir die Geschichte. Der Mönch Bussolari befeuerte die Einwohner bis zum Enthusiasmus. Durch seine rührende Predigten bewegte er nicht nur die Herzen, sondern stärkte den Muth. Der Marggraf von Montferrat schmeichelte dieser seiner wirksamen Maschine ungemein, und bediente sich seiner allgewaltigen Rührung nach seinen Absichten. Der Mönch Jacob predigte einmals, auf sein Bitten, wider die wenig gottesfürchtigen Herren von Beccheria. Sie waren in Pavia insgeheim von der Parthey der Visconten, wenigstens hatten sie mehr Gewalt daselbst, als dem Marggrafen vortheilhaft seyn konte. — Mönch Jacob predigt wider sie; so gleich ist alles wider sie aufgebracht. Das Volk will ihr Ansehn stürzen, und eine Republic errichten. Die Vornehmsten dieses Geschlechts ergreifen die Flucht, und begeben sich, wie ganz natürlich war, zu den Visconten. So bald man davon Nachricht erhält, treibt das Volk die übrigen von diesem Geschlecht aus der Stadt, nimt hundert Bürger, die ihnen beygestanden, gefangen, und schlägt zwölfen von ihnen die Köpfe an. Der Marggraf von Montferrat komt hierauf selbst mit sechstausend

Mann

Mann an; da erregt Mönch Jacob wieder das Volk, begiebt sich an der Spitze desselben in das Mayländische Gebiet, und führt eine unbeschreibliche Menge Weintrauben, woran Pavia Mangel litte, mit sich hinweg. Pavia ward im folgenden Jahre wiederum belagert. Jacob predigte fort, aber der Marggraf konte nicht itzt Hülfe senden, weil eine starke Anzahl von den fremden gemietheten Völkern in die Dienste der Feinde getreten war. Bey solchen drängenden Umständen hielten sich endlich Mönch Jacob und das Volk verlohren. Sie liessen sich mit Galeazzo in Unterhandlungen wegen der Uebergabe ein, und suchten vortheilhafte Bedingungen. Man gab sie ihnen gern, um nur die Stadt zu besitzen. Zum Unglück hatte der Mönch bey den Bedingungen sich selbst vergessen. Er wurde, bald nach der Uebergabe von Pavia, von seinem Generale eingezogen, und zu einer ewigen Gefangenschaft verdamt. Jacob Bussolari war zu glücklich gewesen, um immer glücklich zu bleiben.

Indem noch der Krieg zwischen dem Marggrafen von Montferrat, und dem Visconten Galeazzo lebhafter als jemals fortgesetzt wurde, dachte man an einen Frieden, wozu sich beyde Theile geneigt fanden. Otto übernahm den Auftrag, wegen des Friedens Unterhandlungen zu pflegen, denn er zog die öffentliche Glückseligkeit seinem Ruhme vor. In dieser Absicht begab er sich an die Grenze, und unterließ keine Sorgfalt. Er hofte einen vortheilhaften Frieden zu Stande zu bringen, weil der Marggraf von Montferrat einen starken Zuwachs seiner Macht durch die so genante Englische Compagnie, welche ein Hauptmann Albert, und er selbst,

selbst, Prinz Otto commandirte, erhalten hatte. Die Hofnung aber ward unerfüllt, und die Friedensunterhandlungen fruchtlos. Man fing die Feindseligkeiten mit dem Anfange des Jahrs 1363 von neuen an, und besonders brach die Englische Compagnie, schon im Januar, in das Mayländische ein, nahm Mazenta und Corbetta weg, und rückte endlich bis fünf Meilen von Mayland vor. Hier schlug sie einen entgegen kommenden Haufen, nahm viele Edle gefangen, und ging hierauf, mit unbeschreiblicher Beute wiederum nach Romagnano zurück, da sie zu grossen Eroberungen zu schwach war.

Einige Zeit darauf schlug dieses Heer den berüchtigten Grafen Corrado Landi, welcher mit seinen, gröstentheils deutschen, Freybeutern zuerst in des Marggrafen Diensten gewesen war, hernach aber, wie damals bey solchen Rotten gewöhnlich, die Dienste des Feindes angenommen hatte. Landi blieb in dem Treffen selbst, und bezahlte damit den Italienern seine Schuld. Die englische Compagnie mehrte sich aber, und fiel dem Marggrafen, welcher die Summen zu ihrer Unterhaltung nicht ertragen konte, so beschwerlich, daß er sich davon zu befreyen suchte. Die Pisaner nahmen die Engländer in Sold, denn alles war damals wider einander in den Waffen, und suchte Völker in Sold zu nehmen, so lange die Kräfte zureichten. Ein auserlesener Ueberrest der Compagnie, welche über dreytausend Mann stark gewesen war, blieb in den Diensten des Marggrafen, und Herzog Otto, ihr Anführer *),

blieb

---

*) Muratori erzehlt in seiner Geschichte von Italien irrig, Th. 8. S. 579. daß Herzog Otto, erst um diese Zeit, 1363 nach Italien gekommen, und in des Marggrafen von Montferrat Dienste getreten sey.

blieb seinem Freunde, mit ihnen, getreu. Er begleitete ihn bey allen wichtigen Unternehmungen. Wir finden seinen Nahmen in den Urkunden, als einen Beweis der Achtung, welche ihm der Marggraf gönte, und welche er täglich mehr verdiente.

Der kriegrische Geist unsers Fürsten genoß einige Ruhe, nachdem im Jahr 1364, durch Vermittlung des päbstlichen Legaten, ein Friede zwischen dem Marggrafen und dem Visconten war geschlossen worden. Bey der Vertauschung der Länder aber, welche beyde Fürsten im Kriege einander abgenommen hatten, blieb Otto so wenig unwirksam, als in der Ruhe des Friedens selbst, und führte verschiedne einzelne Geschäfte mit einer wohlthätigen Freundschaft für den Marggrafen aus.

In einem so unruhigen, und ohne gewisse Beherrscher gröstentheils jedem raubgierigen Krieger überlaßnem Lande, wie Italien damals war, konte der Friede nicht dauerhaft seyn. Die Grausamkeiten der Visconten, die Herrschsucht derselben, die Menge von fremden räubrischen Truppen, welche in Italien blieben und plünderten, die Eifersucht der Fürsten unter einander, die guten Gelegenheiten durch Streifereyen Kriege, und durch Kriege Vortheile zu erschaffen, verwirrten sehr bald alles wieder mit einander. Die Visconten, die Venetianer, die Perugianer, Padua, Siena, Neapolis, hatten innerliche und auswärtige Unruhen. Es war durchgehends Klagen und Jammer. Die Zerrüttung stieg aufs höchste.

Der Pabst, welcher in Gefahr kam, alle Herrschaft in Italien zu verliehren, foderte, unter diesen Umständen, den Kaiser, welchen gleiche Gefahr bedrohte, zur gewaltigen und schleunigen Hülfe auf. Carl kam selbst nach Avignon. Der Pabst ging hierauf nach Italien, und erwartete den Kaiser mit Ungeduld. Dieser kam endlich im Jahr 1369 an. Seine Zurüstungen musten Italien in Schrecken setzen. Der Kaiser mit einem zahlreichen Heer umgeben, mit dem Pabste in Bündnis, verstärkt durch Italienische Truppen, macht die Visconten und alle Feinde zitternd. Er zeigt sich mit der ganzen Gewalt der Waffen in Italien, um — eine aufgeführte Schanze niederreissen zu lassen. Mit dieser Bedingung ward Friede. Man erstaunte, daß einer Schanze wegen so viel unternommen worden war.

Man thut öfters etwas, das allgemein, mit Recht, getadelt wird, und im Grunde nicht tadelhaft ist, weil verborgne Triebfedern da sind. Carl der Kaiser sah sich, ohne einen baldigen Frieden, in einen langwierigen Italienischen Krieg verwickelt, dessen Ausgang zweifelhaft war, und während dessen Führung in Deutschland die schönsten Vortheile entzogen wurden. Er war so klug, daß er Geld nahm, an statt unbeständiger Besitzungen, und das Italienische Geld führte er nach Deutschland, wo es besser, als in Italien, angewandt werden konte.

Indem Herzog Otto diesen Schauspielen nicht nur zusahe, sondern selbst auch durch verschiedne Verrichtungen daran Antheil nahm, kam, vermuthlich auf sein Ansuchen, sein zweyter Bruder, Herzog Balthasar zu ihm nach Italien. Dieser war vorher Canonicus des Stiftes St. Blasii zu Braunschweig gewesen, hatte aber diese Würde niedergelegt, um für seine
Brü-

Bruder die Regierungsgeschäfte zu besorgen. Itzo begab er sich zum Herzog Otto, und wir werden sehen, wie eifrig er demselben beygestanden, und endlich den Märtyrertod der brüderlichen Liebe erlitten hat.

Otto hatte selbst seinem Nahmen Glanz verschaft; nun wollte das Glück auch etwas thun. Es trug ihm eine Königskrone an. Man suchte einen Gemahl für die Königin von Armenien, Maria, welcher fähig wäre, das Land für die einbrechende Macht der Türken zu beschützen, und wuste keinen würdigern Held, als den Herzog Otto. Der Pabst Gregor schrieb an den damaligen Fürsten von Tarent folgende Zeilen, welche die Grundlage zu den Lobsprüchen seyn können, die der Biograph dem Herzog Otto gibt.

„— Indem wir einen würdigen Gemahl für die Königin von Armenien zu erwählen suchten, der aus einem erhabnen Geschlechte, tapfer, edelmüthig und fähig genug wäre, die Vertheidigung seines Königreichs mit Verdienst zu übernehmen, ist uns unter allen Hohen in verschiednen Reichen, der edle Herzog Otto von Braunschweig vorzüglich eingefallen; ein Prinz, der von dem kaiserlichen Geschlechte der Ottonen abstamt, ein Anverwandter des Marggrafen von Montferrat, dessen Kriege er geführt hat, und noch führt *),

und

---

*) Man kan leicht daraus schliessen, daß Otto mehr gethan, und wirksamer gewesen sey, als wir itzt wissen und erzehlen können, weil die Geschichte schweigt. Dieser Brief ist im Jahr 1372 geschrieben, und also muste Herzog Otto damals entweder noch immer kleinere, unaufgezeichnete Kriege für den Marggraf führen; oder er hatte wenigstens die Anführung des Heers, und die Geschäfte des Krieges zu besorgen.

und welcher wegen der nahen Verwandschaft mit der königlichen Familie in Cypern, auch von daher unterstützt werden kan. Der Herzog selbst besitzt vorsichtige Klugheit und Ansehn, und viele erhabne Tugenden erhöhen seinen ausgebreiteten Ruhm —,,

Die Lobsprüche des Pabstes waren nicht modenmäßige Ausdrücke, womit man Freunde zu wichtigen Vortheilen zu empfehlen sucht. Der Pabst hatte keine Absicht des Eigennutzes dabey. Otto hingegen wurde so wenig von dem Glanze einer Königskrone geblendet, daß die Vermählung mit der Königin von Armenien nicht zu Stande kam. Die Freundschaft hielt ihm beym Marggrafen von Montferrat zurück, dessen Alter seine Unterstützung und Genie unentbehrlich machte. Er genoß Ansehn, Glück und Ruhm in Italien, und hatte diesem Lande schon seine ganze Neigung geschenkt. Der Marggraf gönte ihm nicht nur sein ganzes Vertrauen, sondern zeigte ihm auch Hofnungen der Zukunft.

Bald nach dem Vorschlage der königlichen Vermählung, noch in demselbigen Jahre 1372, starb der Marggraf, Johann, von Montferrat. Sein Tod setzte unsern Herzog Otto auf ein neues Theater. Er war, durch das Testament, zum Vormunde der Prinzen des Marggrafen, bis sie das fünf und zwanzigste Jahr würden erreicht haben, bestellt. Seiner Sorgfalt war die ganze Regierung, die Beschützung des Staats, und die Aufsicht über die Prinzen anvertrauet, welche in allem seinen Rathschlägen folgen sollten. Die Vermählungen der Prinzeßinnen sollten ebenfals nicht ohne seine Einwilligung geschehen. Er erhielt selbst verschiedne

schiedne Schlösser und Besitzungen eigen, die ihm schon der Marggraf vorher eingeräumt hatte, und überdem eine Summe Geldes, wofür man zwey Städte zum Pfande setzte. Das Reichsvicariat über die Stadt und Gebiet Asti, welches Kaiser Carl dem Marggrafen gegeben hatte, verwaltete er, nicht bloß als Vormund, sondern in gemeinschaftlichen Antheil mit den Prinzen des verstorbnen Marggrafens. Der Kaiser, Carl der vierte, und nachher Wenceslaus ertheilten ihm die Bestätigung von diesem Reichsvicariat. Auser diesen Vortheilen bekam er auch, durch die letzten Verordnungen des Marggrafen einen besondern Antheil an den Montferratischen Ansprüchen auf das griechische Kaiserthum, und auf das Königreich Thessalonich. So sehr hatten nunmehr die Glücksumstände unsern Held begünstigt. Es ist mehr, als schwache Vermuthung, wenn man annimt, daß die Hofnung, und vorgängige Versicherung von diesen Vortheilen, und Glücke ihn vorzüglich bewogen habe, die Armenische Krone auszuschlagen. Der Marggraf bedurfte des Helden und Weisen zu sehr, um ihn nicht, durch alle, nur mögliche, Mittel, bey sich zu erhalten, und er war selbst zu weise, um dieses nicht einzusehn, und seine Maasregeln darnach zu nehmen.

Die Gewalt des Herzogs Otto bey der vormundschaftlichen Regierung von dem Marggrafthum Montferrat, und desselben einverleibten Staaten war ganz unbegrenzt und uneingeschränkt. Man verwundert sich, wenn man die noch vorhandne Urkunde darüber ließt. Nicht allein war Otto der jungen Marggrafen Vormund bis zu dem fünf und zwanzigsten Jahre ihres Lebens, sondern auch hernach noch behielt er das Recht, mit ihren Schlössern, Gütern, und allen Besitzungen, nach seinem Gutbefinden handeln, und Einrichtungen machen zu können, so lange er lebte. Die jungen Marggrafen sollten ihn nie dürfen über etwas zur Rechenschaft fodern. Alles was er vornehmen, kaufen, oder verkaufen, ordnen, befehlen, und richterlich entscheiden würde, sollte gültig seyn. Otto war Oberherr, so lange er lebte, über die Staaten der jungen Marggrafen, und sie regierten ihr Land unter ihm. Welch einen Charakter setzte dieses voraus. Wie groß muste ein Zutrauen von dieser Art seyn! Wenn die Geschichte uns nicht den verstorbnen Marggrafen Johann, weise, einsichtsvoll, und scharfsichtig schilderte, so könte man glauben, die Herrschaft Ottens sey ein Triumph der Klugheit über den Blödsinn gewesen. — Sie war vielmehr die Frucht der Achtung eines Genies gegen ein Genie. Solche Freundschaften und ihre Früchte sind der Schmuck der menschlichen Natur.

Nie verdiente auch jemand ein hohes Zutrauen mehr, als Otto. Er führte die Regierung von Montferrat mit grossem Ansehn, mit Treue und Klugheit. Besonders suchte er den Nutzen der jungen Prinzen zu befördern. Es bedrohte ihn, gleich nach dem Tode des gedachten Marggrafen, eine grosse Gefahr, weil der Viscont Galeazzo die Stadt Asti einzunehmen suchte, und sie wirklich, noch in diesem Jahre, 1372, belagerte. Otto ließ den Visconten Friedensvorschläge antragen, und begab sich selbst nach Pavia, um dieselben zu erleichtern. Als er aber sahe, daß Galeazzo seine Ansprüche zu weit trieb, und die Stadt Asti durchaus verlangte,

langte, so ging er nach Montferrat zurück, und rüstete sich zur Vertheidigung dieses Landes und der Stadt Asti. Er zog hierauf den Grafen von Savoyen, Amadeus, einen mächtigen Fürsten, in ein Bündnis gegen die Feinde, obgleich der Graf wegen der Verwandschaft mit den Visconten nicht dazu geneigt war. Die Klugheit Ottens wuste ihm die Macht der Visconten so furchtbar abzumahlen, daß die Triebfeder der Eifersucht erregt wurde, und diese Eifersucht ihm zum Kriege bewog. Die weitläuftigen Artikel dieses Bündnisses zeigen die Vortheile sehr mannichfaltig, welche Herzog Otto seinem anvertrauten Lande dadurch erwarb.

So bald dieses Bündnis geschlossen war, und schon der Graf von Savoyen bey Asti Völker hatte, eilte Otto einen neuen mächtigen Freund sich zu erwerben. Er ging nach Avignon, zum Pabst Gregorius, und stellte ihm die Nothwendigkeit vor, den Visconten, welche ganz Italien verschlingen könten, sich zu widersetzen. Der Pabst trat in das angebotne Bündnis, und gab dem Herzoge grosse Verstärkungen an Geld und Soldaten. Indessen wurde Asti gegen die Feinde tapfer vertheidigt, bis Otto eilfertig von Avignon zurück kam. Jtzt übernahm er die Anführung des Heers gegen die Feinde selbst. Es erfolgten verschiedne Treffen, wobey die Visconten immer ihm den Sieg lassen musten. Endlich grif Otto auch die Verschanzungen der Feinde bey der Stadt Asti an, eroberte sie mit Muth, und nöthigte den Galeazzo, mit der Flucht alle Hofnung der Eroberung zu verliehren.

Galeazzo der Gegner unsers Herzogs war eine der merkwürdigsten Personen seines Jahrhunderts, ein unerschrockerschrockner, standhafter Krieger, und durch seinen Geist fähig dem grösten Theile von Italien, welches nun bewafnet gegen ihn aufbrach, Widerstand zu leisten. Er wuste, als ein Meister der Kriegskunst, immer die Folgen seines Verlustes zu mindern, und sich wieder zu verstärken, ehe er von neuen angegriffen werden konte. So schlug er sich in diesen Jahren mit seinen Feinden auf allen Seiten herum, und lag doch nicht völlig unter.

An den Orten, wo Otto gegen ihn fochte, büßte er immer ein, aber an andern erhohlte er sich wieder. Siegte der Herzog, so schlug er dafür den päbstlichen Legaten, und wenn jener seine Länder verwüstete, so ängstigte er diesen.

Otto brach mit dem Graf von Savoyen in das Mayländische selbst ein, und ermunterte daselbst seine Soldaten mit reicher Beute, einige Monate hindurch. Hierauf rückte er in das Gebiet von Brescia, wo sich auch der päbstliche Legate mit seinen Völkern einfand, den man dahin berufen hatte. Der Krieg wurde in wilder Unordnung fortgesetzt. Aus einem schielenden Irrthume haben verschiedne Schriftsteller geglaubt, daß Herzog Otto in päbstlichen Diensten gewesen sey *), da vielmehr der Pabst ihm, als Beschützern und Vormund der Montferratischen Prinzen Beystand und hülfreiche Dienste leistete. Wären es nicht Alliirten gewesen, die Herzog Otto unter seinen Befehlen hatte, so würde er grössere Dinge gethan haben; so würde er den Viscont Galeazzo ganz zu Grunde gerichtet haben. Wenn Alliirte Truppen etwas wichtiges ausrichten, so thut ihr

Feld-

*) Raynald, Muratori.

Feldherr Wunder; dergleichen unser Zeitalter sah, als Ferdinand Feldherr, und Carl Wilhelm Bundsgenosse war. Solche Wunder waren im vierzehnten Jahrhunderte unmöglich.

Nachdem das Jahr 1373 mit vielen Zügen, Treffen, und abwechselndem Glücke verflossen war, so bereitete man sich auf beyden Seiten zu neuen Unternehmungen des künftigen Jahrs. Otto unterließ nichts, was zum Wohl und Beschützung von Montferrat gehörte, und ging, so bald er konte, dem Feinde von neuen entgegen. Man belagerte die Stadt und das Schloß Vercelli, und eroberte es. Der Viscont Galeazzo kam mit seinem Entsatze zu späte, und als er Vercelli belagerte, schlug ihn Otto herzhaft hinweg. Bald darauf erhielt Otto die Bestätigung vom Kaiser Carl über das Reichsvicariat zu Asti, welches er nicht bloß als Vormund, sondern in Gemeinschaft mit dem jungen Marggrafen von Montferrat verwaltete. Um dieselbige Zeit wurde auf Antrag des Pabstes, ein Waffenstillstand zwischen denen kriegführenden Mächten geschlossen. Die Waffen ruhten, und mit ihnen der Kriegermuth des Herzogs Otto.

Die Ruhe war kurz, und eine Reihe von den allerwichtigsten Vorfällen und schreckbarsten Schicksalen folgte darauf. Otto muste, wie andre grosse Männer der Welt, die schwersten Wege zur Höhe des Ruhms hinanklimmen. Er glaubte itzo den Waffenstillstand in einen Frieden verwandelt zu sehen, und dann in Montferrat den Rest seiner Tage der Wohlfarth der Provinzen, und der bürgerlichen Klugheit widmen zu können. Anders wollte es sein Geschick. Er bekam,

bekam, unvermuthet, zum zweyten male nun, eine Königin zur Braut bestimt. Die Königin von Neapolis, Johanna verlangte ihn, im Jahr 1375, zum Gemahl.

Johanna, eine Dame von königlichem Muthe, hatte schon bisher wunderbare Begebenheiten gehabt. Sie hatte einen kühnen, über ihr Geschlecht erhabnen Geist, und daben ein zweydeutiges Herz gezeigt. Jenen schien sie von ihrem Großvater, dem König Robert, dieses von der Verführung her, zu besitzen. Sie war in einem Alter von sechszehn Jahren zur Regierung von Neapel gelangt, und also viel zu jung, um eine weise Königin zu seyn, that sie ihren Neigungen keinen Einhalt. Sie war an dem Prinz Andreas, dem Bruder des Königs von Ungarn vermählt, haßte ihn aber, so bald sie ihn sah. Der rauhe Ungar hatte keinen Reiz für die wollüstige Italienerin. Die Geschichte legt ihm ein wildes, unsittliches Temperament, und der Johanna ein buhlerisches, zügelloses Leben bey. Einige Schriftsteller *) haben die Königin Johanna vertheidigt, und wenigstens ungewiß gemacht, ob sie recht sehr böse, oder recht sehr gut gewesen sey. Sie wollte ihren Ungarischen Gemahl keinen Antheil an der Neapolitanischen Regierung nehmen lassen. Die Flamme der Uneinigkeit entzündete sich bald in dem Pallaste. Die Ministers, die Hofleute, die Prinzen der Anverwandschaft verwirrten alles unter einander. Es entstanden lauter Unordnungen. Die Königin verschob die Krönung ihres Gemahls von einer Zeit zur andern, bis endlich der Pabst darauf drang, und endlich ein Tag zur Krönung fest-

---

*) Tristran Caraccioli; Giannone.

festgesetzt wurde. Zwey Tage vorher wurde Andreas zu Aversa erdrosselt. Man schöpfte auf den Herzog Carl von Durazzo, den wir hernach noch weiter werden kennen lernen, und auf Johanna selbst die Gemahlin des ermordeten Königs, den stärksten Verdacht. Der Bruder des Ermordeten, der König von Ungarn, gerieth in Wuth, und wollte den Tod des Andreas rächen. Durch die Kunstgriffe des Pabstes entging endlich Johanna dem aufsteigenden Sturme, der sie bedrohte.

Durch diese Hülfe suchte sie in der Folge immerfort sich zu erhalten, und bewarb sich mit Mühe um die beständige Gunst des Pabstes. Sie vermählte sich hierauf mit dem Fürsten von Tarent, Ludwig; ward Wittwe, und vermählte sich wieder mit dem Prinzen des Königs von Majerca, Jacob von Arragonien. Endlich suchte sie nun, auch nach dieses Tode, den vierten Gemahl, und dieses sollte der berühmte Herzog Otto von Braunschweig seyn. Sie hatte bisher sich in allen widrigen Vorfällen aufrecht zu erhalten gewußt, und im Krieg und Politik eine grosse Rolle gespielt. Kein Mittel war ihr unbekant, wodurch Vortheile erhalten werden konten, und sie verstand sich aller dieser Mittel auf das beste zu bedienen. Im Nothfalle stieg sie zu Pferde; an Muth übertraf sie niemand. Als es gut gethan war, ging sie nach Rom, und küßte dem Pabste die Füsse. Bey den Italienischen Kriegen war sie meistentheils mit verwickelt, und eben am Ende des Jahrs 1374 muste sie einem einbrechenden zahlreichen Schwarme von Feinden, welche bloß Freybeuter waren, zehentausend Goldgülden geben, um ihr Land zu befreyen.

Die

Die Räthe der Königin befürchteten nicht ohne Grund, daß dergleichen Einfälle wiederhohlt werden könten, da Italien von kriegführenden Räubern voll war. Sie sahen leicht ein, daß ein Gemahl der Königin die beste Schutzwehr des Landes seyn würde. Andere noch grössere Gefahren machten eine solche Hülfe und Beschützung nothwendig. Der König in Ungarn und Pohlen, Ludwig, behauptete noch immer seine Ansprüche auf Neapolis, und drohte, sie durch die Waffen gültig zu machen. Carl von Durazzo, ein Sohn des verstorbnen Ludwigs, des Vetters der Königin Johanna, erregte ebenfals einen grossen und gegründeten Argwohn. Er stand itzt in den Diensten des Königs von Ungarn. Alle Furcht wegen innerlicher Unruhen, welche dazu kamen, konte, mit jenen Besorgnissen zugleich, durch einen Gemahl der Königin aufgehoben werden, wenn der Bräutigam ein Fürst von hohem Geschlechte, von bekanter Tapferkeit, und Klugheit, und edlem Geiste war.

Ein solcher Fürst war der Herzog Otto von Braunschweig. Ihm gebührte der Vorzug vor allen. Unter allen berühmten Helden der damaligen Zeit war er der berühmteste, und in Neapel hatte man ihn längst bewundert. Nunmehro wollte man ihn auch lieben, und unter seinem Schutze sich für der Furcht sichern. Johanna, dieses grosse Genie unter den Frauen, wünschte die Vermählung mit dem berühmten Herzoge Otto von Braunschweig, und ließ sie ihm 1375 antragen.

Eben befand sich Otto zu Ferrara, um einige Angelegenheiten wegen Montferrat zu besorgen, als er den Antrag empfing. Was sollte er thun? Es war die zwente Königin, die ihm zur Gemahlin angeboten wurde, und es ist zu viel, zwey Königinnen sich zu verweigern. Vielleicht würde er es dennoch gethan haben, wenn die Marggrafen zu Ferrara ihn nicht durch Vorstellungen bewogen hätten, die Königliche Braut anzunehmen. Eine besondre Bedingung neigte seinen Sinn noch mehr zur Annehmung des Anttrages. Das Königreich Neapel wurde von so verschiednen Prinzen in Anspruch genommen, welche alle ein älteres Recht darauf hatten, als er durch seine Gemahlin bekommen konte, daß die Behauptung dieses Königreichs für ihn selbst dem grösten Heldenmuthe unmöglich war. Es würde freche Verwegenheit gewesen seyn, wenn er den Besitz dieses Reichs, nach dem Tode der Johanna noch, hoffen wollte. Auser dem kam sein Leben selbst, ohne Nutzen für das allgemeine Wohl, in Gefahr. Diese Bedenklichkeit, welche wichtig war, hob die Bedingung der Königin Johanna auf, nach welcher sie zwar das Bette, aber nicht den Thron mit dem Herzoge theilen wollte. Was bey andern Umständen fähig gewesen seyn würde, eine königliche Vermählung ganz unangenehm zu machen, dieses machte sie eben itzt annehmlich und vortheilhaft. Johanna hatte einen ersten Gemahl, der König werden sollte, sehr bald sterben lassen; der letztere hatte länger gelebt, und war nicht König gewesen. Otto folgte dem Beyspiele des letztern gern, und nahm die angebotene Vermählung mit der Königin Johanna an, ohne der Regierungsbürde.

Auch ein so thätiges Genie, wie Otto hatte, wäre kaum der Last der Geschäfte gewachsen gewesen, welche ihm die politische Regierung von Neapel aufgebürdet hätte.

hätte. Er muſte noch immer die Regierung von Montferrat führen, und zugleich dieſes Land wider die Feinde als Krieger vertheidigen; die Vertheidigung von Neapel muſte nunmehr damit verbunden werden. So ward Otto itzt Schutz und Schirm in zwey entfernten weiten Staaten, von einer verwittweten Königin, und von unmündigen Marggrafen. Er theilte ſeine Sorgfalt mit hinreichender Wirkung für beyde Staaten.

Bald, nach der Zuſagung der angebotnen Vermählung, empfing er, zu Aſti, wo er ſich von Ferrara hin begeben hatte, eine glänzende Geſandſchaft von drey Grafen und vierzig vornehmen Adlichen. Hier wurde, nach einem feyerlichen neuen Antrage, die Vermählung des Herzogs von Braunſchweig mit der Königin von Neapel öffentlich bekant gemacht, und hierauf bereitete ſich unſer Prinz, ſeiner königlichen Braut zu Neapel in die Arme zu gehen. Er kam daſelbſt im Merz 1376 an, worauf das Vermählungsfeſt zu Caſtelnuovo gefeyert wurde, und der Gemahl ſehr bald die ganze Neigung der Königin erhielt. Vier Monathe verwandte er auf die Kentnis und den Genuß ſeines neuen Standes. Im Julius ging er ſchon wiederum von Neapel nach Montferrat, um dort Veranſtaltungen zu machen, die ſeine Gegenwart erfoderten.

Der Waffenſtillſtand mit den Viſconten gab keine Sicherheit, wie ſie Otto für Montferrat wünſchte. Er ſuchte ihn in einen Frieden zu verwandeln, und ſchlug, mit ſeiner Politik, den Pabſt Gregor, der Gewicht hatte, zum Unterhändler vor. Man ſetzte einen neuen Waffenſtillſtand auf ſechs Monathe feſt, wenn der Pabſt indeſſen die Verträge nicht vollenden könte, ſo

ſoll-

sollte noch vier Monathe weiter fort der Waffenstillstand verlängert werden. Um den kriegrischen Galeazzo aus Eigennuß zum Frieden sanfter zu machen, brachte Otto eine Vermählung des jungen Marggrafen von Montferrat Secondotto mit der Schwester des Johann Galeazzo, der Violante, in Vorschlag. Weil er selbst wieder nach Neapel eilen, und sich nicht länger als einen Monath im Montferratischen, und zu Asti aufhalten konte, übergab er, nebst einigen andern, besonders seinem Bruder, dem Herzog Balthasar, welcher sich bey ihm bisher immer aufgehalten hatte, die Verhandlung dieser Geschäfte. Sie zog sich etwas in die Länge, und wurde im folgenden Jahre, 1377 nach Wunsch geendigt. Der junge Marggraf erhielt die gesuchte Braut, und mit ihr Friede, und den geruhigen Besitz aller derjenigen Städte und Länder, welche er zur Zeit des geschloßnen Friedens hatte. Jeder Theil behielt, was er hatte, Galeazzo gab noch verschiedne vortheilhafte Versprechungen, und gab sie sehr gern, denn er glaubte nicht, daß Versprechungen Verbindlichkeit auflegten, sein Wort zu halten.

Otto hingegen wurde zu Neapel von der Königin, seiner Gemahlin, mit grossen Ehrenbezeugungen empfangen, und erhielt von ihr das Fürstenthum Tarent. Sie vermehrte das Geschenk dieses ansehnlichen Landes in der Folge mit der Grafschaft Acerra, und verschiednen Schlössern und Gütern in Provence. Johanna erkante immermehr die grossen Verdienste ihres vortreflichen Gemahls.

Der junge Marggraf von Montferrat, Secondotto, schien hingegen die Verdienste nicht zu erkennen, wel-

welche er von unserm Herzoge erhalten hatte. Seine neue Gemahlin Violante wurde die Ursache zu einer nähern Freundschaftsverbindung mit den Visconten Galeazzi, obgleich der junge Marggraf dadurch selbst betrogen wurde, und man ihm nur, wie oft gewöhnlich, schmeichelte, um Feindschaft ausüben zu können. Der Herzog Otto hatte beständig auf die Stadt Asti, wo er selbst Reichsvicar war, die gröste Aufmerksamkeit gerichtet, und deswegen seinen Bruder, dem Herzoge Balthasar, die Beschützung derselben übergeben. Der Marggraf Secondotto, welcher sich nun die eigne Regierung von Montferrat anmaßte, ohne auf den Herzog Otto zu sehen, kam nach Asti, und wurde nicht eingelassen. Balthasar behauptete diesen Platz für seinen Bruder. Secondotto rufte nunmehr seinen Schwiegervater, den ältern Galeazzo, nebst dessen Sohne zu Hülfe, und Asti wurde von einem zahlreichen Heere belagert. Da Herzog Balthasar keine Hülfe schleunig genug erhielt, muste er endlich die Stadt, im Februar 1378 übergeben. Galeazzo ließ sie mit seinen Truppen besetzen, und Balthasar verließ diese Stadt, welche immer das vorzüglichste Augenmerk der beyderseitigen Partheyen in den vorigen Kriegen gewesen war. Noch blieb sie immer der Gegenstand von dem Wunsche des Herzogs Otto; allein die häufigen inzwischen entstandne Unruhen wendeten die Waffen immer in andre Gegenden.

Schon lange dauerten die heftigen Streitigkeiten zwischen dem Pabste Gregor und den Florentinern. Der Pabst suchte sowohl als die Florentiner die Endigung davon. Man wuste keinen geschicktern Mann zur

Unterhandlung, als den Herzog Otto. Die Florentiner erwählten ihn, da sie seine grosse Klugheit und Stärke in Staatsunterhandlungen kanten, zu ihrem Schiedsrichter. Der Pabst nahm einen Fürst, den er hochschätzte und liebte, mit Vergnügen zum Friedensstifter an. Man hofte durch ihn eine längstgewünschte Versöhnung zu finden. Die Hofnung betrog nicht. Otto war im Begrif, einen vollkomnen Frieden, nach dem Verlangen beyder Theile zu errichten, und begab sich freudig zum Pabste Gregor, um diese angenehme Nachricht selbst zu überbringen. Inzwischen war aber Pabst Gregor gestorben, und mit ihm alle Hofnung zu einem dauerhaften Frieden. Dieser Tod hatte die grausamsten Folgen. Otto und Johanna bekamen den grösten Antheil.

Unter einem Tumulte in Rom, welcher das Conclave zur eiligen Wahl, und zwar zur Wahl eines Italieners, nöthigte, ward von sechszehn versammelten Cardinälen am 8 April 1378 der Erzbischof von Bari zum Pabst erwählt, und nahm den Nahmen Urban an. Er war ein guter Erzbischof gewesen, wurde aber ein schlechter Pabst. Demuth, Strengigkeit der Lebensart, Eifer für die Religion, und viele Tugenden bezeichneten den Erzbischof: Stolz, Ehrgeitz, Rachgierigkeit, und viele Laster den neuen Pabst. Er wurde ein grosses Beyspiel, wie sehr ein neues unvermuthetes Glück schwindlicht machen kan. Er verließ alle Regeln der Klugheit, und, an statt die Cardinäle sich geneigt zu machen, begegnete er ihnen mit trotzigem Uebermuth. Dieß war der Hauptzug in dem Character des neuen Pabsts. Er wollte sogleich mit allgewaltiger Macht alles

alles zu seinen Füssen erniedrigt sehen, und sandte in den ersten drey Wochen seiner angetretnen Regierung eine unendliche Menge von Befehlen rings umher an die Clerisey, die darüber verdrüßlich wurde. Er befahl mit drohender Strenge die Abschaffung der bisherigen Freyheiten und Laster, indeß er selbst andre Laster zeigte. Seine nichtswürdigen Anverwandten überhäufte er, ohne alle Ueberlegung, mit Hoheit und Reichthümern. Die Bischöffe und Cardinäle behandelte er rauh und spröde. Man murrte allgemein.

Urban war von Geburt ein Neapolitaner. Niemand freute sich über seine Erhebung auf den päbstlichen Stuhl mehr, als Johanna, die Königin von Neapel, und ihr Gemahl, unser Herzog Otto. Sie freuten sich, wie es öfters der menschlichen Kurzsichtigkeit geht, über ihr hereinbrechendes Verderben. Johanna hatte bisher immer unter dem Schirme der Päbste sich furchtbar zu machen gewust, und unter der Apostolischen Beschützung ihren Thron erhalten, und ihren Ruhm verherrlicht. Itzo schien die glänzendste Periode da zu seyn: ein gebohrner Unterthan von ihr, ein Neapolitaner, bestieg den päbstlichen Thron, und sie glaubte sich ihn schon einiger maßen verbindlich gemacht zu haben. Um ihn sich noch mehr verbindlich zu machen, bezeugte sie ihre Freude bey seiner Erwählung zum Pabste durch grosse Feyerlichkeiten. Es wurden zu Neapel viele Tage hindurch Feste gefeyert, Freudenfeuer angesteckt, die Strassen erleuchtet, und dem neuen Pabste Lobsprüche ertheilt. Die Gesandten Urbans, welche seine Erhebung bekant machten, erhielten reiche Geschenke und grosse Schmeicheleyen. Es wurden vierzigtausend Du-

caten

caten dem Pabste selbst zum Geschenke bestimt. Kaum konte Johanna ihre Freude mäßigen — eine sehr unzeitige Freude. —

Ihr Gemahl, Otto, ging um Ostern dieses Jahrs 1378, selbst nach Rom, um dem Pabste Glück zu wünschen, und sich, und seine Gemahlin zu empfehlen. Weil man den Pabst Urban für so sehr geneigt für sich hielt, ohne doch wirklich einen Grund dazu zu haben, so glaubte man es leicht von ihm zu erhalten, daß er den Herzog Otto zum König von Jerusalem und Sicilien, worauf Johanna Ansprüche hatte, krönen würde. Einige Schriftsteller setzen hinzu, daß Johanna ihren Gemahl auch zum König von Neapel vom Pabste habe krönen lassen wollen, und diesen Antrag auch habe durch ihren Gemahl thun lassen. Die Absichten waren groß, denn sie waren auf grosse Hofnungen gegründet, bey denen man nicht bedachte, daß der Ehrgeiz der Fürsten stärker ist als Verwandschaft.

Otto kam in Rom an. Je mehr er dem Pabste Ehrerbietung bezeugte, desto stolzer fand er ihn. Der trotzige Uebermuth Urbans ging so gar bis ins Kleine, und beleidigte den Herzog auf unwürdige Art. Während dem Osterfeste reichte, nach damaliger Gewohnheit, einmal Otto dem Pabste, bey der Tafel den Trinkpokal. Es waren einige Cardinäle und viele hohe Personen gegenwärtig. Urban ließ, aus Uebermuth, den ihm mit gebognen Knien den Pokal reichenden Herzog Otto eine lange Zeit stehen, und schien seinen Stolz an diesem Schauspiele zu weiden, bis endlich einer der dabey stehenden Cardinäle ihn anredte: heiliger Vater, es ist Zeit, daß Sie trinken. Diese unwürdige Begegnung

nung war die geringste. Otto konte vom Pabste nichts von allem, was er suchte, erhalten. An die Krönungen war nicht zu gedenken, da man bis itzo noch von nichts hören wollte, und keinen Antrag annahm, von welcher Art er auch seyn mochte, sondern vielmehr mit trotziger, fast unerträglicher Sprödigkeit alles voritzt verwarf. Otto ging mit andern Gesinnungen aus Rom, als er hinein gegangen war; und kehrte mißvergnügt zu seiner Gemahlin, der Königin Johanna nach Neapel.

Diese kühne, ehrgeitzige Dame empfand diese unartige Begegnungen, und die Täuschung aller schönen Hofnungen, die sie gehabt hatte, mit so viel Empfindlichkeit, daß sie nur auf Rache dachte. Sie hatte bisher sich gegen alle ihre Feinde gewehrt, und war nicht gewohnt, so viel Uebermuth zu ertragen. Ihr Gemahl brachte ihr die Nachricht von dem allgemeinen Mißvergnügen der Cardinäle und der andern Vornehmen in Rom über den Pabst, und also war es desto leichter etwas zu wagen. Einige Wochen darauf erschienen auch zwölf Cardinäle zu Anagni, und zeigten öffentlich aufrührerische Gesinnungen, und versagten dem stolzen Pabste, von dem ein gleichzeitiger Schriftsteller sagt, daß man ihn beynahe für unsinnig, aus Stolz, gehalten hätte, den Gehorsam. Die Königin Johanna fing an die Anschläge der mißvergnügten Cardinäle zu unterstützen. Der hitzige Pabst Urban brach darüber in Drohungen aus. Die Königin wurde dadurch noch mehr gereitzt, und die Uneinigkeit entzündete sich.

Die Gemüther der Cardinäle waren so sehr gegen den Pabst aufgebracht, daß sie alle Anerbietungen, welche ihnen

ihnen gethan wurden, verwarfen, und von einem Schritte der Empörung zum andern fortgingen, den neuen Pabst für unrechtmäßig erklärten, ihn in den Bann thaten, und eine zweyte Pabstwahl ansetzten. Sie begaben sich nach Fondi, im Königreich Neapel, unter den Schutz des Grafen Honoratus, welcher eigentlich der Statthalter des Pabstes daselbst seyn sollte, aber ebenfals den Gehorsam versagte. Zu Fondi erwählten die Cardinäle einen lahmen, und wegen seiner Grausamkeit berüchtigten Mann, den Cardinal Robert von Genf zum Pabst. Er nahm den Nahmen Clemens VII an, und hatte die alten Cardinäle alle auf seiner Seite. Urban sah sich genöthigt, neue Cardinäle zu machen, und die alten ihrer Würde zu entsetzen, und mit dem Bannfluche zu belegen. Diese erwiederten den Bannfluch mit ihren Pabst; und so verbannten sich nun beyde Partheyen um die Wette, und rüsteten sich mit geistlichen und leiblichen Waffen gegen einander.

Otto glaubte, daß der Ausbruch dieser Zwistigkeiten, und die bedrohenden Gefahren den Pabst Urban geschmeidiger machen würde, und wagte einen neuen Versuch, ihn sich zum Freunde zu machen. Er glaubte nunmehr, den Pabst zu seinen Vortheilen lenken zu können, und die Krönung von Sicilien zu erlangen. Seine Hülfe konte das Feuer der Zwietracht in seiner ersten Flamme ersticken, und dem Urban das Uebergewicht verschaffen. Er ging nach Tibur und unterredete sich mit dem Pabste selbst. Er bot seine Vermittlung zur Aussöhnung an, und stellte die bevorstehenden Unruhen im Gegentheil lebhaft vor. Allein die harte Seele Urbans blieb unbeweglich. Sein Eigennutz dachte insgeheim

heim noch immer die Krone von Sicilien auf seinen Neveu, den Franciscus Prägnani, einen abscheulichen Menschen, zu bringen. Weil er die Abneigung der Königin Johanna von sich, und ihre Unterstützung der empörten Cardinäle für Beleidigungen von der ersten Grösse hielt, so sann er bloß auf Rache, an statt die Versöhnung zu suchen. Trotz und störrisches Wesen begeisterte ihn jederzeit, wenn er sich beleidigt glaubte; und itzo machte er dieses zu seinen Waffen gegen die Feinde. Es wäre eine Ausnahme von der Regel gewesen, wenn Urban, als ein stolzer Mann, nicht alles lieber hätte wollen lassen aufs äuserste kommen, als seine Maasregeln mildern, welche aus der Natur des Charakters flossen. Otto sah mit Mißvergnügen die Folgen dieser Störrigkeit vorher, und urtheilte mit richtiger Einsicht, daß sie den Ruin von Ländern und vielen Personen erregen würden. Nur so weit reichte die Menschheit nicht, daß er sein eignes Unglück vorhersehn konte.

Da er sein Gesuch beym Pabste nicht erhalten konte, so suchte er ihn dahin zu bewegen, daß der zweyte junge Marggraf von Montferrat, Johannes, die Erbin von Sicilien, Maria, heyrathen, und zum Besitzer dieses Reichs erklärt werden möchte. Auch dieses verweigerte der aufschwellende Stolz des Pabstes und seine Herrschsucht. So grausam war es damals, in die Hände eines bösen heiligen Vaters zu fallen, und dennoch war er es, der Königreiche vergab, und Thronen umstürzte. Man erzehlt, daß Otto, nach dieser zweyten fruchtlosen Unterhandlung, mit dem Pabst Urban ein Spiel gemacht habe, welches wenigstens zeigt,

daß

daß er nicht ungelehrt, und auch witzig gewesen sey. Er sagte: „unser heiliger Vater ist warrlich kein *Vrbanus*, sondern ein *Turbanus*, denn er wird noch alles verwirren."

Dazu auch schien Pabst Urban geschaffen zu seyn. Er gab keinem einzigen gutem Rathschlage Gehör, sondern folgte allein dem frechen Trotze seines boshaften Charakters. Jede Vorstellung, jede Warnung war vergeblich.

Auch ein dritter Versuch zum Besten der Königin Johanna und ihres Gemahls, unsers Herzogs Otto lief fruchtlos ab. Ihr Statthalter in Provence, Nicolaus von Neapel, der ehedem eine enge Vertraulichkeit mit dem Pabste, ehe er den geistlichen Thron bestieg, unterhalten hatte, und viel bey ihm auszurichten hofte, ein kluger und feiner Rechtsgelehrter, ein Mann von überredender Klugheit; dieser begab sich zum Pabste, und bat ihn bringend, die Vorschläge des Herzogs Otto, welche für ihn so vortheilhaft wären, und der Römischen Kirche Einigkeit und Ruhe geben würden, anzunehmen. Allein der verhärtete Unsinn von Widerspänstigkeit und Uebermuth blieb unbiegsam, und Nicolaus ging voll von Verdruß und Widerwillen nach Neapel zurück, ohne etwas ausgerichtet zu haben. Er führte über den störrischen Pabst die bittersten Beschwerden, und fachte, aus erregtem Zorn, das Feuer des Hasses gegen den Pabst noch mehr an.

Man wird leicht begreifen, wenn man sich an den Charakter der Königin Johanna erinnert, wie wir ihn vorher zeichneten, daß sie in rachgierige Wuth über solche Begegnungen gerathen muste. Sie erklärt sich nun öffentlich gegen den Pabst Urban: sie nimt den Gegenpabst Clemens in ihren Schutz: sie wirbt Völker an, und rüstet sich zu einem bevorstehenden Kriege.

Ihr Gemahl, unser Herzog Otto, welcher nur im Gefechte Hitze, in Unternehmungen aber Bedachtsamkeit zeigte, und der Religion, nach den Begriffen der damaligen Zeit, eifrig ergeben war, bestrebte sich immer noch die Hitze seiner Gemahlin zu besänftigen. Er behauptete, weil er es glaubte, daß Urban, ohnerachtet seines grausamen Geistes, dennoch der rechtmäßige Pabst sey, dessen Wahl als canonisch angesehen werden müsse. Er rieth, behutsam zu seyn, weil sein Scharfsinn in der Staatsklugheit weit hinaus sah, und that, so viel er konte, die Irrungen zu dämpfen, welche nicht mehr gedämpft werden konten.

Ein neuer Vorfall nöthigte ihn, zu Ende dieses Jahrs, 1378, wieder nach Montferrat zu gehn, um daselbst durch seine Gegenwart, Verwirrungen zu tilgen, und von neuen die Regierung dieses Landes zu übernehmen. Der junge Marggraf Secondotio, welcher vor zwey Jahren die Vormundschaft des Herzogs Otto aufgehoben, und sich selbst der Regierung angemaßt hatte, büßte sehr zeitig für seine jugendliche Thorheiten, die bis zum Unsinn gingen. Er war so unbändig zornig, daß er zuweilen fast in Raserey gerieth. Er tödtete wegen geringer Ursachen Männer und Kinder mit eigner Hand. Im December dieses Jahrs 1378 kam er, zu Langirano, im Gebiete von Parma, in eine solche Wuth, daß er einen Menschen von seinem Gefolge mit dem Stricke erwürgen wollte. Allein ein Deutscher, welcher seinem Gefährten das Leben retten wollte, zog den

Degen, und gab dem Marggrafen einen solchen unbescheidnen Hieb in den Kopf, daß er vier Tage hernach starb. Die Regierung des Landes kam an seinen Bruder, Johann dem dritten, welcher noch unmündig war; und also muste Herzog Otto wiederum die Vormundschaft übernehmen, und ordnete die Regierung von Montferrat, im Jenner 1379, an.

Den schwersten Theil davon, und die Beschützung seines unmündigen Freundes übernahm er selbst. Ob gleich zu Neapel seine Gegenwart sehr gewünscht wurde, so zog er doch die Pflicht dem Vergnügen vor, und blieb einige Monathe dieses Jahrs in dem Lande des Marggrafen, wo er, als Vormund, die Huldigung von den vornehmsten Städten einnahm, und als eigner Herr von Montevico, nach dem Testamente des ältern verstorbnen Marggrafen Johannes, sich den Eid der Treue schwören ließ. Sein grosses und mächtiges Genie war beyden Staaten hinreichend, dem von Neapel, und dem von Montferrat; obgleich ganz verschiedne, und einander entgegen gesetzte Maasregeln in beyden betrachtet werden musten.

Er suchte seinen Aufenthalt im Montferratischen nicht allein der Staatsregierung und dem Wohlstande, sondern auch dem Ruhme, und zu einem wesentlichen Vortheil, fruchtbar zu machen. Noch hatte er immer nicht den Verlust von Asti, welche Stadt ihm Galeazzo entrissen hatte, vergessen können. So bald er itzt die Vormundschaft übernommen hatte, foderte er diese Stadt mit Lebhaftigkeit und Drohungen wieder. Bald darauf, da man ihm die Anfoderung unter vielerley Vorwand verweigerte, grif er zu den Waffen, und suchte

Aſti mit Gewalt wieder unterwürfig zu machen. Indem er dieſen Streich auszuführen beſchäftigt war, ſchlug der Gegenpabſt Clemens einen Waffenſtillſtand und Unterhandlung vor, welche auch ſo ihren Anfang nahm, daß man auf zwey Jahr die Waffen wollte ruhen laſſen, und die beyderſeitigen Anſprüche auf Aſti unterſuchen, um, wo möglich, einen Vergleich zu errichten. Man beſtellte Procuratoren und Schiedsrichter von beyden Theilen. Die Bevollmächtigten des Herzogs Otto erſchienen, und erlangten eine rechtliche Einladung der Gegenparthey. Dieſe aber erſchien nicht. Man verurtheilte ſie alſo; die Stadt Aſti ſollte dem Herzoge Otto und dem jungen Marggrafen wieder eingeräumt werden, und ein fremder Beſitz wurde für unrechtmäſſig erklärt. Wo die Waffen aber das Recht allein gegeben haben, da können dieſe auch allein das Recht wieder nehmen. Und Otto konte dieſes Waffenrecht nicht gegen den Feind gebrauchen, weil er an ganz andern fernen Orten nöthig war. Indem er noch den Mündling beſchützte, muſte er eilen, eine Gemahlin zu beſchützen.

Er eilte nach Neapel, wo Johanna Anſtalten machte, den unbiegſamen frechen Pabſt ihre Rache fühlen zu laſſen. Otto ſuchte die Armee zu verſtärken, und nahm viele in Italien herum ſtreifende Soldaten in ſeine Dienſte, beſonders zog er, ſo viel nur möglich war, Deutſche nach Neapel. So richtig er urtheilte, daß er durch die Treue ſeiner tapfern Landsleute ſeinen Waffen den ſtärkſten Nachdruck geben könte, ſo widrige Wirkungen erregte dieſe Vorſicht. Die Italiener geriethen über die Menge der Deutſchen in Eiferſucht,

und

und die gewöhnliche Treulosigkeit dieser Nation entwandte ihm und seiner Gemahlin, der Königin, die Neigung von einem grossen Theile der Unterthanen. Bey einigen wirkte der Fanatismus des Aberglaubens, daß Urban als der rechtmäßige Pabst, nicht beleidigt werden dürfte; bey andern der Eigennuz künftiger Hofnungen; einen andern Theil machten Bestechungen und Zuredungen der Schmeichelen zu eifrigen catholischen Christen, die dem canonischen Pabste Urban mehr, als ihrem Herrn, und ihrer Königin, aus Heiligkeit, gehorchten. Alles kam in Gährung.

Unter solchen empörerischen und zerrüttenden Umständen hielt man für das beste, den Gegenpabst Clemens nach Neapel selbst einzuladen. Clemens selbst sah in seinem Aufenthalte in Italien schmeichelhafte Hofnungen vorher. Er war seinem Gegner näher, und konte, wenn das Glück begünstigte, ihn leichter stürzen. Die Unterstützung der Königin von Neapel war wichtig, und viele Anhänger von ihm, die sich noch furchten, konten durch die Gegenwart ihres Haupts, wie immer geschieht, belebt werden. Der aufrührerische Geist des Landes überhaupt, welcher beständig Neuerungen liebte, und suchte, gab vielfache gute Aussichten. Er trat also mit seinen Cardinälen den Weg zur See nach Italien an, voll von hofnungsreichen Entwürfen.

Indessen durchirrte Jammer und Unruhe Italien, welches sich in die zwey Päbste getheilt hatte, und in gegenseitiger Wuth wider sich selbst entbrante. Der Ehrgeiz und der Eigennuz bestimte die Neigung der Grossen, und lenkte sie demjenigen Pabste zu, welcher

am

am meisten gab, und zu geben versprach. Bald traten sie dieser, bald jener Parthey bey. Das Laster behielt jederzeit über die Tugend die Oberhand, und gab zu heimlichen und öffentlichen Kriegen und zu vielen Blutvergiessen Anlaß. Viele Prälaten und Priester wurden von der Gegenparthey in Verhaft genommen, oder sogleich ersäuft, und ihre Parthey raubte und plünderte gleichfals. Es wurden besondre Rotten von Freybeutern errichtet, welche durch Morden und Plündern die canonische Wahl ihres Pabstes bewiesen. Urban hatte in seinem Sold eine Schaar von Freybeutern, welche die Rotte des heiligen Gregorius hieß. Diese schlugen die Rotte der Britannier, welche in dem Dienst des Gegenpabstes stund, eben als dieser Gegenpabst, Clemens, in Italien angekommen war.

Clemens war nicht der Mann, welcher durch Sanftmuth, Gelindigkeit und verbindliches Wesen sich Freunde zu erwerben und zu erhalten wuste. Ein solches Betragen war hier nothwendig, da Urban allerdings in Absicht der Wahl ein gutes gegründetes Vorurtheil hatte. Er ging zu seiner grösten und mächtigsten Freundin, der Königin Johanna, und langte am 28 May zu Neapel an, wo er mit der grösten Ehrerbietung empfangen wurde. Otto war schon längst dem Willen seiner Gemahlin, wie billig, gewichen, und bezeugte dem Pabste Clemens ebenfals seine Ehrfurcht, durch den Kuß auf dem Fusse, welchem Beyspiele der ganze hohe Adel des Hofes folgte. Man stellte ein Freudenfest an, und ehrte den zweyten Pabst Clemens so sehr, als vorher den ersten. Während diesem Feste, welches zu Castelnuovo gegeben wurde, entstand ein

Auf-

Aufruhr in Neapel. Das Volk war längst dazu geneigt, und hatte schon immer die Maasregeln der Königin gemißbilligt. Auser der Idee, daß Urban rechtmäßiger Weise zu Riem zum Pabste erwählt sey, und Clemens sich gegen ihn empört habe, betrachtete es den Pabst Urban als seinen Landsmann, und befeuerte dadurch seinen Hang zu ihm. Die Menge von fremden Truppen, welche der Herzog Otto in Sold genommen hatte, und die sich immer mehrte, erhöhte die Eifersucht bis zum Groll, und zum Hasse gegen die Königin. Der Charakter dieses Volks war ohnehin treulose Frechheit, und diese wurde durch den Geist der Zeiten ernährt, daß sie leicht bis zur Raserey steigen konte, wenn nur das geringste Zeichen zum Ausbruch des Mißvergnügens gegeben wurde.

Ein Zank zwischen ein paar Hofbedienten muste dieses Zeichen geben. Der eine tadelte die Königin und ihr Betragen gegen den Pabst mit unehrbietigen Ausdrücken: der andere widerstritt ihm mit Heftigkeit. Ein Wort lockt das andre: es komt von Worten zur Thätigkeit. Der Feind der Königin geräth in Wuth, und ruft mit grossem Geschrey: es lebe der Pabst Urban; und eine Menge Volks begleitet den Ausruf mit gleicher Stimme: es lebe der Pabst Urban. Die Empörung würde gefährlich geworden seyn, wenn man sie nicht noch mit Klugheit im ersten Anfange gestillt hätte.

Die Klugheit nöthigte nun aber auch den Pabst Clemens, sich von Neapel zu entfernen, um nicht einen zweyten Aufruhr zu erregen. Er eilte nach Fondi; und da sein Gegner indessen auch die Engelsburg, welche ihm

ihm getreu gewesen war, eingenommen hatte, und seine Truppen Niederlagen erlitten, er auch selbst nicht so viel Anhang in Italien fand, als er glaubte, und mehr Abneigung gegen sich, als er vermuthete, so ging er schleunig aus Italien zurück, und verwechselte dieses ungetreue, zerrüttete Land mit dem ergebnen und freundschaftlichen Avignon. Er hatte nie mehr Lust, wieder nach Italien zu kommen.

Seine Entfernung setzte seine Freunde in grosse Verlegenheit. Urban sah diese Entfernung als seinen sichersten Triumph an, und wurde täglich grimmiger. Den schärfsten Blitz seines Zorns warf er, wie man leicht vorher sieht, auf die Königin Johanna: er that sie, nebst ihrem Gemahle, dem Herzoge Otto, in den Bann, und ließ auch, um nichts zu verabsäumen, das Kreuz gegen sie predigen. Damit noch nicht zufrieden, erklärte er sie, in einer weitläuftigen Bulle, „für eine in Spaltungen lebende, ketzerische, und der beleidigten Majestät schuldige Person,„ entsetzte sie aller ihrer Länder und Güter, sprach alle ihre Unterthanen, wenn sie selig werden wollten, vom Eide der Treue loß, bestellte eine Kreatur von sich zum Erzbischof von Neapel, und empörte das Volk so sehr es möglich war.

Unter dem Anfange dieser Unruhen ging Herzog Otto nach Tarent, und nahm von diesem Fürstenthume Besitz. Man wird die Politik Ottens dabey gewahr, ohne daß es erinnert werden darf, und einsehen, daß ein schneller Besitz eines Landes, welches ihm vielleicht itzt am ersten entrissen werden konte, höchstnöthig war. Unser Fürst hielt sich nicht lange in seinem neuen Lande auf,

auf, sondern ging eilfertig wieder nach Neapel, wo er an die Spitze eines wohlgeübten Heeres trat, um die Rechte seiner Gemahlin mit den Waffen und Nachdruck zu beschützen. Urban fing an seine Drohungen thätig zu machen, und mit Ernst seine Absichten auszuführen. Ein Unterthan der Königin war itzo fähig, von Rom aus ihren Thron umzustürzen.

Johanna hatte keine Erben ihres Reichs. Ihr Gemahl, Herzog Otto war nicht König. Ein Vetter von ihr, Carl von Durazzo, welchen wir oben einmal erwähnten, besaß Ansprüche auf das Königreich Neapel. Diesen suchte Pabst Urban zum Werkzeuge des Verderbens der Königin zu machen. Carl von Durazzo befand sich in Diensten bey dem König von Pohlen und Ungarn, Ludwig, welcher die Einladungen des Pabstes gern annahm, und seinen jungen Vetter, den Herzog Carl, zur Eroberung von Neapel nicht nur aufmunterte, sondern auch mit Volk und Gelde unterstützte. Carl weigerte sich anfänglich, gegen seine Wohlthäterin, die Königin Johanna, welche seine Jugend ernährt hatte, und noch itzt seine Gemahlin zu Neapel mit Gütigkeiten überhäufte, zu Felde zu ziehen. Die Zureden des Königs Ludwigs, die Aussichten, welche der Pabst zeigte, die Furcht, daß die Königin einen fremden Prinzen adoptiren möchte; schon der Reitz einer Krone für sich bewog endlich Carln, das Schwerdt gegen seine Ernährerin zu ziehen, und durch ihre Ermordung die Ehre einer königlichen Herrschaft zu suchen. Carl sträubte sich anfangs wirklich gegen diesen Gedanken, und schauderte zurück; aber wenn der Mensch den Verführungen nur Betrachtung gönnt, so ist er schon mei-

meistentheils verlohren, und ist böser, als er selbst glaubte.

Die Anstalten und Absichten des Herzog Carls blieben der Königin nicht lange verborgen. Sie setzte sich mit allem Eifer in Vertheidigung, und übertrug ihrem Gemahl die Ausführung dieses grossen Geschäftes. Otto rüstete sich, zog Völker zusammen, und erwartete herzhaft den Feind. Johanna fühlte das Unrecht, welches sie von ihrem Vetter, dem Herzoge Carl erlitte, mit der heftigsten Empfindlichkeit. Sie hatte ihm so viele Gütigkeiten erwiesen, so viele Freundschaft ertheilt. Seine Gemahlin war zu Neapel bis auf den Ausbruch der Feindseligkeiten mit reicher Freygebigkeit unterhalten worden; so lange mit allem Ansehn unterhalten worden, bis sie selbst unvermuthet am 8 Junius 1380 Neapel verließ, um nach Rom zu eilen, wo ihr Gemahl sich die Krone von Neapel wollte aufsetzen lassen. Itzt muste Johanna sich gegen die Schlangen wehren, die sie in ihren Busen ernähret hatte, und da sie sich durch eigne Kräfte nicht stark genug fühlte, fremde Beschützung suchen. Ihr Pabst, zu Avignon, Clemens, konte ihr Frankreichs Hülfe verschaffen, und, um dieser Hülfe sich desto gewisser zu versichern, erregte sie die Springfeder des Eigennutzes. Sie adoptirte, und erklärte zum Thronfolger in Neapel, den Herzog Ludwig von Anjou, den Bruder des Königs von Frankreich, Carls des fünften. Dieser Erklärung, welche am 29 Junius 1380, geschahe, wurde sehr bald von der Genehmhaltung ihres Pabstes, Clemens, bestätigt, welcher die Hauptursache davon gewesen war, und so gut er konte, seine Gönnerin Johanna unterstützte. Nun war das Feuer des

des Krieges unvermeidlich), und jede Parthey brannte für Begierde, den Feind Rächung empfinden zu lassen.

Der Pabst Urban erklärte den Herzog Carl von Durazzo zum Könige von Neapel, und schonte keine Sorgfalt, ihn recht mächtig zu unterstützen. Es war besonders Geld nöthig: das Predigen des Kreuzes, und der Ablaß für die, die gegen die Königin Johanna fechten würden, brachte nicht viel ein. Urban behielt sich also die Einkünfte aller erledigten geistlichen Aemter, verkaufte viele Güter und Rechte der römischen Kirchen, und Klöster, wodurch er über achtzig tausend Goldgülden bekommen haben soll, und da die Noth doch noch nicht gestillt war, verkaufte er goldne und silberne Kelche, Kreuze, Bilder der Heiligen, und andere kostbare Sachen der Kirche. Zwey Cardinäle schickte er mit der Vollmacht herum, die Güter anderer Kirchen zu verpfänden, und auch wenn man sich dagegen setzen würde, zu veräussern.

Die Königin Johanna sorgte nicht weniger für ihre Armee und Schatzkammer. Unser Herzog Otto theilte die Sorge mit ihr. Man machte in einer besondern Erklärung den bevorstehenden Krieg bekant: Die Unterthanen wurden ermahnt, ihrer Königin beyzustehen, und den Vornehmen wurde geschmeichelt. Die Gefahr war nicht gering; weil es so viele Mißvergnügte unter den Unterthanen gab, und die Armee Carls sich stark vermehrte. Johanna soll mit thränenden Augen ihr Schicksal beklagt haben. Ihre Wehmuth scheint eine Ahndung von ihrem traurigen Schicksale gewesen zu seyn.

Schir. d. Biogr. 3. Th.   K   Mit

Mit dem Anfange des Augustmonaths brach Carl von Durazzo gegen die Königin auf, und gieng durch die Staaten des Marggrafen von Este ins Bologne­sische Gebieth; von da zog er nach Rimini, und wol­te seinen Weg fortsetzen, als die damals mächtigen Florentiner ihn bewogen, einen andern Weg zu neh­men. Er eroberte einige Plätze in Toscana, die sich ihm widersetzten, und kam im September zu Urezzo an. Seine Hauptabsicht war, jetzo nur Geld zusam­men zu bringen, und durch Brandschatzungen sich zu bereichern. Er suchte sich durch Verheeren furchtbar zu machen; und war so glücklich durch Vergleiche, und Versprechungen, starke Summen Geldes zu bekommen. Mit diesem zufrieden, endigte er seinen Feldzug ohne Wichtigkeit, und gieng nach Rom, wo ihn Pabst Ur­ban mit Freude empfieng, und zu den gehörigen An­stalten unterstützte, den künftigen Feldzug wichtig zu machen.

Die Hofnungen Ottens, und seiner Gemahlin gegen ihn, erlitten im September dieses Jahrs einen heftigen Stoß. Der König von Frankreich starb, und Ludwig von Anjou, der adoptirte Sohn der Kö­nigin Johanna, muste seine Hülfe nach Italien verzö­gern, wodurch der Muth des Herzog Carls gestärkt, und der Muth der Königin geschwächt ward.

Der Pabst Urban nöthigte zuerst den Herzog Carl, daß er versprach, nach vollendeter Eroberung vom Königreich Neapel, dem Vetter des Pabstes, Fran­ciscus Prägnani, einem unwürdigen Menschen, das Herzogthum Capua, den besten Theil des Reichs, ab­zutreten. Nach dieser Verbindlichkeit, beeiferte sich
Urban

Urban seinen geliebten Helden, Carl, so viel nur möglich war, zu unterstützen. Er beraubte Kirchen und Altäre, gab Kriegesvölker und Geld, und endlich, zur Abreise, seinen Segen zum Feldzuge gegen die Königin Johanna.

Diese ermunterte ihr Volk aufs neue zur Beständigkeit und Pflicht; allein sie ermahnte ein Volk, welches treulos, von Natur unbeständig, und ihr jetzt ganz abgeneigt war. Wenn der päbstliche Segen nur die empörische Abneigung der Unterthanen erhalten und stärken konte, so war er gewiß schon äuserst richtig. Und dieses konte der Segen thun. Aberglaube mit innerem Hange zusammenstimmend, äusert unglaubliche Wirkungen, und wenn die Lust zu Neuerungen, die Hofnung der Vortheile bey einer veränderten Regierung, und ein durch Privatvorfällen, nach und nach ausgebreiteter Haß wider das gegenwärtige System sich damit verbindet, so wird der Feind unüberwindlich. Einen solchen Feind hatte Johanna, und unser Herzog Otto zu bekämpfen. Wäre es nicht ein Wunder gewesen, hier zu siegen?

Dennoch ließ Otto den Muth nicht sinken. Er wußte, daß er sich selbst auf seine Tapferkeit verlassen konte. Sein Heer war dem feindlichen gleich; und wohl noch stärker. Ein glücklicher Streich konte die Gemüther der Mißvergnügten umändern, und, bey einer so schwankenden Verfassung, in welcher damals Italien war, neue Verbündete machen. Es waren auch, wie immer in solchen Fällen, noch verschiedene Grosse des Reichs auf seiner Seite, obgleich unter ihnen betrügerische falsche waren, und ein Theil der Bürgerschaft zu

Neapel

Neapel blieb ebenfals getreu. Unter denen hohen Freunden des Feldherrn Otto war sein Bruder, der Herzog Balthasar, und der junge Marggraf von Montferrat, Johann. Beyde waren ihm ergeben genug, an seiner Seite alle Gefahren zu theilen, und den Tod nicht zu scheuen; welches Schickfal sie auch endlich traf.

Otto zog mit seinem Heere gegen den Feind, und erwartete ihn an der Grenze des Reichs. Er sahe sich aber genöthigt, zurückzuziehn, um der Hauptstadt näher zu seyn, nachdem er in einigen Scharmützeln viel Volk verlohren hatte. Beyde Armeen zogen einander im Angesichte herum, ohne, daß Carl von Durazzo ein Treffen wagte. Die Königin Johanna versammlete die Neapolitaner, und berathschlagte sich mit ihnen über die Vertheidigung der Stadt, indeß man einem entscheidenden Treffen entgegen sah, und alle Hofnung stützte sich auf den Herzog Otto.

Carl stand zu Nola mit seinem Heere, und Otto ihm gegen über, beyde in Schlachtordnung; jener den Angrif zu erwarten, und dieser, den Feind, so bald es sich thun ließe, anzugreifen. Doch verbot die Vorsichtigkeit eines so weisen Generals, wie Otto war, etwas kühnes, unbedächtiges zu wagen, ehe der Feind so stand wie man wünschte. Carl lenkte sich aber unvermuthet, und brach gegen die Stadt Neapel selbst auf. Seine Schnelligkeit überraschte die Einwohner und die Besatzung. Ehe man nur daran denken konte, daß der Feind in der Nähe stände, war Carl vor den Thoren und foderte Neapel zur Uebergabe auf. Ehe man sich aus dieser ersten übertäubenden Bestürzung erholen konte, drangen die Feinde schon zu

einem

einem Thore ein. Man glaubte, daß sie durch Verrätherey wären eingelassen worden.

Es war schon gegen Abend, am 16 Julius, (andere setzen den Tag im August) als Carl Neapel so unversehens überraschte, und in diese Stadt ohne Schwerdtstreich, einzog. Beym Anblick von ihm, sammelte sich die Menge der Ungetreuen, welche nun Muth bekamen, der bis ins enthusiastische ging, und schrien auf allen Gassen: es lebe der König Carl. Die Empörung und der Auflauf ward allgemein; allgemein ertönte die Stadt vom Zuruf an den neuen König, und; es lebe König Carl war das einzige, was man hörte. Die Verwirrung ward unbeschreiblich.

Und die Königin Johanna — was sollte sie thun? Sie hatte in der schnellsten Eile Entschlossenheit genug, sich fliegend aus der Stadt zu flüchten, und begab sich nach Castel Nuovo, mit dem Commendanten und dem getreuen Theile der Besatzung. Hier wurde sie belagert. Es war nicht möglich gewesen, bey der schnellen Eilfertigkeit das Schloß mit hinreichenden Lebensmitteln zu versehen. Und vorher, vor dieser Ueberraschung hatte niemand daran gedacht. Wo ist es möglich, sich wider eine Ueberraschung genugsam in Vertheidigung zu setzen, wenn es wahre Ueberraschung ist, so wie hier? Castel Nuovo ward belagert, und die Königin zur Ergebung aufgefodert. Sie bedung sich einige Tage aus; wenn binnen dieser Zeit kein Entsatz käme, so versprach sie, ohne Widerstand, sich und das Schloß zu ergeben.

Otto, so bald er von dem Aufbruche der Feinde Nachricht erhielt, eilte, so schnell er konte, nach. Er traf

traf sie eben vor den Thoren von Neapel, als sie daselbst einzogen. Er ließ in den Feind einhauen, und tödtete noch über fünfhundert Mann, ohne jedoch sich in die Stadt bringen zu können. Da dieses nicht geschehen konte, und er in dem Getümmel von Ueberraschung, Nachjagen und Schlagen, nicht genaue Nachricht von allem, und, bey dem gerechten Argwohn der Treulosigkeit, nicht zuverläßige Nachricht von allen Umständen, die er zu wissen nöthig hatte, erhalten konte, so zog er sich mit Bedachtsamkeit und guter Ordnung zurück. Bald darauf aber näherte er sich und machte Anstalten, da er die Gefahr seiner Gemahlin, der Königin, gewahr wurde, sie zu erretten.

Am letzten Tage der bestimten Zeit, wo sich Johanna, die immer noch auf ihren Gemahl hofte, ergeben sollte, kam er, ihr Gemahl Otto, mit der ganzen Macht seines Heeres und grif den König Carl, bey Castel Nuovo, an. Die Schlacht ward hitzig, grausam, wütend; Carl stritt für die Crone eines Königreichs, Otto für eine Gemahlin, Freyheit und Wohlfarth. Otto führte den Mittelpunkt des Treffens an, sein Bruder, Herzog Balthasar, den einen, und Robert von Artois den andern Flügel. Mitten im Treffen, da die Gefahr aufs höchste stieg, und der entscheidende Augenblick ausbrach, verließ ein Theil seines Heeres den tapfern Herzog, und war treulos genug, seine Brüder dem Feinde dadurch zu verrathen. Man wird leicht begreifen, daß, nach diesem entsetzlichen Vorfalle, die Verwirrung unaufhaltbar war. Der Feind brach mit Wuth ein. Die Umstehenden des Herzogs Otto werden niedergehauen. Der junge Marggraf von
Mont-

Montferrat, der getreue Achates unsers Herzogs, fochte bis zum Tode, und fiel an der Seite des Herzogs todt nieder. Er selbst, Otto, ward schwer verwundet, und von der umringenden Schaar der Feinde, da er schon ganz entkräftet war, gefangen genommen. Das ganze Heer ergrif, so bald Otto fehlte, die Flucht.

Dieser Tag entschied mit seinem Unglücke das Schicksal eines Königreichs, vieler tausend Personen, der Königin Johanna, des Herzogs Otto, und des Pabstes. Ein alter Schriftsteller *) erzehlt, die Gefangenschaft des Herzogs Otto auf ganz verschiedene Art. Er erzehlt, daß Otto durch die niederträchtigste Art in die Gefangenschaft gerathen sey. Ein Soldat von selger Unwürdigkeit, schreibt er, wird von Carl von Durazzo gewonnen, den Verräther zu spielen. Er muß das Siegel der Königin Johanna nachahmen, und einen Brief in ihrem Nahmen an den Herzog Otto überbringen, worinnen er ersucht wird, mit sechs vertrauten genanten Personen, zu einer geheimen Unterredung sich in Castel Nuovo, des Nachts einzufinden. Da der Soldat einer von den Vertrauten der Königin war, den Otto wohl kante, so überläßt er sich der Nachstellung, begiebt sich des Nachts, nach Castel Nuovo mit der bestimten geringen Begleitung; und wird unterwegens so gleich von den Feinden gefangen genommen. So, sage ich, schreibt ein alter Schriftsteller. Allein, ohne auf die innere Unwahrscheinlichkeit, und wahre Unglaublichkeit dieser Erzehlung zu sehen, ist es genug, daß ihr die Italiänischen Scribenten widersprechen, und daß der

K 4

*) Theodericus de Niem. Libr. I. de Schism. cap. XXIII.

Gewährsmann derselben gesteht, er habe die Nachricht blos gehört. Es ist ganz sicher, daß die Gefangenschaft des Herzogs auf diese Art, wie wir sie vorher angegeben haben, erfolgte, und der Verlust eines hitzigen und entscheidenden Treffens die Folge war.

Die Folgen wurden noch grösser, denn der Sieg bey Castel Nuovo gab der Revolution vom Königreich Neapel den Ausschlag. So bald der Sieg erfochten war, sah sich Johanna, die sonst so kühne, muthige Königin, gezwungen, sich zu ergeben. Carl schien gute Gesinnungen gegen sie zu haben, welchen man wenigstens erträgliche Schicksale der Königin zutrauen konte. So bald sie sich aber, am folgenden Tage nach dem unglücklichen Treffen, nebst dem Schlosse der Gewalt des nunmehr neuen Königs, Carl von Durazzo, überlassen hatte, wurde sie auf das Schloß San Felice in Verhaft gesetzt, und hart behandelt.

Kaum war Otto gefangen genommen gewesen, als Carl, der neue König, ihn vor sich kommen ließ, und ihn mit der Stimme des Ueberwinders so gleich fragte: Warum er sich unterstanden habe, das Königreich Neapel gegen ihn zu behaupten? — Ich weiß, antwortete Otto, von keinem Königreiche Carls; ich habe nicht mein, sondern meiner Gemahlin Reich vertheidigt. Diese gesetzte Antwort setzte Carln in Verwunderung, und er betrachtete seinen grossen Gefangnen, welcher weder die Knie, nach Art der damahligen Gefangenen, noch den Kopf neigte, mit Erstaunen. Er ließ diesen standhaften Held hinweg bringen, und in sichere Verwahrung setzen, aus welcher er erst spät befreyt werden sollte. Noch
war

war jetzo sein Geschick dunkel, und ein grausamer Tod zu erwarten.

Die Gefangenschaft Ottens und der Königin, war der Gipfel der Wünsche Carls. Es konte nunmehr kein heftiger Widerstand mehr seyn. Der Bruder Ottos, Herzog Balthasar, hatte sich mit einer geringen Anzahl aus dem Treffen errettet, wurde aber im Verfolgen eingehohlt und gefangen genommen. Carl war gegen ihn so grausam, daß er ihm die Augen ausstechen ließ, worauf der tapfere Prinz, nach einigen Tagen starb. So verlohr Otto seine Freunde durch Ermordungen, und sahe seine Gemahlin und sich in Verhaft, und das Königreich Neapel in den Händen des undankbarsten Vetters, welcher alles noch übrige seiner Bothmäßigkeit unterwarf. Umsonst kam mit dem Anfange des Septembers dieses schrecklichen Jahrs 1381 der Graf von Caserta mit zehn Galeeren aus Provence der Königin Johanna, und ihm zu Hülfe; da keine Hülfe mehr nöthig, sondern unnütz war. Carl ließ sich und seine Gemahlin zu Neapel krönen, unter grossen Frohlocken des ungetreuen Volks, welches ganz Pöbel war, das heißt, welches ohne Grundsätze dachte, lebte, tadelte, und lobte.

Ganz anders, und mit unwandelbaren Gesinnungen, zeigte sich die unglückliche Königin Johanna, in ihrem Gefängnisse. Sie blieb in ihrem Entschlusse getreu, den Herzog von Anjou für den rechtmäßigen Nachfolger in der Regierung allein zu halten. Carl, der neue König, begegnete ihr im Anfange mit vieler Gelindigkeit. Er hofte sie noch zu bewegen, daß sie ihm öffentlich nicht allein das Königreich Neapel, sondern auch Provence, abtreten sollte. Allein der Haß gegen Carl von Durazzo, den sie als den Räuber ihrer Krone betrachtete, wie sie ihn auch nante, war unauslöschlich. Keine Schmeicheleyen und Vorstellungen, konten sie zum Abtritte ihres rechtmäßigen Königreichs bewegen. Als die vorhergenanten Galeeren aus Provence angekommen waren, so glaubte Carl, einen guten Streich zu spielen, und drang heftig in sie, daß sie erklären möchte, es würde ihr, als einer Mutter begegnet, und zugleich denen Provenzalen Befehl gäbe, den neuen König Carl, auch für ihren Herrn zu erkennen. Und wenn sie diese ihre ganze Natur und Empfindlichkeit empörende Gütigkeit auch wirklich erzeiget hätte, so würde ihr Schicksal doch nicht erträglich für sie geworden seyn. Um aber doch mit denen Officiers von den Galeeren sprechen zu können, stellte sie sich, als wenn sie zu dem Vorschlage geneigt wäre. Da diese Officiers vor sie kamen, bewieß sie die standhafteste Seele, und einen unerschütterten Muth. Sie beklagte sich über Carln von Durazzo, sprach auf das nachdrücklichste von seinen Ungerechtigkeiten, nante ihn den Räuber ihrer Reiche, und befahl ihnen, sie sollten sich nicht diesem Räuber, sondern dem Herzoge von Anjou unterwerfen. Was meine Person anbetrift, fügte sie hinzu, so habt ihr an nichts zu denken, als mir mein Leichenbegängniß zu halten, und GOtt für meine Seele zu bitten. — Sie sah ihr Schicksal vorher, und that wohl, als Königin zu sterben, wenn die Grausamkeit so weit gehen sollte, da sie doch die Rechte, welche sie dem Herzoge von Anjou gegeben hatte, nicht ohne feige Niederträchtigkeit, demselben nehmen, und ihrem bittern Feinde geben konte.

Dieser

Dieser aber wurde noch bitterer, als er das Betragen der Königin gegen die aus Provence erfuhr. Eine so unbiegsame Dame war immer noch fähig, zu einem Aufruhr Gelegenheit zu geben. Sie wurde in ein härteres Gefängnis eingeschlossen, und Niemanden der Zutritt zu ihr vergönnt. Als man aber die sichere Nachricht von dem Aufbruche des Herzogs Ludwigs von Anjou erhielt, welcher mit einem fürchterlichen Heere Neapel bedrohte, so gab König Carl Befehl, die gefangene Königin zu ermorden. Entweder brachte man sie mit Gift um, oder tödtete sie mit einem seidnen Stricke. Ihr Leichnam ward zur öffentlichen Schau ausgestellt, damit Niemand fernerhin zur Errettung dieser unglücklichen Königin Hofnung schöpfen könte. So wurde Johanna ein Opfer des Staats, und der Politik, die die Weisheit mit Mord krönt.

Die Widersprüche der Schriftsteller in dem Lobe, und Tadel der Königin Johanna, sind die Bürgen für ihr grosses Genie. Denn es ist gewiß, daß Grösse des Geistes, auf einen erhabnen Posten gestellt, nie ohne Mischung von Lob und Tadel bleiben kan. In beyden geht man alsdenn gemeiniglich zu weit. So überschreiten, nach unserm Urtheile, Lob und Tadel die Grenzen bey der Königin, und wir glauben in der Mitte am sichersten zu gehn. Ob Johanna Antheil an dem Morde ihres ersten Gemahls gehabt habe, kan mit Gewißheit nicht behauptet werden; ohne Verdacht ist sie wenigstens nicht. Auser diesem dunkeln Vorwurfe ist Johanna von andern frey. Ihr Hauptzug war Herrschsucht; diese dem Frauenzimmer so gefährliche Leidenschaft, die aber bey den meisten nur Eitelkeit bleibt, hinge-

hingegen bey der Johanna, als eigene Königin, weiter ging, und tiefen Gehorsam, und Erfüllung ihres Willens verlangte. Otto, ihr letzter Gemahl verstand besonders die Kunst, diese Leidenschaft nicht zu beleidigen, und wurde von ihr aufrichtig geliebt. Johanna hatte destomehr Anspruch auf Herrschaft, je grösser ihr Geist, und je männlicher ihr Muth und ganzer Charakter war. Sie war unerschrocken, standhaft, klug, voll feuriger Hitze und Lebhaftigkeit, welche keine stroherne Flamme entfachte, sondern aushielt. Gegen ihre Unterthanen bezeugte sie viele Gerechtigkeit, und gegen ihren Gemahl Zärtlichkeit. Sie liebte die Freygebigkeit, aber als Freygebigkeit, um sich andre verbindlich zu machen. Ihr Zorn war jederzeit heftig, wie bey dem meisten Frauenzimmer, aber weit anhaltender als bey ihrem Geschlechte gewöhnlich ist. Daher entstand die unglückliche Zwistigkeit mit dem Pabst Urban, welcher ihr endlich das Leben raubte. Ihr Stolz betrachtete den Pabst, der ein Neapolitaner war, als ihren verbindlichen Unterthan, und der Unterthan betrachtete die Königin als seine Untergebene. Die Gemüther wurden erbittert, und der männliche Stolz tödtete den weiblichen.

Der Tod des Herzogs Otto würde mit demjenigen seiner Gemahlin unzertrennlich verbunden gewesen seyn, wenn er das Glück gehabt hätte, zum König von Neapel gekrönt zu seyn. Jetzt, da er darauf keine Ansprüche hatte, war er nicht so furchtbar, um ermordet zu werden. Er hatte kein Reich für sich, sondern für seine Gemahlin vertheidigt. Nach ihrer Hinrichtung, war er ein fremder, tapferer Prinz, welchem

welchem man bloß die Gelegenheit, seiner Gemahlin Tod zu rächen, nehmen mußte. Er blieb also in Verhaft, doch ohne beschwerliche Härte, und genoß so gar die Freyheit, auserhalb seines Schlosses Melforta, sich mit Jagen, welche Erholung er sehr liebte, die Zeit zu verkürzen. Hier in diesem Schlosse, und dessen Gegenden sahe er in einer ruhigen Gefangenschaft den Scenen zu, die in Neapel erschienen. Ohnstreitig ließ er viel Gleichgültigkeit blicken, und gab dem Könige Carl keinen Anlaß zum Argwohn.

Während dieser Gefangenschaft des Herzogs Otto, erschien der Herzog von Anjou, im Jahr 1382 mit einem zahlreichen Heere in Italien um die Krone von Neapel zu ersiegen. Er drang durch verschiedene Schwierigkeiten bis in das Königreich Neapel ein, und eroberte viele wichtige Plätze, worunter die Stadt Aquila war. Unter der Einnahme von mehrern Oertern, von Nola, Matalona, und andern, fanden sich bey ihm eine grosse Anzahl von vornehmen Neapolitanern ein, welche seine Parthey ergriffen. Sein Heer wuchs; das Königreich theilte zwischen ihm, und dem König Carl seinen Anhang, und wenn er Muth genug gehabt hätte, sich diese erste Zerrüttung zum Nutzen zu machen, und gleich auf den Feind losgegangen wäre, so hätte er können ein gleich schnelles Glück mit dem König Carl erhalten, und ihn auf gleiche Art stürzen, wie er die Königin Johanna. Allein der Herzog Ludwig von Anjou führte den Krieg zu bedachtsam, und schläfrig. Sein Feind, der König Carl, welcher aus dieser Langsamkeit, da er nicht an Stärke gleich war, den grösten Vortheil zog, hütete sich ebenfals für etwas entscheidendes, und so zog sich der Krieg, in diesem,

und

und dem folgenden Jahre 1383 in die Länge, ohne irgend einen wichtigen Ausschlag. Ludwig muste bey dieser Verzögerung mehr einbüssen, als König Carl. Jener hatte eine stärkere Armee in einem fremden Lande zu unterhalten; dieser durfte sich nicht vertheidigen, um den Besitz seines Landes zu behaupten. Die Pest, welche sich in diesem Jahre über den grösten Theil von Italien verbreitete, schmächte besonders die Armee des Herzog Ludwigs, und hielt ihn endlich von allen interessanten Unternehmungen ab.

Otto hatte in seiner Gefangenschaft die Zufriedenheit, daß derjenige, welcher ihn und seine Gemahlin gestürzt hatte, durch die boshaftesten Grausamkeiten den Haß jedes Feindes gegen sich rechtfertigte. Der Wütrich Urban, erfüllete die Weissagung unsers Herzogs, daß er alles verwirren würde. Er war nach Neapel unter dem Vorwande, den Krieg zu ermuntern, gekommen, der wahren Absicht nach wollte er seinen nichtswürdigen Vetter, Franciscus Prägnani, das Herzogthum Capua und Amalfi, dem ersten Versprechen gemäß, nunmehro versichern. Dieser elende Weichling entführte eine vornehme Nonne, um eben diese Zeit, und da ihn der König Carl, welcher die Gelegenheit freudig ergrif, einen solchen Herzog nicht anzunehmen, wegen der Entführung der Nonne verdamte, so nahm sich der heilige Vater des wollüstigen Vetters an, entschuldigte ihn wegen seiner Jugend, — er war vierzig Jahr alt — und suchte zwischen diesem Vetter, und dem Könige eine Versöhnung zu stiften. Urban betrug sich überhaupt ganz unmenschlich, ließ Cardinäle, auf die er Verdacht geworfen hatte, gefangen nehmen, auf der

Folter

Folter martern, und endlich jämmerlich umbringen, ob sie gleich unschuldig waren. Er gerieth mit dem auf ihn aufmerksamen König Carl auch selbst in Streitigkeit, und that ihn endlich in den Bann, verwirrte Italien, und zeigte sich als einen Abschaum der menschlichen Frenheit auf dem heiligen Stuhle.

Unter dem Gemische von kriegerischen Wildheiten, und der verderbenden Pest, und den Barbarenen des Pabstes giengen einige traurige und verwirrte Jahre hin. Der Herzog von Anjou verlohr durch den Tod den mächtigen, und ihm getreuen Grafen von Savoyen, Amadeus den sechsten, und mit ihm das ansehnliche Heer, welches ihn begleitet hatte. Durch diesen Abgang, und durch denjenigen, den die Pest machte, schmolz seine Armee so sehr, daß er neue Hülfe von seinem Vetter, dem König in Frankreich suchen muste, welche er auch erhielt. Die Unruhen dauerten indessen immer fort, ohne Wichtigkeit für das Ganze, und die gegenseitigen streitenden Parthenen lauerten auf günstige Gelegenheiten, die sich nicht zeigen wollten.

Endlich wollte der König Carl, mit dem Anfang des Frühlings 1384 der Sache den Ausschlag geben, und sein Land vom Feinde befreyen. Er hatte die schönsten Hofnungen auf seiner Seite; Ludwig von Anjou war sehr geschwächt, und der Muth seines Heeres schien zu fallen, wie es bey einer so zaudernden Eroberung natürlich war. Eine starke Hülfe aus Frankreich war unterwegens, und es war nicht rathsam dieselbe zu erwarten, ehe man angrif. Carl verstärkte sein Heer, und ging dem Herzoge von Anjou am

12 April

12 April 1384 entgegen. Als er zu Barletta angekommen war, ließ er dem Herzoge eine Schlacht anbieten. Dieser war dazu bereit. Er nahm den Antrag mit Vergnügen an, und gab zur Antwort, er wolle binnen fünf Tagen vor den Thoren von Barletta seyn, denn er wünschte nunmehro selbst ein entscheidendes Treffen. Der grosse Tag, wo das Schicksal des Königreichs bestimt werden sollte, näherte sich mit vielen Gefahren für den König Carl. Er sah sie, und zitterte.

Hier nahm er seine Zuflucht zu dem Herzoge Otto von Braunschweig, dem erfahrensten, tapfersten und klügsten Feldherrn dieser Zeit. Er ließ ihn von dem Schlosse Melfarta, wo er gefangen saß, ins Lager, zu sich kommen, und suchte durch die Vorschläge dieses Fürsten seine Wohlfarth. Otto, nachdem er alles genau überlegt, und von den Umständen gehörig unterrichtet war, gab den weisen Rath, sich nicht dem zweifelhaften Glücke einer Schlacht anzuvertrauen, sondern sie ganz zu vermeiden, weil sie gegen den immer noch starken Feind zu gefährlich sey, und dieser Feind, der Herzog von Anjou nicht es im Felde lange aushalten könnte, sondern sich selbst nach und nach aufreiben würde. Dieser Rathschlag war so weise, als glücklich, und verrieth den Kenner der Kunst im Kriege. Carl folgte desto lieber, da er ohnehin furchtsam war. Der Herzog von Anjou bot umsonst am fünften Tage ein Treffen an; es fielen bloß einzelne kleine Gefechte vor, und der Herzog, kehrte mißvergnügt zurück, ohne eine Schlacht geliefert zu haben. Carl sahe sehr bald ein, wie vorsichtig der Rath des Herzogs von Braunschweig gewesen

wesen sey, da der Feind dadurch sehr viel, und Carl nichts verlohren hatte.

Um diesen guten Rath zu belohnen, schenkte der König Carl, am 22 April darauf, unserm Herzog Otto die Freyheit, mit der Bedingung, das Königreich Neapel zu verlassen. Otto begab sich voll Freude mit Danksagung hinweg, und eilte nach Sicilien, und von da nach Avignon, zum Pabst Clemens, dem ersten Urheber alles seines bisher erlittnen Ungemachs.

Es ist ungewiß, ob der Herzog das Fürstenthum Tarent, bey seiner Befreyung, und nachher, behalten habe. Ob gleich einige das Gegentheil muthmassen, so scheint es doch nicht unwahrscheinlich, daß er die Herrschaft über dieses Fürstenthum behauptet hat; weil er sonst auch gewiß die Grafschaft Acerra, und die andern geschenkten Güter von seiner Gemahlin, verlohren haben würde. Und die Grafschaft Acerra besaß er ohne Widerspruch, weil er sie 1392 verkaufen konte. Wenigstens führte er den Titel eines Fürsten von Tarent beständig, wie noch die Urkunden von den spätesten Jahren seines Lebens anzeigen. Die kriegerischen Unruhen gleich nach der Befreyung aus dem Verhafte, und seine Abwesenheit störten zwar den Gebrauch seiner Herrschaft, aber sie entrißen ihm sein Recht nicht. Er wuste auch seine Rechte zu gebrauchen, und bewieß es, da ihm die Einwohner von Marseille ein Schloß in ihrer Gegend, Chateauneuf du Martigues, welches er, nebst vielen andern von der verstorbenen Königin, seiner Gemahlin geschenkt bekommen hatte, hinwegnahmen. Er sandte im Jahr 1385 einen gewissen Carl von Albo mit Vollmacht dahin, um wegen dieser Beeinträchtigung dringende

Schir. d. Biogr. 3. Th.   L

gende Vorstellungen zu thun, und das genommene Schloß wieder zu fodern. Man verweigerte aber die Wiedergabe dieses Schlosses, weil man vorhersahe, daß der Herzog deswegen sie nicht würde mit Krieg überziehen. Das Fürstenthum Tarent war wichtiger, und so wenig Otto die Sorgfalt für den Besitz davon gespart haben wird, so wenig konten die damahligen Umstände ihm völlig diesen gerechten Besitz, der mit dem Königreich Neapel in keiner genauen Verbindung stand, rauben. Eine umständlichere Untersuchung darüber, gehört nicht in die Biographie des Helden. Nicht, wie viel Schlösser und Städte er besaß, sondern was er that, und seine Schicksale beschäftigen unsre Aufmerksamkeit.

Indem er sich noch beym Pabst Clemens zu Avignon aufhielt, und mit ihm wegen einiger Geschäfte unterhandelte, erhielt er aufs neue einen hohen und gefährlichen Antrag, welcher ihn in den Neapolitanischen Krieg wiederum mischte, und schweren Schicksalen entgegen warf. Sein Leben war bestimt, immer thätig zu seyn, und für andre wichtig zu werden. Eine edle, und Männern von Verdienste in jedem Fache gemeine Bestimmung! Wer in dem Ansehn steht, daß er nützlich seyn könne, wird dazu immer aufgefodert, und er versagt seine Nutzbarkeit auch nicht. Herzog Otto wurde immer von Königinnen zu Hülfe gerufen. Die von Armenien, die von Neapel, und jetzt (1386) eine dritte Königin, suchten in ihm ihren Beschützer.

Seit der Abwesenheit des Herzogs, hatte sich der Zustand von Neapel ganz verändert. Weder Carl, noch Ludwig waren mehr Beherrscher davon. Dieser war im Jahre 1385 entweder durch die Pest, oder Erhitzung, oder durch Gift getödtet worden. Carl hatte

hatte sich nach dem Tode seines Gegners, welcher schon
den Titel eines Königs von Neapel angenommen hatte,
des größten Theils von diesem Reiche bemächtigt, und
war nach Ungarn gegangen, um auch dort König zu
seyn. Er ward dort ermordet. Nun war das Königreich Neapel in größrer Verwirrung als jemals. Die
zwey hinterlaßnen Wittwen der zwey getödteten Könige
foderten, jede für ihre Prinzen, die Herrschaft von Neapel. Der Krieg entflamte sich von neuen. Die Parthey des Herzogs von Anjou erhob, gleich nach dem
Tode des Königs Carl, ihr Haupt, und verstärkte sich
mit einem mächtigen Anhange. Die Wittwe Carls,
Königin Margaretha, führte die Vormundschaft für
ihren Prinz Ladislaus, aber Neapel wollte ihr nicht
gehorchen, sondern die Regierung selbst durch dazu bestellte Personen verwalten lassen. Das ganze San-
severinische Haus, die Grafen von Cupersano, von Aria-
no, Caserta, und andre Grossen des Reichs gingen mit
vier tausend und sechs hundert Mann bis vor Neapel.
Das Schloß Sant Ermo empörte sich. An vielen
Orten glimte Rebellion in verdeckten Funken, die alle
Augenblicke auszubrechen drohten. Die Häupter der
Mißvergnügten schickten einen Gesandten nach Frankreich, um Ludwigen, den Sohn des verstorbnen Herzogs von Anjou, und erklärten Gegenkönigs von Neapel, zur Eroberung dieses Landes einzuladen. Die
Mutter dieses Prinzen, die Königin Maria, begab
sich zum Pabst Clemens, nach Avignon, und diese
war es, welche unsern Herzog Otto um Beystand
für sich und ihren Sohn, zur Eroberung des Königreichs Neapel bat.

Otto

Otto war nicht zu voreilig, ein so schweres Geschäfte so gleich zu übernehmen. Er bedachte sich mit Vorsichtigkeit, und trat in genaue Unterhandlung darüber. Der Pabst, die Cardinäle, einige Bischöffe, und andre nahmen daran Theil, und wie es bey so vielköpfigten Berathschlagungen immer geht, entstanden auch hier allerhand Streitigkeiten. Jeder kluge will der klügste seyn, und hält den andern für das, was er selbst ist. Nach der Entwicklung der streitigen Punkte, die uns die Geschichte nicht deutlich genug erzehlt, übernahm endlich Herzog Otto wiederum aufs neue die Rolle eines Beschützers einer Königin, und ihres Prinzen. Er wurde zum ersten, unumschränkten Feldherrn der Armee erklärt, welche den jungen Herzog von Anjou auf den Neapolitanischen Thron erheben sollte, und ging mit dieser Armee, welche zahlreich war, nach Italien, wo er, wegen der aufrührerischen Gesinnungen, einen starken Anhang zu bekommen hoffte. Er kante das Land, und besonders Neapel vollkommen, hatte noch viele Freunde daselbst, besaß von dem Charakter der Nation die sicherste Kenntnis, und Muth, und Erfahrung begleiteten ihn. Kein Feldherr in der Welt war fähiger als er, an der Spitze der Armee zu stehen, die er anführte.

Es ist Ungerechtigkeit, wenn man dem Herzoge Schuld giebt, er habe die Ausführung dieses Krieges in der Absicht unternommen, um sich wegen der vom Könige Carl an der Königin Johanna, seiner Gemahlin, verübten Mordthat, an dessen Kindern zu rächen. Otto dachte an edlere Dinge, als Rache, und man wird bald sehen, wie großmüthig seine Seele war.

Ohne

Fürsten von Tarent.

Ohne Schwierigkeit drang er mit seinem Heere, im May 1387 ins Neapolitanische ein, und fand, wie er vermuthete, vielen Anhang. Er vereinigte sich mit den mächtigen Sanseverinern, und andern vornehmen Bundsverwandten und Freunden, worauf er gegen die Stadt Neapel selbst drang. Die Streitigkeiten, welche diese Stadt beunruhigten, und zwischen der Königin Margaretha, dem Volke, und dem Adel entstanden waren, ermunterten ihn, auf die Besitznehmung von der Hauptstadt, Anschläge zu machen.

Er bediente sich der List, den Zustand der Stadt und die Stärke der widersinnigen Partheyen darinnen, zu erfahren. Er machte mit der Regierung von Neapel den Vertrag, so bald er in die Nähe der Mauern gekommen war, daß täglich funfzig bis sechzig Mann von seinen Soldaten in die Stadt kommen durften, um sich mit den nothwendigsten Sachen zu versehen. Theils mußte man ihm seine Forderung zugestehn, weil man sich der Gefahr einer Belagerung aussetzte, Das Heer des Herzogs war sehr zahlreich. Theils wollte man ihm auch die Forderung gern billigen, weil selbst in der Regierung einige geheime Freunde von ihm waren. Auf diese Art erhielt der kluge Feldherr täglich von dem Zustande der Stadt Nachricht. Neapel wurde von zwey Partheyen zerrüttet; die eine war heftig dem jungen Prinz des König Carls, dem Könige Ladislaus, die andere dem jungen Könige Ludwig, und Otto, eben so heftig geneigt. Die Parthey des Königs Ladislaus wurde sehr aufgebracht, als sie sahe, daß man der Gegenparthey erlaubt hatte, täglich in die Stadt zu kommen. Sie zog im Tumulte auf den Markt, und schrie: Es lebe Ladislaus und es sterben seine Feinde. Der Auflauf nahm zu. Die Gegenpartheyen, welche sich, die Parthey der Wohlfarth: nante, versammelte sich ebenfals. Es kam zum Treffen, wobey viele verwundet wurden. Die Königin Margaretha, welche in die gerechteste Furcht darüber gerieth, entwich mit ihrem Prinzen aus der Stadt, und floh nach Gaeta, wo sie lange Zeit blieb. Indessen mehrten sich die Unruhen der Stadt, der Aufruhr ging fort und nahm verschiedne Ausbrüche. Die Parthey des Pabstes Urban, und des Königs Ladislaus, erwehlten den Graf von Nola zu ihrem Anführer, welcher mit einer Rotte des Pabstes in Neapel eingelassen wurde. Hierdurch wurden sie so kühn, daß sie einen neuen Auflauf wagten und der Parthey des Königs Ludwigs den Untergang drohten. Diese, als sie sich zu schwach zur Vertheidigung sahe, öfnete dem Herzoge Otto, der längst darauf lauerte, die Thore. Otto drang in Neapel ein, und gab seiner Parthey durch die Macht seines Heeres sehr bald das Uebergewicht. In wenigen Wochen war die Parthey des Ladislaus so gedämpft, daß Otto sichrer Besitzer von Neapel war.

Diejenigen Feinde von ihm, welche die Stadt vor fünf Jahren an den König Carl verrathen hatten, furchten sich wegen gerechter Strafe. Die ganze Stadt gerieth in einen zweifelhaften Unmuth, weil man den wiederkommenden Sieger Otto für so empfindlich hielt, daß er sich rächen würde. Man erkante seine Grosmuth, welche ihn öfters so glücklich machte, daß er das seeligste Vergnügen eines Sterblichen, das Vermögen zur Rache in Wohlthun zu verwandeln, schmecken konte. Diese

Diese heiligste und reinste der menschlichen Ergötzungen, verschaften ihm die jetzige neue Herrschaft von Neapel. So bald Otto mit seinen Truppen in die Stadt eingebrochen, und Herr von ihr geworden war, entfloh eine grosse Anzahl von vornehmen und niedrigern Bürgern beyderley Geschlechts, aus Furcht, nach Capua, Gaeta, Sicilien, und andre Oerter. Fünfhundert von den Vornehmsten, besonders Frauenzimmer, begaben sich nach Aversa. Otto schickte einige von seinen Freunden ihnen nach, und bat sie, wiederum nach Neapel zu kommen, mit Versicherung seines Schutzes und Gnade. Sie wurden unter einer ansehnlichen Bedeckung zurück in die Stadt gebracht, und erhielten die gewissesten Versprechungen, daß weder ihren Personen noch Gütern, noch Freunden, das geringste Leid zugefügt werden sollte. Am folgenden Tage nach der Rückkehr dieser Furchtsamen, ließ Otto ein Edict anschlagen, und öffentlich allenthalben bekant machen, daß bey Todesstrafe, sich keiner von seinen Soldaten oder andern Personen, unterstehen sollte, irgend einen Menschen in Neapel auf irgend eine Art zu beleidigen, oder ihrem guten Nahmen, Häusern und Gütern Schaden zuzufügen. Als hierauf verschiedne Personen sich bey dem Herzoge selbst einfanden, und ihn um Verzeihung ihrer Verbrechen gegen seine Person, und gewesene Gemahlin, anflehten, rührte den guten Prinzen das Mitleid mehr, als das Andenken an das vorige Unrecht. Er vergab gern, weil es seinem rechtschafnen Herzen Freude machte. Bey einigen, die über ihre vorige Vergehungen in Thränen ausbrachen, ließ er selbst Thränen blicken. —

Und warum, sagte er, habt ihr denn meiner Gemahlin und mir so viel Uebels gethan, ohne an so viele Wohlthaten und Liebe zu denken, die sie euch erzeigt hatte? — Er ließ auch alles dasjenige, was denen Bürgern und Vornehmen in der ersten Wuth war geraubt worden, wieder zusammensuchen, und den Eigenthümern wiedergeben, so weit diese Vorsicht nur reichen konte, da alles zu erstatten unmöglich war.

So betrug sich Otto, der Sieger; neue andre Eigenschaften zeigte Otto, der Feldherr und Regent. Es ist schon vorher erinnert worden, daß ihm bis zur Ankunft des Königs Ludwigs, aus Provence, die Regierung von Neapel anvertraut war, wenn er das Land erobert hätte. Jetzt nach der Einnahme von Neapel bemühte er sich mit Sorgfalt, jedem Theile seiner Aufträge Gnüge zu leisten. Durch Grosmuth und Gelindigkeit, machte er sich die Unterthanen eigen; durch Muth und Wachsamkeit, sein Glück getreu, und durch Einrichtung des sittlichen und politischen Zustandes die Wohlfarth des Landes zur Begleiterin seines Glückes. Er hatte in der Regierung der Marggrafschaft Montferrat die Staatsklugheit geübt, und seine Talente in der Regierungskunst genährt. Jetzo war er also desto fähiger, seinen Posten in Neapel zu verwalten. Da die Stadt einen Mangel an Brodt und andern Bedürfnissen erlitt, so zog er selbst mit einem Theile der Besatzung aus, und versahe durch seine Anstalten die Stadt mit allem, was nöthig war. Er kam hierauf zurück, und reißte wiederum ab und zu, nachdem seine Gegenwart hier oder dort erfodert wurde. Unverdrossen und thätig für das gemeine Beste, erwarb er sich allgemeine

Hochachtung und Liebe, und bey den Feinden, die an verschiednen Oertern sich noch befestigten, grosse Furcht.

Die Feinde wagten es, selbst Neapel zu umlagern und die Zufuhre abzuschneiden. Otto sah sich genöthigt, immer selbst an die Spitze der Truppen zu treten, welche Fütterung und Lebensmittel hohlten. Unter ihm hatte jedermann Muth; immer kam er glücklich, und mit dem, was er gesucht hatte, versehen, zurück. Am drey und zwanzigsten August versuchten die Feinde einen Ueberfall auf Neapel. Diesmal, sagt ein gleichzeitiger Schriftsteller, wurde die Stadt allein durch die Tapferkeit des Herzogs Otto gerettet. Er schlug die Feinde, da er durch List von allem benachrichtigt worden war, hinweg, und darauf zogen sie sich schüchtern zurück, weil sie glaubten, daß gegen einen Feldherrn, wie Otto war, nichts jemals auszurichten sey.

Der Pabst Urban, sah diesen so nachtheiligen Veränderungen in Neapel, mit dem grösten Verdrusse zu Lucca zu. Er fluchte durch Bannverwünschungen auf seinen Feind, den König Ludwig, und dessen Parthey, und der Parthey des verstorbnen Königs Carl, war er doch auch nicht zugethan. Er hatte Carln auch in den Bann gethan, und wollte nunmehr nicht zurücke treten. Seine Gemahlin bat beym heiligen Vater für sich, und ihre unschuldige Söhne um Vergebung, und Mitleiden, aber umsonst: sie wurde vielmehr von neuem mit dem Banne verflucht, und das Königreich ihr so gut, als dem Ludwig von Anjou, abgesprochen. Keiner von denen, die es itzt hatten, sollten es haben: der Pabst wollte

wollte es für sich haben, und dachte am Ende durch Fluchen ein Königreich zu erobern. Otto glaubte, dieses geschähe besser durch Waffen, Klugheit, Muth und erhabne Eigenschaften. Er unterließ davon nichts, und bat den König Ludwig, so bald er könnte, selbst zu erscheinen, weil er vorher sahe, wie viel darauf ankäme. Es kam jetzt um so viel mehr darauf an, weil es dem Pabst Urban einfiel, selbst an der Spitze einer Armee zu erscheinen, und sich den Neapolitanischen Grenzen zu nähern. Er nahm auch schon viel Kriegsvölker in Sold, und würde seine kriegerischen Gedanken ausgeführt haben, wenn er nicht durch einen unglücklichen Fall im Reiten verwundet, und nach und nach wiederum von seinen Soldaten verlassen worden wäre.

Ludwig, der Herzog von Anjou, der sich nunmehr schon einen König von Neapel nannte, obgleich noch nicht die Hälfte des Reichs erobert war, sandte im October des Jahrs 1378, an seine Statt einen neuen Regenten nach Neapel, mit dem Charakter eines Vicekönigs. Der Herr von Montjoun, der neue Vicekönig, erweckte, als ein Franzose, eben so sehr die Eifersucht der Italiäner, als des Herzogs Otto. Dieser sah sich auf einmahl unvermuthet der Regierung beraubt, und seine Treue, Sorgfalt und Aufopferung mit Undank belohnt. Welch menschliches Herz bleibt bey Ungerechtigkeiten unempfindlich? Der neue Vicekönig wollte seine Herrschaft zeigen, und da er nicht Klugheit und Mäßigung dabey hatte, so entrüstete er die ohnehin schwierigen Gemüther. Er befahl dem Herzoge Otto zu ihm zu kommen, um die Aufträge von der

Seite

Seite des Königs Ludwigs an sich zu empfangen. So war der Herzog nicht gewohnt behandelt zu werden. Mit dem Verdrusse über den neuen ihm entgegengesetzten Vicekönig, verband sich der Unmuth über die unwürdige Begegnung. Montjouy begegnete ihm, als ein gebietender Oberherr. Nach dem Vertrage zu Avignon, in Gegenwart und Bestätigung des Pabstes Clemens, sollte Herzog Otto Regent von Neapel, bis zur Ankunft des Königs seyn. Er war kein Vasall vom König Ludwig, sondern ein Freund, der ihm Hülfe leistete, und dem man die gegebenen Versprechungen nothwendig halten muste. Seine bisherige Regierung hatte die Vortheile Ludwigs auf gleich wichtige Art mit der Wohlfarth des Landes verknüpft, und vermehrt. Er hatte durch Gelindigkeit der Grosmuth, dem Könige die Herzen der Neapolitaner, und durch den Muth in den Waffen die festen Plätze, ergeben gemacht. Die Eroberung der Hauptstadt war sein Werk, und ihre, gewiß sehr schwere, Vertheidigung erhöhte täglich das Verdienst der Eroberung. Unter seiner Regierung war die Parthey des Gegenkönigs Ladislaus dergestalt gedämpft worden, daß sie an keine weitere wichtige Anfälle dachte, sondern sich nur zu erhalten, und noch einen schwachen Widerstand zu leisten suchte. Es wäre etwas ausserordentliches gewesen, wenn ein so verdienter Fürst nicht von der Scheelsucht hätte sollen angegriffen werden. Das Erhabene ist stets den Wettern mehr als das Niedrige ausgesetzt. Otto muste Feinde haben, weil er ein grosser Mann war. Durch diese hatte der König Ludwig entweder Verdacht, oder Abneigung sich einflößen lassen, und zu seinem grösten Schaden dem

dem Herzoge die Regierung entrissen, welcher als Freund oder Feind, gleich wichtig blieb.

Der Stadthalter und Vicekönig Montjouy foderte vom Herzoge Otto den Gehorsam einer Unterredung. Otto ward argwöhnisch, da er ohnedis der französischen Nation nicht geneigt war, und dieser Nationalhaß seinen Verdruß über den Stadthalter vermehrten. Nachdem er die heftigsten Schwierigkeiten besiegt, und dem Hause Anjou den Weg nach Neapel bereitet, und die Thore der Hauptstadt eröfnet hatte, nachdem er mit öfterer Lebensgefahr alle Hindernisse überwunden, die Feinde verjagt, und eine Herrschaft gegründet hatte, die er nun eben erweitern will, wird er schnell aus allen Entwürfen gerissen, und soll einem Unerfahrnen gehorchen. Selbst sein Ruhm litt darunter, und er konte genöthigt werden, alles Gute durch den Eigensinn eines unkundigen Menschen selbst zu verderben. Von diesen und ähnlichen Gedanken geleitet, gieng er nicht an den bestimmten Ort. Der größte Theil seines Heeres war ihm getreu. Er ging damit nach Sant Negata, und ließ sich mit der Gegenparthey des Königs Ludwigs in Unterhandlungen ein.

Margaretha, die Wittwe des verstorbenen Königs Carl, hatte kaum den Unmuth des Herzogs Otto erfahren, als sie ihm die vortheilhaftesten Bedingungen antragen ließ. Sie wußte, wie allgemein verehrt Herzog Otto sey, und seinen Muth und kriegrischen Ruhm kante jedermann. Einige erzehlen, daß unter den angetragnen Bedigungen die Vermählung des Herzogs mit der Königin Margaretha gewesen sey. Andere halten dieses für unwahrscheinlich. Man kan nichts entscheiden.

Es

Es war leicht möglich, daß die Königin durch die vorgeschlagene Vermählung den Herzog sich destomehr verbindlich zu machen suchen konte, zumahl, da man von der Königin Johanna her noch wuste, daß Otto, nicht so gierig auf Kronen sey, sondern, anstatt sie selbst zu tragen, sie lieber für andre beschützte. Es war aber eben so leicht möglich, daß man sich bey gegenwärtigen Unruhen, und bey dem starken Anhange, welchen Otto im Königreich hatte, für eine Verbindung hüten muste, welche Revolutionen zu Folgen haben konte. Der Charakter des Herzogs aber scheint der Vermuthung zu widersprechen, daß er auf eine neue Vermählung mit einer zweiten Königin itzo gedacht habe. Er diente gern uneigennützig.

So bald Otto in die Dienste der Königin Margaretha, und ihres Prinzen, des jungen Ladislaus getreten war, ging der gegenseitige Krieg mit neuer Lebhaftigkeit an. Das Schloß Nuovo, bey Neapel war noch in den Händen der Margaretha, und bekam neue Verstärkung. Man befestigte die andern Plätze, und machte den Winter im Jahr 1388 zu einer Vorbereitung des künftigen Feldzuges, auf beyden Seiten. Auch der Winter war nicht ruhig, sondern schon im Jenner belagerte der neue Statthalter des Königs Ludwigs das Schloß Capuana, welches dem jungen Ladislaus gehörte. Der Castellan vertheidigte sich so gut er konte. Otto kam den Belagerten mit viertausend Mann zu Hülfe, und wolte das Schloß entsetzen, muste sich aber, wegen der überwiegenden Anzahl der Feinde zurückziehen. Die Belagerung wurde darauf so heftig fortgesetzt, daß das Schloß im April dieses Jahrs eingenommen

nommen wurde. Der Statthalter Montjoun, belagerte nach dieser Einnahme, auch Castelnuovo. Otto hingegen machte diesen Versuch vergeblich, indem er von Gaeta her Hülfsvölker zuführte, und sie mit Geschicklichkeit in das Schloß zu bringen wuste, worauf die Besatzung stark genug war, dem Feinde Widerstand zu leisten, und seine Belagerung ganz fruchtlos zu machen.

Durch die wechselnden Abänderungen, und besondern Vorfälle im Königreich Neapel, wurde endlich Ludwig genöthigt, selbst dahin zu kommen, und durch seine Gegenwart dem Kriege vielleicht den Ausschlag zu geben. Die Feinde, auf deren Seite itzo Otto stand, welcher nichts verabsäumte, seine Hülfe mächtig und wirksam zu machen, erhielten itzo durch den Tod des Pabstes Urban, neue, hellere Absichten. Nachdem der stolze harte Urban gestorben, und Bonifacius zum Pabste erwehlt worden war, nahm das Schicksal der Durazzischen Familie eine andere Gestalt an. Bonifacius war klüger und sanfter als Urban. Da die Königin Margaretha Gesandten an ihm abgehen ließ, und sich und ihren jungen Prinz Ladislaus, von vierzehn Jahren, seinem Beystande empfahl, so erklärte er sich so gleich für sie, und ließ den Prinz Ladislaus zum König von Neapel krönen. Es war Klugheit, weil Ludwig von Anjou dem Gegenpabst ergeben war, und also eben dadurch ein Feind von ihm seyn muste. Bonifacius unterstützte den Prinz Ladislaus, und seine Parthey desto stärker, je gewisser es war, daß sein Schicksal mit jener ihrem genau zusammenhieng. Er schickte Geld, Pferde und Völker zu Hülfe, und that einmal nach dem

andern

andern den König Ludwig, welcher 1390 in Neapel angekommen war, in den Bann.

Wie groß die Achtung gewesen sey, in welcher Otto bey der Römischen Kirche und denen Cardinälen stand, bewies die feyerliche Bekantmachung von dem Tode Urbans, welchen Tod ihm die Cardinäle auf eine feyerliche Art, wie denen vornehmsten regierenden, und mächtigsten Fürsten Italiens, bekant machten.

In denen neuen Feldzügen gegen den König Ludwig, welche einige Jahre fortdauerten, ohne erheblich zu werden, verherrlichte Otto seinen Ruhm immer mehr. Man wird hier nicht ein chronologisches Verzeichnis aller kleinen Gefechte und Scharmüzel suchen, welche vorfielen, und entweder Muth des Siegers oder die Vorsichtigkeit des Feldherrn, der sich in die Umstände zu schicken weiß, anzeigten. Man würde unwillig werden, wenn hier ein langes Tageregister von kleinen Vorfällen folgte, wodurch weder der Geist Ottens näher bekant, noch die Betrachtung darüber angenehm würde. Auch wäre der Biograph nicht fähig, ohne zu erdichten, Umstände anzugeben, welche die Erzehlungen interessant machen könten. Der Krieg zwischen den beyden jungen Prinzen, Ladislaus und Ludwig, ging fort: langsam, ohne Merkwürdigkeit, ohne entscheidende Treffen. Man eroberte Schlösser, schlug einzelne Schaaren, wurde wieder geschlagen, bekam dort Anhang, verlohr ihn anderswo wieder, und in wildem Getümmel verwüstete, siegte und eroberte man fruchtlos. Für das Ganze that man wenig, weil man immer wenig wagte. Unter diesen Vorfällen spielte Otto beständig eine von den Hauptrollen.

Bey

Bey einer Unternehmung im Jahr 1392 wurde ihm sein Glück ungünstig. Er ging mit den vornehmsten Truppen des Königs Ladislaus gegen das Schloß Sanseverino, und wollte dasselbe erobern und zerstören, und von da nach Calabrien eindringen. Dieser Plan wurde den Feinden verrathen: sie suchten zuvorzukommen, und eilten so flüchtig sie konten. In einem Tage und einer Nacht, legten sie 70 Italiänische Meilen zurück, und überraschten den Herzog Otto mit seinem Heere unvermuthet. Der Ueberfall war so unversehends, so schnell, so übertäubend, daß keine Errettung gefunden wurde. Ein grosser Theil von dem Heere wurde getödtet, der Herzog Otto selbst gefangen genommen und mit ihm alle vornehme Officiers. Man gab denen Gefangnen für starke Summen Geldes die Freyheit wieder. Otto mußte die Grafschaft Acerra verkaufen, um sich aus der Gefangenschaft zu erlösen.

Als er frey war, unterstützte er wieder die Parthey des Königs Ladislaus mit Eifer, und blieb ihr beständig getreu. Vielleicht stellen sich einige von unsern Lesern die Dienste des Herzogs beym König Ladislaus und seiner Mutter, der Königin Margaretha, nach dem Begriffe unsrer Zeiten vor. So war es nicht. Die kriegrischen damahligen Perioden, wo kleinere Privatkriege in Italien so wohl, als in Deutschland häufig geführt wurden, erzeugten verschiedne einzelne Schaaren von Soldaten, welche unter den Befehlen eines Obern stunden, der ihnen Sold gab, und sie, wozu er wollte, brauchte. Wenn die Kriegführenden Fürsten sich gegen ihren Feind zu schwach fühlten, so nahmen sie zu

den

den Generals von solchen einzeln Schaaren ihre Zuflucht, und bedungen sich von ihnen in dem gegenwärtigen Kriege auf gewisse festgesetzte Bedingungen Hülfe. Wenn die bedingte Zeit verstrichen, oder der Krieg geendigt war, so ging ein solcher General mit seinen Truppen wiederum hinweg, entweder in sein eignes Gebiet, wenn er etwas eignes besaß, oder er suchte andere Gelegenheiten, seine Tapferkeit und sein Volk zu brauchen. Bey denen fehdereichen Zeiten fehlte es nicht leicht an solchen Gelegenheiten. Es gab auch freche, welche mit ihren Völkern hernach, wenn sie weiter keine Beschäftigungen hatten, Räubereyen ausübten. Solche Feldherrn, wie wir iho beschrieben haben, waren im vierzehnten Jahrhunderte in Deutschland und Italien sehr häufig. Kleinere Fürsten nutzten diese Gelegenheit mit reichen Vortheilen, und machten daraus eine Quelle der Vermehrung ihrer Macht, ihres Ansehns, und ihrer Besitzungen.

Otto adelte diesen Stand durch Grosmuth, Treue und redliche, gute Gesinnungen. Sein Ansehn stieg durch die verschiednen Proben seines Muthes, und durch die Wichtigkeit seines Beystandes. Er that sich allenthalben hervor, und wenn das Glück ihm den Rücken kehrte, so schien er so gar selbst das Glück zu besiegen, und verbesserte bis zum unglaublichen schnell die mißlichen Umstände. Einen Theil seiner Sorgfalt erhielt noch immer das Marggrafthum Montferrat, worinnen er nicht nur eigene Besitzungen hatte, sondern auch den jungen Marggraf Theodor, beschützte. In einer Urkunde der Huldigung von Montevico vom Jahr 1392 bemerkt man, daß der junge Marggraf Theovor in seines Bruders und des Herzogs Otto Nahmen, den Eid der Treue sich leisten ließ. Die Regierung von Montferrat aber beschäftigte ihn itzo nicht mehr so sehr, als die Angelegenheiten von Neapel, und des jungen Königs Ladislaus, welchem er eifrigen Beystand leistete.

Hier schweigen die Jahrbücher der Geschichte, von dem Herzoge Otto, und erzehlen uns bloß im allgemeinen, daß er im Reiche, in Neapel, in guten Ansehn gelebt, und seinen Ruhm behauptet und vermehrt habe. Bey einem andern würde dieses Stillschweigen mehr, als bey unserm Fürst zu bedauern seyn. Ein Fürst aber, den wir zwey und sechzig Jahre ruhmvoll zurücklegen gesehn haben, kan die Achtung für sich, und das Glorreiche kaum vermehren, wenn er auch noch den Rest seines Lebens durch wichtige Thaten auszeichnet. Es ist wahrscheinlich, daß der ermüdete Held, die letztern Tage eines thätigen Lebens der Ruhe geschenkt habe.

Die Besitzungen des Herzogs Otto, sind eben so ungewiß, als die Thaten seiner letzten Jahre dunkel. Daß er das Fürstenthum Tarent vermuthlich wieder erhalten, und gleich nach der Befreyung aus der Gefangenschaft des Königs Carls den Besitz davon scheint bekommen zu haben, ist schon vorher bemerckt worden. Der Verkauf von der Grafschaft Acerra zeigt deutlich, daß er nicht alle diejenigen Güther verlohren habe, welche ihm seine Gemahlin, die Königin Johanna schenkte. Wieweit sich seine Herrschaft in Absicht des Herzogthums Braunschweig erstreckt habe, kan ebenfalls nicht mit Gewißheit behauptet werden, ob gleich ein

Gelehrter*) zu beweisen suchte, daß in Regierungsgeschäften nichts an ihm gebracht worden sey, auſer der Präſentation zu den Präbenden bey dem Stifte St. Blaſii zu Braunſchweig. Eine Stelle in einer Urkunde dürfte dennoch vielleicht anzeigen, daß auch in weltlichen Dingen Herzog Otto einen Antheil gehabt habe.**) Ich traue es meinen Leſern nicht zu, daß ſie es gerne ſehen würden, wenn ich mich über die Beſitzungen des Herzogs Otto mit Weitläuftigkeit ausbreiten wollte.

Und ich ſelbſt würde mich tadeln, wenn ich bey einem ſolchen Manne, wie Otto, ſeine Beſitzungen noch könte für Merkwürdigkeiten halten. Güter, Ordensbänder und Titel bleiben im Grabe, und alles was hier bleibt, kan die Bewunderung des Bedachtſamen nicht erregen. Die Güte des Herzens aber, und das für andere wohlthätige Leben des Herzogs Otto haben wir ſchon genug kennen gelernt. Auch bey der Trockenheit der Geſchichtſchreiber ſeiner Zeit ſchimmerte immer der Geiſt und der Charakter Ottos denen übrigen groſſen Männern zuvor. Er war, wie ein gleichzeitiger Scribent***) verſichert, auch in den Wiſſenſchaften nicht gänzlich unerfahren. Eine geringe Kentnis muſte bey ihm in einer Periode, in ſeinen Umſtänden, ſchon Bewunderung erwecken. Den vorzüglichſten

M 2 Ruhm

---

*) Herrn Kochs Verſuch einer pragmatiſchen Geſchichte des Durchlauchtigſten Hauſes Braunſchweig und Lüneburg. Seit. 137.

**) Vita Ottonis, Tarentini p 9. — cujus vices gerimus in conferendis beneficiis eccleſiaſticis et *mundanis* cet.

***) Theoder. a Niem.

Ruhm erwarb er sich in den Waffen, und diesem Ruhme hatte er den Antrag zweyer Königinnen, die ihn beyde zum Gemahl verlangten, zu dancken. Wie groß er in der Regierungskunst gewesen sey, bewieß die Zuversicht des alten Marggrafens Johann von Montferrat, welcher ihn zum Vormund und Regierer seiner Prinzen machte. Der Pabst Gregor der IX. gab ihm das Lob einer guten Staatsklugheit und erhabner Eigenschaften. Bey der ehrgeitzigen Königin Johanna, zeigte er die Kunst, sich in lästige Charaktere schicken zu können; denn einen solchen Charater besaß Johanna. Er erwarb sich ihr völliges Zutrauen und eine zärtliche Liebe.

Gemeiniglich begleitet eine gewisse rasche Hitze den muthigen, kühnen Krieger: Otto machte durch seine Mäßigung eine Ausnahme. Sehr schwer ließ er sich bewegen, ob ihn gleich selbst am meisten die Beleidigungen trafen, gegen den Pabst Urban sich zu erklären. Er sah vorher, wie gefährlich die Zwietracht werden könte. Die Fassung, welche er gegen den König Carl zeigte, als er in seine Gefangenschaft gerathen war, bewieß den gesetzten Geist des Fürsten. Die Grosmuth gegen die aus Furcht entflohenen Neapolitaner, und die Gnade der Verzeihung, welche er ihnen mit weichen Mitleid ertheilte, waren Zeugnisse, daß sein Herz nicht zur Grausamkeit geneigt sey, und er durch Sieg und Hoheit nicht übermüthig werden könne.

So sanfte Gesinnungen auch der Grund seines Herzens waren, so wenig ließ er sich unwürdig behandeln. Als ein unerfahrner Franzose Vicekönig von Neapel wurde, und ihm befehlen wollte, da er nicht

nur

nur Ursache, sondern, welches noch wichtiger in unsrer Welt ist, auch Erlaubnis hatte, selbst zu befehlen, so gehorchte der tapfre Deutsche nicht. Weil König Ludwig ihm sein Versprechen nicht hielt, so verlies er seine Parthey, und zeigte, wie viel er an ihm verlohren habe. Man bemerkt, daß Herzog Otto fast beständig unter den Italiänern den deutschen Nationalcharakter behauptete und ihn verschönerte. Gesetzt, tapfer, nachdenkend, und wenn er handelte, nachdrücklich, mit allem Kräften, weder so untreu wie die Italiäner, noch so leichtsinnig wie die Franzosen, zeigte er sich beständig. So, und durch edle, grosse Thaten, Wirkungen seiner gebildeten Talente und seines guten Charakters, wurde er die Heldenlehre der Deutschen unter dem Italiänischen Himmel.

Man kan das Jahr seines Todes nicht bestimmen; nach einer aufbewahrten Urkunde lebte er noch in dem Jahre 1398. Er wurde zu Foggia in Apulien begraben, und blieb also vermuthlich, bis an seinen Tod, in diesem Lande. Er starb ohne Erben, und hinterließ das Andenken eines merkwürdigen Lebens und schöner Thaten. Wenn sein Biograph bey Erzehlung derselben nicht kaltblütig blieb, so waren Lobsprüche der Tribut, den der Geschichtschreiber dem Verdienste schuldig ist.

* * *

Im Jahr 1746 hat der seel. Herr Hofrath Koch zu Braunschweig, auf 3 Bogen, und einen Bogen Supplementen, herausgegeben: Ottonis cognomento Tarentini Ducis Brunsvicensis vitam et res gestas. Diese Schrift ist dem Schicksale unterworfen sen gewesen, welches gemeiniglich Schriften von wenigen Bogen trift, und nicht genug bekant geworden. Sie sollte, ihrer ganzen Bestimmung nach, keine Biographie seyn, sondern eine critische Sammlung zu dem Leben des Herzogs Otto enthalten. Diese Bestimmung erfüllt sie sehr gut, und liefert genaue und fruchtbare Collectanea. Der Verfasser zeigt eine weitläuftige Belesenheit, und einen mühsamen unverdroßnen Fleiß, welchem nicht leicht eine Stelle irgend eines Schriftstellers, der des Herzogs Otto erwähnt, entgangen ist. Da die erste Untersuchung immer nicht vollkommen werden kan, wenn die Materie noch ganz unbearbeitet war, so hat der Verfasser am Ende einen Bogen von Zusätzen beygefügt, wodurch verschiednes vorhergehendes erläutert, oder berichtiget worden ist. Die Urkunden nehmen den grösten Theil dieser Schrift ein: Erzehlung im eigentlichen Sinne findet man nicht, sondern kurze Anmerkungen, mit Angabe der Quellen, woraus sie geschöpfet worden sind. Diese gelehrte Abhandlung ist der Leitfaden bey meiner Lebensbeschreibung von dem berühmten, und den deutschen Geschichtschreibern fast gar nicht bekanten Herzog von Braunschweig, Otto, gewesen. Er verdiente es vorzüglich, in einer Biographie grosser Deutschen ein Denkmal zu erhalten, so gut es ein später Verehrer merkwürdiger grosser Männer seines Vaterlandes aufrichten konte.

Einige Berichtigungen dieser Schrift gab der Verfasser selbst in seinem: Versuche einer pragmatischen Geschichte des Durchlauchtigsten Hauses, Braunschweig und Lüneburg: welcher zu Braunschweig 1764 erschien. In der vita Ottonis hatte
Herr

Herr Koch diejenigen widerlegt, welche den Zweykampf deſſelben, mit dem Herzog von Lankaſter erzehlen, und dieſen Vorfall einem andern Herzog Otto, dem Prinzen des Herzogs Magnus zugeſchrieben. In der Braunſchweigiſchen Geſchichte behauptet er das Gegentheil ſeiner vorigen Behauptung, und zeigt, daß der Herzog Otto, deſſen Leben wir beſchrieben, wůrklich derjenige ſey, welcher den Herzog von Lankaſter zum Zweykampfe auffoderte. Dadurch wurde zugleich das 81 und 82 Stůck der Hannöveriſchen gelehrten Anzeigen vom Jahr 1751, widerlegt, worinnen man die Meynung, daß der Italiäniſche Fürſt jene Streitigkeit gehabt habe, mit mehreren Grůnden, und weitläuftiger zu entkräften geſucht hatte.

Dieſer doppelten Handleitung des Hrn. Köchs habe ich mich als eines Wegweiſers bey dieſer Biographie bedient. Man wird aber leicht, bey der flüchtigſten Zuſammehaltung meiner Arbeit und jener Schriften bemerken, daß jene nur gleichſam den Plan der Auſſenwerke bey mir bezeichnen, und daß ſie noch nicht den zehnten Theil von dem ausmachen, was ich erzehlt habe. Ehe ich die Quellen angebe, nenne ich noch des ſorgfältigen Muratori Geſchichte von Italien, deren achten und neunten Band ich in Abſicht des ganzen Zuſammenhangs von den Italiäniſchen Begebenheiten eben ſowol, als des Summonte tom. II. Hiſtor. neapol. genutzt habe.

Den erſten Platz unter meinen Bürgen für meine Geſchichte des Herzogs Otto, muß folgendes Buch haben: Ragionamento familiare dell' origine, tempi, et poſtumi de gl' illuſtriſſimi Principi, et Marchesi di Montferrato, raccolto per Benvenuto di S. Giorgio, Conte di Blandrate cet. welches den Italiänischen Schriftstellern in der bekanten Sammlung des Muratori im XXIII. Th. von Seite 312 u. ff. einverleibt ist. Der erhabne Herr Verfasser, von welchem Muratori weitläuftigere Nachricht gibt, verdient den größten Glauben. Sein Stil ist elend, seine Genauigkeit aber schätzbar; er ist einigermassen weitschweifig, aber desto zuverläßiger. Mit Urkunden, und solchen Beweisen, die man die Axiomata der Geschichte nennen kann, ist er bis zur Verschwendung freygebig, und rückt ganze Stellen aus dem Azovius ein. Bey ihm fand ich die erste Nachricht von meinem Helden, beym Jahr 1339, und hernach komt sein Nahme, besonders in den angeführten Urkunden häufig vor. Den Antheil, welchen Otto an den Schicksalen von Montferrat hatte, seine Regierung dieses Marggrafthums, und die grossen Verdienste um dasselbe lernt man aus dieser Schrift am sichersten, und vielleicht, so viel ich weiß, einzig.

Diese herrlichen Zeugnisse von dem hohen Werthe des Herzogs, in Betracht des Montferratischen Marggrafthums, seiner Staatsklugheit, und seines tapfern Geistes, wäre allein schon hinlänglich gewesen, dem Biographen Nahrung zu seiner Erzehlung zu geben. Allein, da Otto, noch zwischen dem Laufe dieser Bahn, in Frankreich seine Schätzbarkeit zeigte, so habe ich des Corners Chronik beym Eccard in Corp. hist. med. aeui Tom. II. p. 1087. etc. zu Rathe gezogen, welches alle mögliche Glaubwürdigkeit verdient.

Otto

Otto wurde nachher in die Schickſale Neapels verwickelt, und ſeine Merkwürdigkeit ſteigt erſt durch die Vermählung mit der Königin Johanna, von Neapolis, zu ihrer wahren Höhe. Hier geben die Hauptquelle an: Giornali Napolitani dall' Anno MCCLXVI. ſino al MCCCCLXXVIII. in Muratorii ſcripttor. Rerum Italic. Tom. XXI. pag. 1032 ſequ. ein langer Aufſatz, der das iſt, was der Titel ſagt, ein Journal, ein trocknes Tageregiſter, allein genau, obgleich nicht umſtändlich, und wahr, obgleich nicht mit Wahl der Umſtände. Aus einem Wuſte von unerheblichen Kleinigkeiten, ſucht man das Brauchbare heraus, und findet mit Mühſamkeit dürre Wahrheiten.

Der zweyte Band von Leibnizens *Scriptoribus rerum Brunſvicenſium* enthält verſchiedene Quellen, und ältere Schriftſteller, welche die Geſchichte unſers Herzogs Otto erläutern. Vielleicht machte es gelehrte Pracht, wenn ich dieſe Schriften hier einzeln angäbe, und umſtändlich beſchriebe, und ſodann auch mich über einige Punkte der Vorrede, welche den Herzog Otto betreffen, ausbreitete. Allein ich liebe dieſe Pracht nicht; und der Kenner wird in meiner Biographie ſelbſt ſehen, wie ich meine Vorgänger genutzt, und von einigen ganz falſchen Muthmaſſungen des Hrn. Leibnitzes abgegangen bin.

In denen Opuſculis Meibomii iſt den Erläuterungen der Bulla Andronici ein Auszug von den vornehmſten Lebensumſtänden Ottos beygefügt, worinnen aber manches unrichtiges, und theils auch ſchon von ander widerlegtes befindlich iſt; dahin z. B. die

Erzehlung von der Gefangenschaft des Herzogs bey Neapel gehört, welche romanhaft ist, obgleich ein sehr alter Schriftsteller sie also erzehlt.

Dieser alter Schriftsteller Theodericus de Niem gibt übrigens in seinem Buche de Schifinate sehr brauchbare Nachrichten. Einige Kapitel, welche dem Herzoge Otto gantz allein gewidmet sind, liefern uns Umstände, die nicht von andern erzehlt werden. Der Verfasser war von verschiedenen Vorfällen in Italien ein Augenzeuge gewesen, und man kan ihm, wenn die Italiänischen Scribenten nicht ausdrücklich widersprechen, Glauben beymessen. Für den Herzog Otto ist er sehr vortheilhaft eingenommen, und erhebt seine Tugenden mit vielem Lobe.

Zur Unterstützung und einigen sonst nicht ausführlich beschriebnen Nachrichten, tragen die Vitae Paparum Avenion. Baluzii viel gutes bey, da in den Anmerkungen im zweyten Bande, einige nicht unerhebliche Aufsätze den Herzog Otto betreffen. Gleich dieser Hülfe ist das Ende des XVI. und der Anfang des XVII. Theils der bekanten Annalium Roynaldi. Die nur einzeln, und selten mir nutzbaren Schriftsteller übergehe ich hier, z. E. den Bonincontrius u. a.

Leben

Leben des Ziska,
oder
Johann von Trocznova.

Metaphysische lächerliche Zänkereyen, stifteten im zwölften Jahrhunderte zwey Secten, die gegen einander mit dem Munde und der Feder die bittersten Kriege führten, und nach drittehalb Jahrhunderten, gaben sie zu Mord und Schlachten die erste Gelegenheit. Unter den nachfolgenden Unruhen machte sich der Held dieser Lebensbeschreibung denen grösten Kriegern des Alterthums, und der neuern Zeiten gleich. Er that unglaubliche Dinge, und schien zuletzt die Kräfte der menschlichen Natur durch sich selbst zu übertreffen.

Die metaphysischen Secten der Nominalisten, und Realisten —— Wenn wir die Ausdrücke erklärten, würden die Leser weder klüger noch vergnügter werden als vorher — diese zwey Secten pflanzten sich in den dunklen Zeiten der Barbarey fast eben so fort, wie in den hellen Zeiten des achtzehnten Jahrhunderts etwa die — aner und — aner. Es ist ganz natürlich, daß auf Universitäten dergleichen Sectereyen ihre Wohnung hat. In Prag, that sich ein junger Gelehrter, Johann Huß, durch seine Kentnisse und Scharfsinn, im Anfange des funfzehnten Jahrhunderts, hervor.

vor. Er war von der Secte der Realisten. Da er an dem Buche des Wiclefs de realibus vniuersalibus grossen Geschmack fand, so wurde er dem Manne immer mehr und mehr geneigt. Wiclef war, nach dem damaligen Begriffe, ein Ketzer. Anfänglich war Huß denen von den Lehren der Kirche abweichenden Sätzen des Wiclefs ganz entgegen; er hielt sie für gefährlich, und rieth einem jungen Herrn von Adel, welcher sie laß, sie ins Feuer, oder ins Wasser zu werfen. Nachher wurde er ihnen allmählig geneigter, da das Buch de realibus vniuersalibus der Secte der Realisten, welche er behauptete, so vortheilhaft war. Andere gaben schon längst den Lehren Wiclefs wider die päbstlichen Satzungen Beyfall, ehe sich Huß auf ihre Seite wandte. Der Grund zu dieser Neigung war anfänglich eine metaphysische Grille der Lächerlichkeit; aber ein so kühnes Genie, wie Huß war, ging hernach, sobald er Parthey genommen hatte, weiter, und wurde in kurzer Zeit das Haupt einer grossen Menge, welche Verbesserung der Religion, und ihrer Sätze verlangte.

Um den Standtort des Helden, den wir schildern wollen, richtig zu zeichnen, und die Umstände anzugeben, welche auf sein ganzes Leben Licht werfen, müsten wir den Ursprung des Genies seiner Zeiten sehr weit herhohlen, und wir müssen, aus eben dieser Ursache, noch verschiednes vom Huß, und den Hußiten vorausschicken, ehe der Anführer der Hußiten, Held Ziska auftrit, und begeisterte Schaaren in den Krieg führt.

Am Ende des Jahrs 1408 fieng Huß zuerst an, öffentliche verschiedne Lehren seiner Religion anzugreifen, und wurde erst nach und nach, unter den günstigsten

ſtigſten Umſtänden, unter den ſicherſten, und beſten Ausſichten, kühner. Es ſchien itzt der beſte Zeitpunkt für eine Reformation gekommen zu ſeyn; und er wäre wirklich da geweſen, wenn Wenceslaus, der König in Böhmen, kein betrunkner Wollüſtling auf dem Throne geweſen wäre, und Huß ſich nicht auf mancherley Art vielfache Feindſchaft und Rachſucht vorher zugezogen hätte. An ſeiner Verdammung und Tode hatte perſönliche Feindſchaft weit mehr Antheil, als öffentliches Intereſſe. Bey Luthern war das Gegentheil ſeine Wohlfarth.

Als Huß anfing wider verſchiedne Lehrſätze ſeiner Religion und die Laſter der Geiſtlichkeit zu predigen und zu ſchreiben, war faſt die ganze Welt der Chriſten in einer Neutralität wegen der Päbſte. Zwey Päbſte, davon jeder der ächte ſeyn wollte. Gregor der XII, und Benedict der XIII, hatten es durch ihre Zwieſpalt ſo weit gebracht, daß man keinen von beyden gehorchen wollte. Angriffe auf den Pabſt waren etwas gewöhnliches. Huß bewieß daben Eifer, und machte ſich dadurch der Cleriſey ſowohl, als beſonders dem Erzbiſchoffe verhaßt, weil er die Lebensart, und heiligen Betrügereyen der Geiſtlichen mit der ſchärfſten Bitterkeit, und auch einigermaaßen Unvorſichtigkeit, angrif. Dennoch fiel ihm das Volk, und ein groſſer Theil der Vornehmen, und die Studenten in Prag, bey. Der Hof unterſtützte ihn, beſonders die Königin Sophia, deren Beichtvater er war. Wenceslaus ſelbſt, welchen ſeine Hofleute gute Begriffe beygebracht hatten, gönnte den Lehren Huſſens ſeine Neigung. Der Kaiſer Sigismund, welcher ſich einen Proteftor von Böhmen nante, nannte, billigte auch verschiedne Sätze des neuen Lehrers, welche seine Vortheile angiengen, und den Ablaß für unnütz und betrügerisch erklärten. Solch ein Zusammenfluß von günstigen Umständen muste Hussen beherzt und immer kühner machen; er hätte ihn auch glücklich machen können, wenn nicht ein öffentliches Concilium zu Costniz wäre gehalten worden, auf welchem die Rachsucht der Geistlichkeit, Hussen zu ihrem Schlachtopfer machte.

Man kennt das unglückliche Ende dieses heroischen Mannes, der über alle Empfindungen der menschlichen Schwachheit erhaben, sich lieber beschimpfen und verbrennen, als überwinden ließ. Sein getreuer Freund, Hieronymus von Prag, verließ ihn so wenig im Leben, als im Tode, und seine Standhaftigkeit schien auf dem Scheiterhaufen mit Hussens seiner zu wetteifern, und sie beynahe zu übertreffen. Der Kaiser Sigismund war Zeitlebens ein eifriger Bigot gewesen, und wurde durch die Furcht, welche die Geistlichkeit seinem Gewissen einprägte, zur gröbsten Verletzung des Gewissens bewogen. Ohnerachtet er Hussen sein kaiserliches Wort gegeben hatte, daß er auf dem Concilio sicher seyn sollte, gab er seine Einwilligung zu Hussens Verbrennung. Es ist wahr, er wurde durch die hohe Geistlichkeit dazu genöthiget; aber es war sonderbar, daß ein Kaiser sich zum Gegentheil seiner Gesinnung zwingen ließ, indeß ein armer Priester von eben diesen Personen, sich nicht dazu zwingen ließ.

So bald in Böhmen die Nachricht von der Verbrennung Hussens ankam, gerieth das ganze Königreich in Entsetzen. Die neuen Lehren hatten einen so ausgebreigebreiteten Beyfall, besonders durch die jungen Studirenden auf der Universität Prag, welche Hussens Schüler waren, erhalten, daß allenthalben Verehrer von Hussen sich zeigten. Sein unglücklicher, unverdienter Tod bewegte jedes Herz; die Feinde von ihm hatte ihre Feindschaft abgekühlt. Die Freunde entbranten vor Hitze des Zorns der aus dem heftigsten Unwillen über Ungerechtigkeit entstand. Eine Menge von Leuten, die vorher gleichgültig gewesen waren, rieß das Mitleid hin, und so wuchs immer fort der Geist der Empörung unter den Böhmen. Der Charakter dieser Nation trug vieles zur allgemeinen Gährung bey, weil grobe Hartnäckigkeit, Untreue und wilder Enthusiasmus die Hauptzüge dieses Volks immer bis nach dem dreyßigjährigen Kriege gewesen sind. Unter denen verschiednen Regierungen der vorigen Zeit, selbst unter Carl dem vierten, im Anfange seiner Regierung, hatte sich der Empörungsgeist der Nation immer genährt. Der damalige König, Wenceslaus, stärkte ihn durch sein nachläßiges, unsinniges Wohlleben. Sein Bruder, der Kaiser Sigismund, unterhielt die Flamme der Zwietracht zu seinem Vortheile in diesem Reiche, denn er hatte schon zweymahl sehr beträchtliche und für ihm erwünschte Folgen davon gesehen.

Eine solche gährende, zur Empörung geneigte Nation, konte sehr leicht bis zum Anatismus gebracht werden; ja sie muste, ihrer Natur nach, bis aufs äuserste gehen. Die Geschichte weißt uns einige gleichartige Beyspiele vor dieser Zeit; wo die menschliche Natur von Bewunderung und Mitleid bey einer Person, welche Wahrheiten, mit Uneigennützigkeit, und Auf-
opfe-

opferung aller Vortheile, bloß weil es Wahrheiten sind, bis zum Tode lehrt, wo dann die menschliche Natur bis zur höchsten Stuffe des Enthusiasmus hingerissen wird, und eine Seele immer die andere anfacht, bis die Menge unglaublich wird. Wenn die Vernunft die Leidenschaft billigt, und sie gleichsam stärkt, zu was ist denn der Mensch nicht fähig? So wurde itzt Böhmen, beym Tode Hussens entrüstet, und seine Parthey, die Hußiten, wurden so unruhig, daß Krieg, und Gefahren bevorstanden so bald nur einer es wagte, Anführer zu seyn.

Dieser Anführer wurde Ziska; und man wird nunmehro den Eingang zu seinem Leben nicht mißbilligen. Die Folge der Erzehlung wird diesen Eingang noch mehr rechtfertigen. Ziska hatte sich unter diesen bisher beschriebenen Unruhen, davon er nicht nur Augenzeuge, sondern auch, aber durch blosse Gesinnung nur, geheimer Theilhaber gewesen war, schon mit Tapferkeit, Muth und Ansehn, ausgezeichnet. Sein wahrer Nahme war **Johann, von Trocznova**, welchen er von einem kleinen Dorfe, wo er gebohren war, empfing. Ob gleich sein Geschlecht zu dem Adel des Landes gehörte, so schränkte ihn doch die Armuth dergestalt ein, daß er nichts grosses und hohes hoffen konte. Er hatte sein Glück sich selbst zuverdanken, und sollte ein Beweis von der Macht eines grossen Genies werden.

Er wurde in seiner Jugend, am Hofe des Königs Wenceslaus erzogen, und hatte also eben nicht schöne Beyspiele zur Anreitzung. Allein sein kriegerischer Sinn, welcher sich sehr zeitig durch Lust und Neigung verrieth, entfernte ihn bald von dem unsittlichen Hofe

des

des Königs, und er begab sich in die Dienste des Königs in Pohlen, Wladislaus Jagello, welcher in Litthauen Kriege führte. Hier soll Johann von Trocznova sich sehr hervorgethan, und nach dem Berichte eines Schriftstellers zu dem Siege, welcher 1410 am 14 Julius gegen die deutschen Kreuzritter erfochten wurde, sehr vieles beygetragen haben. Genaue Umstände wissen wir so wenig davon, als von seinen nachherigen jugendlichen Feldzügen. Er soll nach dem Kriege in Litthauen, nach Ungarn gegangen seyn, und daselbst gegen die Türken gefochten haben. Man führt ihn auch in dem Kriege der Engländer gegen die Franzosen an, wo er jenen wider diesen beygestanden haben soll. Wenn man mit griechischer Dichtungskraft erzehlte, so würde Ziska der deutsche Herkules seyn.

Nach verschiednen kriegrischen Thaten und geprüften Heldenmuthe, kam Johann von Trocznova wieder in Böhmen an, und da findet man zuerst den Nahmen, unter welchen er hernach sich so berühmt machte, Ziska. Dieses Wort bedeutet in der böhmischen Sprache einen einäugigten; und ein solcher war unser Held. Entweder hatte er in dem Feldzuge in Litthauen, so wie ehemals eben daselbst, Johannes, der König, ein Auge verlohren, oder, wie andre berichten, schon in der Jugend, als er mit einigen Jünglingen von gleichem Alter spielte. Der einäugigte kriegerische Mann nante sich selbst Ziska, und schien an diesen Nahmen einen Gefallen zu haben. Er unterschrieb sich, wie man aus zwey Urkunden sieht, selbst so: Johannes Bruder Ziska vom Kelche, und: Johannes Ziska, Heerführer der Taboriten. So wohl den Ausdruck des

Bruders, als Taboriten werden wir in der Folge, an dem gehörigen Orte erklären. Hier war es nur nöthig, zu zeigen, warum wir, der gemeinen Gewohnheit nach, den Held dieser Lebensbeschreibung, nicht bey seinem ursprünglichen Nahmen, sondern Ziska beständig nennen werden.

Ziska kam von seinen Feldzügen wieder nach Böhmen, in sein Vaterland, zurück, und suchte an dem Hofe des Königs Wenceslaus, dem er von seiner frühern Jugend her bekant war, eine Bedienung. Er wurde Kämmerer des Königs, und bald sein Vertrauter, und angenehmster Liebling. Wenceslaus erzeigte ihm mehr Gunst, als allen seinen Hofbedienten, und pflegte mit ihm besonders zu scherzen. Wenn man den Charakter des so berufnen, und unter allen Königen der Welt am meisten, wenn ich so sagen darf, verschrienen, Wenceslaus kurz und gut will kennen lernen, so war er ein Herr, von dem weichlichsten sanguinischen Temperamente, der Wohlleben, Vergnügen und Wein liebte, und wenn er Wein zu viel, das hieß, nach Appetit, getrunken hatte, — dieß geschahe täglich — sich um die ganze Welt nichts bekümmerte, und Ehre, Regierung, Glück und Ansehn, und alles, aus Trunkenheit nichts achtete, alles daher vernachläßigte, und aus trunkner Thorheit grausam, nachläßig, was man wollte, aber auch unglücklich, und unsterblich durch Unehre wurde; — — ein entsetzliches Beyspiel, vom Throne herab für das Laster der Trunkenheit, durch Schimpf und Schande warnend —. In einen solchen Charakter wußte sich das scharfsichtige kluge Genie des Ziska vortreflich zu schicken, und blieb bey ihm in der sichersten

Gunst,

Gunst, bis ältere Hofbedienten die Hußiten dem Könige als gefährlich vorstellten, so sehr sie Ziska bisher immer als unbedeutende Grillenfänger in der Religion beschrieben haben mochte, weil er ihnen insgeheim zugethan war, und seinen König auf alle ihre Bewegungen gern sorglos erhalten wollte;

Aber nicht ganz sorglos auf die Ungerechtigkeit, welche dem unschuldigen Johann Huß widerfahren war. Es befanden sich selbst unter den ersten Räthen am Hofe des Wenceslaus verschiedne, welche der Hußitischen Parthey, und ihren Lehrsätzen eifrig ergeben waren. Auf diese Parthey trat Ziska, dessen muthiger Geist kein Unrecht dulden konte, sondern es zu rächen suchte. Er verabscheuete die grausame Verbrennung zweyer berühmter Lehrer der Universität zu Prag, die man unverhörter Sachen, ohne Billigkeit, ohne Gerechtigkeit der Anklage des Neides und den Cabalen der persönlichen Feindschaft, der frechsten Verläumbung und der bösartigsten Tücke aufgeopfert hatte, die man als verhärtete Bösewichter verdamt, und als die verruchtesten Verbrecher hingerichtet hatte, durch deren unwürdige entsetzende Behandlung man die gegebenen kaiserlichen Versprechungen, die Ehre der Böhmischen Nation, das Ansehn des Königs, und alle göttliche und menschliche Gerechtigkeit beleidiget hatte. Er nahm mit dem Muthe, der lebhaften Geistern eigen ist, an diesem unmenschlichen Schimpfe, den man den Böhmen angethan hatte, patriotischen Antheil. Sein feuriger Geist wurde durch die Dekrete des Costnitzer Conciliums, und die Ermahnungsschreiben des Kaisers Sigismunds, welcher die Ketzerey Hussens zu dämpfen befahl, noch mehr erhitzt. Er lauerte mit Ungeduld auf Gelegenheit zur Rache, und öffentlichen Beschützung einer unschuldig verdamten Sache.

Ein besondrer Vorfall, der ihn und seine Familie betraf, trieb den Unmuth des Ziska, eines wilden kriegerischen Mannes, aufs höchste. Huß hatte vorzüglich die lasterhafte Lebensart der Geistlichkeit getadelt, und behauptet, sie hätten keine eigne Güter. Durch eine Vergleichung der Geistlichkeit seiner Zeit mit denen ersten Christen, zu Christi und der Apostel Zeiten, hätte er jedermann die Augen noch mehr eröfnet. Ziska, sah die Wahrheit des hußischen Lehrsatzes sehr gut ein, und verabscheuete auf das entsetzlichste einen Stand der Tugend lehren sollte, und die verruchtesten Laster begieng, der hochmüthig und doch verachtungswerth war, der allgemeine tiefe Verehrung verlangte, und die gröbsten Sünden beging. Voll, von den Unmuth, bey diesen Betrachtungen, mußte er das Unglück haben, zu erfahren, daß ein Geistlicher seine Schwester, die eine Nonne war, verführt, und sie geschändet hatte. Man stelle sich hier nun den Ziska vor, wie er entrüstet werden muste! Er fiel in eine tiefe Melancholie, die oft ein Vorbote von grossen Thaten ist, und ging, in diese Tiefsinnigkeit versenkt, einmal auf dem Schloßplatze spatzieren, wo ihn der König Wenceslaus unvermuthet antraf. Dieser erkundigte sich nach der Ursache einer so schweren Betrübnis, und erhielt vom Ziska die freymüthige Antwort: er bedaure mit dem innigsten Kummer die Ungerechtigkeit, welche man seinen Mitbürgern, durch die Scheiterhaufen des Huß und Hieronymus zugefügt habe. Die ganze Nation sey durch die Hinrichtung dieser zwey unschuldigen Zeugen

der

der Wahrheit auf das graufamſte beleidigt, und eine
ſolche Ungerechtigkeit verdiene Rache. „ Wenceslaus
ſuchte ihn zu tröſten! „Mein guter Mann, ſagt er,
weder ich noch du können dieſe Ungerechtigkeit
rächen; wenn du aber etwas geſchicktes weißt,
wohlan! ſo bediene dich deiner Geſchicklichkeit. „
Durch dieſe Zurede ermuntert faßt Ziska den Gedanken, der bald darauf der Grund von tauſendfachen Uebeln
und Ermordungen ward. Er geht vom Hofe hinweg,
um Rache zu ſuchen, und ſich mit den Hußiten
öffentlich zu verbinden.

Dieſe Parthey hatte indeſſen ſchon die gröſten
Unruhen erregt, ſich immerfort vermehrt und unter der
Anführung eines gewiſſen Nicolaus Huß von Hußinek
herumgeſchwärmt. Sie ſtöhrte ſchon alle öffentliche Ruhe und Ordnung. Ein gewiſſer Jacobellus, theilte ihnen das heil. Abendmahl unter beyderley Geſtalt aus,
worauf ſie vorzüglich drangen, und davon auch den
Nahmen der Calixtiner, oder der Parthey vom Kelche empfingen. Die Menge der Prieſter, welche das
heil. Abendmahl unter beyderley Geſtalt austheilten,
vermehrte ſich mit der täglich gröſſer werdenden Menge, die ſich auch den Kelch im heil. Abendmahle nicht
wollte entziehen laſſen. Der Vorzug des Neuen dabey
reitzte den Pöbel faſt insgeſamt, welcher ſich gleichſam
nun beſſer dünkte, da er das vollſtändige Sacrament
mit Brodt und Weine genieſſen konte, und dieſe Idee
wurde der Hauptgrund, daß die Hußiten ſich unvermuthet bis auf vierzigtauſend vermehrten. Jedermann glaubte ſich beſſer bey den Hußiten, als bey der
bisherigen römiſchen Kirche. Das ſcheinbare lockte

mehr,

mehr, als das wesentliche. Von weiten Orten, und aus fremden Ländern ging man nach Böhmen, und genoß Vorzüge einer neuen Religion. Die Anzahl dieser Leute erweckte Schrecken.

Nicolaus Huß, das Haupt dieser Menge war verwegen genug, aber nicht erfahren genug, um diese Menge in gehöriger Ordnung zu erhalten. Vom Kriege, und Disciplin, wilder Schaaren verstand er sehr wenig. Dennoch zog er mit seinen Schaaren umher, und ließ das heil. Abendmahl unter beyden Gestalten in den Kirchen, wo er hinkommen konte, austheilen. Der Platz aber wurde für die Menge Volks zu enge, und er wagte es daher, selbst zum Könige Wenceslaus, unter Begleitung sehr vieler von seinen Anhängern, zu gehn, und um neue Kirchen für seine Parthey zu bitten. Wenceslaus furchte sich für Empörung, und suchte die bittende Menge durch gelindes Zureden, daß sie bis auf weitere Gelegenheit die Sache zu Stande zu bringen, ruhig seyn möchten, und sich auf seine Sorgfalt verlassen sollten, zu besänftigen. Den Anführer aber, Nicolaus Huß sprach er besonders, und sagte ganz drohend zu ihm: „Du denckest ein weites Gewebe anzuspinnen, ich will aber einen Strick davon machen, und dich daran aufhängen lassen." Huß wußte sehr wohl, daß die Drohungen des Königs nicht unerfüllt blieben, und stellte dem ihm ergebenen Volke, so gleich die Gefahr vor, in welcher er selbst, und alle insgesamt sich befänden. Man hielt eine allgemeine Versamlung, und brachte sogar in Vorschlag, den König Wenceslaus abzusetzen, und einen neuen König zu erwählen, wobey Huß selbst auf die Krone dachte. Dieser

oder Johann von Trocznova.

Vorschlag wurde aber verworfen. Man glaubte vom Wenceslaus nicht viel grosses befürchten zu dürfen. „Wir haben einen König, hieß es, und haben doch keinen; denn der es dem Nahmen nach itzo ist, gilt eben so viel, als ein gemahltes Bild an der Wand. Was kan uns ein König schaden, der ein lebendiger todter ist? Von irgend einem andern Könige, steht uns weit mehr bevor."

Inzwischen verstärkte sich die Parthey der Hussiten von Tage zu Tage, und es traten ihnen nun auch viele Vornehme, und ein Theil von dem Adel in Böhmen, bey. Die Universität zu Prag erklärte sich zu gleicher Zeit für die Communion unter beyderley Gestalt. Wenceslaus flüchtete aus Prag, und kam erst auf die Bitte einer besondern Gesandschaft nach Wischerab, zurück.

Ziska hielt sich in Prag auf, und ein besonderer Zufall, soll ihn zum Anführer der Husiiten gemacht haben. Der König Wenceslaus, erzehlt man, befahl allen Bürgern zu Prag, ihre Waffen bey Strafe, abzuliefern. Der Wirth, bey welchem Ziska wohnte, wurde darüber sehr mißvergnügt, und Ziska glaubte ihn durch einen guten Rath trösten zu müssen. Er rieth, daß sich alle Bürger von Prag bewafnen, und mit ihrer ganzen Rüstung nach dem Wischerab vor dem König gehen sollten; so würde ihnen der König gewiß nicht befehlen, daß sie ihre Waffen niederlegen sollten. Diesen guten Rath theilte Ziskas Wirth, Bartholomäus Fleischer, den übrigen Bürgern am folgenden Tage mit, und so legten alle Einwohner der alten und neuen Stadt Prag ihre Waffen an, und begaben sich insgesamt gerüstet

rüstet zum Könige. Ziska muste ihr Anführer und Redner seyn. Er ging voran, und sagte zu dem Könige, an der Spitze der gewafneten Menge: „Berühm„ter gnädigster König, und Herr, wir allesamt, deine „getreuen Unterthanen, haben uns auf deinen Befehl „als die Gehorsamen, mit unsrer Rüstung hier vorge„stellt. Derentwegen wohin, und wider welchen bei„nen Feind, deine Gnade uns abfertigen werde, sind „wir alsbald willig und bereit, deinen Leib und Ehre „zu beschützen, so lange wir uns regen können." — Der König konte bey bey einer so gesetzten Anrede an keinen Befehl zur Ablegung der Waffen denken. — „Du redest ganz wohl, sprach er zum Ziska, kehre nur mit dem Volke wieder zurücke, damit ein jeder an sein Werk gehe." Hierauf zog das Volk in guter Ordnung wieder zurück, bis vor das Rathhaus in der Neustadt, und von da, ging jederman nach Hause.

Von der Zeit an, wenn auch nicht dieser Umstand dazu Gelegenheit gegeben hätte, wurde Ziska das Haupt der Hußiten. Er war es nicht lange gewesen, als ihre ganze Rüstung und Kriegsordnung ein anderes Ansehn bekam. Bisher waren einzelne Rotten wie Gesindel, herumgezogen; ihre Waffen waren Pfähle, Keulen, zugespizte Hölzer gewesen, und wenige hatten ordentliche Waffen. Ziska führte ordentliche Waffen ein, ob er gleich immer eine grosse Keule zu tragen pflegte. Die bisher unordentlich zerstreuten Schaaren, ließ er in gewisse Trupps ordnen, machte eine bestimte Eintheilung und Einrichtung derselben, und gab ihnen Gezelte, in denen sie mit mehr Bequemlichkeit bey einander bleiben konten.

konten. Aus einem wilden Gewimmel von Rotten, ward ein ordentliches Kriegesheer.

Die völlige Einrichtung desselben, geschah um Pfingsten des Jahrs 1419, auf einem Berge bey dem ehmaligen Städtchen Aust, im Bechiner Kraise, weil man zu Prag sich nicht sicher genug glaubte. Auf diesem Berge, und da herum, kam eine Anzahl Leute von mehr als vierzigtausend Mann zusammen. Sie lagerten sich unter Zelten, und gaben von dem lateinischen Worte tabernaculum, wie Bohuslaus Balbinus erzehlt, dem Berge dem Nahmen Tabor, und sie selbst hiessen nun Taboriten, unter welcher Benennung wir sie nun öfterer anführen werden. Alles war unter ihnen gemeinschaftlich: sie waren Brüder, und ihr Feldherr Ziska selbst, unterschrieb und nante sich, Johannes, Bruder Ziska. Weil dasjenige, was am meisten in die Augen fiel, und die Menge am meisten begeisterte, der Genuß des Kelches im heil. Abendmahl war, so nante man sie nicht allein, wie schon oben erinnert ist, Calixtiner, oder die Gesellschaft vom Kelche, sondern sie nahmen auch den Kelch zum Zeichen in ihren Fahnen. Ziska mochte, als ein Krieger, wohl wissen, wie viel dergleichen sinnliches über das Volk vermag, und wie sehr seine Fahnen durch den Enthusiasmus für den Kelch beschützt werden würden. Die Taboriten befestigten ihr Lager immer mehr und mehr, verschaften sich mehr Bequemlichkeit, bauten ihre Zelter zu ordentlichen Wohnungen, und so entstand nach und nach die noch itzt vorhandne Stadt Tabor.

Nun fing Ziska an, der Zerstörer seines eignen Vaterlandes zu werden, und aus fanatischen Eifer, und wilder Unbändigkeit sich durch Verderben furchtbar zu machen. Seine Figur war so seltsam, als man sich kaum vorstellen kan. Ein Mann von mittelmäßiger Statur, dick und stark, von breiten Schultern, mit einem Auge, grossem runden Kopfe, dessen Haare ganz abgeschoren waren, mit einem Knebelbart, übrigens glatt, einem grossen weiten Munde, einer Habichtsnase und schwarzbrauner Farbe im Gesichte, eine grosse Keule in der Hand — so zog nun Ziska vor seinem Heere voran, und wollte mit dem Schwerdte die Lehrsätze des verbranten Huß einführen. Man wird aus der beschriebnen Physionomie, schon auf eine wilde zuweilen blutdürstige Seele schliessen können. Eine solche hatte auch Ziska. Einen besondern grimmigen Haß hatte er auf die Geistlichen geworfen, theils wegen der Schändung seiner Schwester, theils weil er die von Huß ihnen vorgeworfnen Laster, und andre mehr so häufig von ihnen hatte begangen gesehn, und besonders weil er sie, mit Recht, für die Urheber von Hussens Unglück und Verdammung seiner Lehre hielt. Diesem grimmigen Hasse, muß man die Grausamkeiten zuschreiben, welche er an den Klöstern, Kirchen und Priestern, ausüben ließ. Er war die Geissel, oft der Henker der Geistlichkeit. Uebrigens kam er in vielen Gesinnungen denen Lehrsätzen der Kirche näher, als die übrigen Taboriten, und hielt auch mehrere Gebräuche mit: denn er pflegte zu sagen: in der Religion müsse man nichts ohne Grund verändern. Seine Priester gingen in ihrer, vorher gewöhnlichen Kleidung, mit geschorner Platte, und verrichteten die Messe genau nach der alten liturgischen Ordnung, welches alles die andern Taboriten verwarfen, und mit ihm unzufrieden waren. Für das, was er für wahr hielt, opferte er Leben und alles auf. Die Strenge, welche er in seinen Kriegen öfters bewieß, war nicht sein beständiger Charakter, vielmehr zeigte er in seinen Gesprächen einen muntern Geist, und liebte witzige Einfälle, welche er zuweilen selbst hatte.

Die Grösse seines Geistes zeigte sich am hellsten durch Tapferkeit, Muth, der oft bis zur Verwegenheit stieg, und in dem Umfange der ganzen Kriegskunst. Auser den schon angeführten, neuen Einrichtungen bey dem Heere der Taboriten, verschafte er ihnen Reuterey, welche ihnen vorher ganz fehlte, und in der Folge verbesserte er ihre Einrichtung und das ganze Kriegswesen mit einem erfinderischen, und auf alle Vortheile aufmerksamen Geiste. Der Beschwerlichkeiten gewohnt, und gegen jede Unfälle abgehärtet, ertrug er mehr, als gemeine Soldaten fähig waren. Seine Lebensart war sehr einfach und nüchtern, dabey rauh: Beym Plündern und Erbeuten ließ er alles seinen Soldaten, und behielt nur immer für sich das eingesalzne Fleisch und die geräucherten Schinken; welche er die Spinngewebe in den Feueressen zu nennen pflegte. Durch die Nachsicht gegen sein Heer, welches sich aber oft derselben zu den schrecklichsten Ausschweifungen bediente, machte er sich die Soldaten geneigt, und brachte ihre Liebe bis zu dem hitzigsten Diensteifer und Gehorsam.

Gleich der erste Ausbruch seiner kriegerischen Aufführung war grausam und blutdürstig. Er ereignete sich zu Prag am 30 Julius 1419. Die Hußiten, deren

eine

eine grosse Menge in dieser Stadt waren, hielten fast alle Tage öffentliche Umgänge mit dem gesegnetem Brodte und Weine, wodurch die Catholischen beunruhigt wurden, und öfters Verdrießlichkeiten entstanden. Der König Wenceslaus gab endlich dem Rathe zu Prag Befehl, dergleichen Auflauf zu untersagen, und zu verhindern. Dieses Verbot entrüstete die Taboriten so sehr, daß sie beschlossen, Gewaltthätigkeiten auszuüben. Sie theilten sich in zwey Haufen, davon der eine in die Altstadt und der zweyte, unter Anführung des Ziska in die Neustadt zog, mit Lanzen, Spießen, Schwerdtern, und ändern Waffen. Der Zug ging durch verschiedne Strassen, und bey vielen Kirchen vorbey und Ziska kam an die Stephanskirche, wo er die Thüren verschlossen fand. Auf einmal schien er und sein Haufen in Raserey zu kommen. Sie brachen in die Wohnung des Priesters ein, tödteten ihn, und hiengen den Körper an einer langen Stange zum Fenster heraus. Hierauf erbrachen sie die Thüren der Stephanskirche, und nahmen darinnen das heilige Abendmahl unter beyderley Gestalt, mit Blut und Mord befleckt! Auf dem Rückwege nach dem Carmeliterkloster, wo sie sich wieder versammeln wollten, umringten sie das Rathhaus der Neustadt, und verlangten vom Rath, daß er ihnen diejenigen Gefangenen, welche sie wegen des Gebrauchs des Kelches im heil. Abendmahl, ohnstreitig aber wohl mehr anderer Ursachen wegen, in Verhaft genommen hatten, sollte in Freyheit setzen. Der Rath verweigerte ihr Verlangen mit grosser Unvorsichtigkeit, und zum grösten Unglück warf noch jemand vom Rathhause einen Stein auf

auf einen hußitischen Priester, welcher das Behältnis der Hostie trug. Hier wurde das Volk rasend für Wuth, und brach mit Gewalt in das Rathhaus ein. Alles ward nun mit Blut und Mord erfüllt. Kein Aufhalten, kein Schonen; man würgte unter den Rathsherrn herum, bis alles todt war. Die beyden Burgemeister, der Stadtrichter, fünf Rathsherrn, in allem dreyzehn Personen, wurden ohne Erbarmen hingerichtet; einige lebendig, andre todt zu den Fenstern heruntergeworfen, wo sie mit Spiesen aufgefangen, oder zu tode geprügelt wurden. Unter diesem entsetzlichen Tumulte, kam endlich ein königlicher Cammerherr mit dreyhundert Reutern herbey, und wollte Ruhe stiften; als er aber die Raserey dieser Unsinnigen sah, hielt er es nicht für rathsam, sie anzugreifen, sondern war auf sein eigen Leben bedacht, und rettete sich mit der Flucht. Das wütende Volk des Ziska, nachdem es alle ermordet hatte, die es von der Gegenparthey angetroffen hatte, berief, gleichsam wie nach einem grossen Siege alle Bürger der Neustadt auf das Rathhaus zusammen, bey Lebensstrafe und Verbannung. Als sie erschienen waren, erwählten die wüthenden Mörder vier Hauptleute, bis zur künftigen Wahl ordentlicher Rathsherren, und übergaben den neuen vier Erwehlten, das Rathssiegel und die andern Ehrenzeichen der Stadt. Dis war die erste That, unter der Anführung des Ziska.

Der König Wenceslaus saß eben an der Tafel, als er die Nachricht von diesem grauenvollen Trauerspiele erhielt. Er wurde aufs äuserste aufgebracht, und stand wie verwirrt von der Tafel auf. Die umstehenstehenden Hofbedienten gaben mit gleicher Hitze ihren Abscheu an einen solchem Aufruhr zu erkennen; nur der Mundschenke allein, sagte ganz gelassen: Das habe ich schon vor einigen Tagen vorher gesehn. Der König glaubte in der Hitze seiner Bestürzung, daß der Mundschenke an der Sache selbst Antheil und den Aufruhr vorher gewußt habe; er ereifert sich über diese unvorsichtige Rede so heftig, daß er über den armen Mundschenken herfällt, und den Degen zieht, um ihn zu tödten. Er würde ihn auch gewiß getödtet haben, wenn die andern Bedienten nicht herzugelaufen wären, und dem Könige den Degen mit Mühe entrissen hätten. Noch unter ihren Händen fiel der König nieder, und wurde vom Schlage gerührt. Er starb einige Tage darauf, und wollte auf seinem Todbette zuerst noch einige Anstalten treffen, um die Hußiten ganz auszurotten, wovon ihn doch der Rath einiger Hofleute, die die daher entstehenden grausamen Auftritte vorhersahen, noch abhielt.

Die Wuth der Hußiten hörte noch nicht auf, und verbreitete über die ganze Stadt Prag Schrecken und Furcht. Nach dem Tode des Königs verdoppelten sich, wie leicht zu erachten, die Unruhen. Die Hußiten spielten nun den Meister, und wer sich ihnen widersetzte, verlohr sein Leben. Da sie nach ihren Lehren und Meynungen keine Bilder in den Kirchen leiden konten, so fielen sie in die Kirche und Klöster ein, und raubten ihnen nicht allein die Bilder, sondern alles Kostbare, Geld, und Zierrathen. Nie ist die Raserey des Fanatismus in der Welt grösser und entsetzlicher gewesen, als damals. Die Taboriten oder Hußiten liefen umher und liessen

sich

sich in den Kirchen von ihren Priestern das heil. Abendmahl unter beyderley Gestalt reichen, wenn sie eben geplündert und ermordet hatten, denn wenn sie Unheilige nach ihren Begriffen getödtet hatten, glaubten sie selbst heilige zu seyn. Oft zwangen sie die Mönche und Priester, ihnen den heil. Kelch zu reichen, und wenn sie es versagten, so richteten sie sie ohne Umstände hin. Die Menge des zusammengelaufenen Volks war unaufhaltbar, und keine Kriegszucht, und Ordnung war hier möglich. Es wurden Wochen hindurch, eine grosse Anzahl von Kirchen, und andern dem Gottesdienste gewidmeten Gebäuden, geplündert, und beraubt, und nicht allein in Prag, sondern auch schon in der umliegenden Gegend. Die Böhmischen Geschichtschreiber geben weitläuftige Beschreibungen von diesen grausamen Scenen, welche die rasenden Taboriten aufführten. Bohuslaus Balbinus, gibt 550 Gebäude des catholischen Glaubens an, welche vom Ziska, und seinen Kriegern entweder zerstört oder geplündert, oder mit Blut verunehrt worden.

Aber verdient wohl Ziska die Zurechnung aller dieser Grausamkeiten? Gewis gehen hier die Böhmischen Schriftsteller zu weit, und schreiben dem Heerführer, den sie aufs höchste hassen, aus Partheylichkeit eine Menge von Frevelthaten zu, an denen er unschuldig ist. Ein so wildes zusammengelaufnes Volk, das von allen Orten herbeyströmte, das weder Kriegszucht, noch Ordnung, noch Sittlichkeit kante, welches im blinden Religionseifer wütete, und von einer Menge Pöbel vermehrt wurde, die nur aus Gelegenheit zum Rauben und Plündern sich Taboriten nante, und Zügel-
los

los war, bey deren Zähmung und Einschränkug selbst Ziska seines Lebens nicht sicher gewesen wäre, ein in Raserey unsinniges Volk, welcher Feldherr konte dieses in der ersten Hitze zurückhalten? Der Biograph braucht nicht partheyisch zu seyn, um den Ziska zu entschuldigen, er braucht nur die Umstände zu zeigen, in welchen sich dieser Anführer wilder Rotten befand. Und die Wahrheit dieser Muthmassung wird noch durch einen böhmischen Geschichtschreiber selbst bestätigt. *) Er erzehlt, daß Ziska diese Unordnungen gemißbilligt, und sein Mißfallen darüber, öffentlich zuerkennen gegeben habe. Da er sahe, daß er doch nichts ausrichtete, ging er voll Verdruß aus Prag hinweg und verlies die wilden Schaaren. Er begab sich nach Pilsen, wo sich nach und nach wiederum eine grosse Anzahl Volks bey ihm versammlete, mit welchem er öftere Streifereyen gegen einen ordentlichen Feind, den Bohuslaus von Schwanberg vornahm, und sich zu Pilsen zu befestigen suchte.

Die einzelnen Schaaren hingegen, welche ohne seinen Befehl, und ohne daß er es selbst wußte, herumschwärmten, störten die Ruhe des ganzen Königreichs, und der Hauptstadt in öfteren Einfällen, so daß Güter und Leben täglicher Gefahr ausgesetzt waren, und Häuser und Kirchen häufig gestürmt worden. Die königlichen Truppen waren nach dem Tode des Wenceslaus nicht mehr fähig Widerstand zu thun, und die königliche Wittwe Sophia muste aus Prag flüchten. Diese kluge Dame hatte gleich nach dem Tode ihres Gmahls, dem Kaiser Sigismund, als den Erben dieses Königreichs,

*) Hagecius.

reichs, nach Böhmen eingeladen, und ihn ermahnt, so schleunig er könte, dahin zu kommen, ehe die Empörung noch weiter um sich griffe, und ihm den Thron selbst streitig machen könte. Hätte Sigismund den Rath der Sophia ausgeführt, so würde Böhmen in eine ganz andere Lage gekommen seyn, und viele Vorfälle wären verhindert worden. Aber Sigismund, welcher sich eben an den Grenzen Ungarns mit den Türken herumschlug, und den schnellthätigen Geist, der hier nöthig war, nicht besaß, zauberte so lange, bis alles verdorben war, und vernachläßigte Böhmen in Besitz zu nehmen, indeß es Ungarn nicht vertheidigen konte.

Ob sich gleich damals noch nicht alle Hußiten insgesamt dem Befehle Ziskas unterworfen hatten, so war es doch gewis, daß auf ihn das meiste ankommen würde, wenn man die Unruhen dämpfen wollte. Dieses Mittel suchte der grosse und getreue Freund des Kaisers, Churfürst Friedrich zu Brandenburg ißo wirksam zu machen, und wandte sich an den Ziska, durch einen an ihn abgeschickten Gesandten, welcher in Unterhandlung treten, und durch ihn die tumultuirenden Böhmen dem Kaiser Sigismund geneigt machen sollte. Ziska wurde die Mittelsperson, und unterhandelte zu Prag mit dem Brandenburgischen Gesandten, einem Herrn von Seckendorf. Man wuste, daß die Hußiten den Kaiser Sigismund, wegen Hussens Verbrennung, haßten, und das Gerücht war allgemein, daß sie den Kaiser nie vor einen König von Böhmen und ihren Herrn erkennen würden. Ziska verwandte sein Ansehen umsonst zu einem Vergleiche. Er erklärte sich endlich gegen den Brandenburgischen Gesandten im Nahmen der Hußi-

Schir. h. Biogr. 3. Th.   O   ten,

ten, daß sie den Kaiser Sigismund nicht könten zu ihrem König annehmen, weil er dem Pabste versprochen habe, die Dekrete des Costnizer Conciliums auszuführen, sie wären insgesamt bereit, sich wider jede Gewaltthätigkeit zu vertheidigen. Alles was noch ausgerichtet wurde, bestand darinnen, daß die Hußiten versprachen, vorizt noch keinen neuen König zu wählen, bis sie von dem päbstlichen Hofe gewissere Nachrichten würden bekommen haben, und erfuhren, in was für einem Verhältnisse sie mit demselben stehen könten.

Durch diese mißlungne Unterhandlung breitete sich der Geist der Zwietracht nur noch mehr in Böhmen aus. Man sah den Thron erledigt, und keinen Nachfolger; allenthalben war Aufruhr und Wildheit, die Hußiten erhielten immer mehr Zuwachs. Sie selbst sahen aber auch wohl die Nothwendigkeit ein, sich gegen kriegerische Vorfälle, die sie nun erwarten musten, in gute Fassung zu setzen, und Ziska glaubte vor allen andern nöthig zu haben, daß man sich der Hauptstadt Prag zu bemächtigen suchte. Er bekam vom Coranda, einem hußitischen Priester und Nicolaus Huß, eine starke Mannschaft zu Hülfe, und mit diesem Heere belagerte er Prag. Das Schloß Wischerad ergab sich am 4ten November 1419 aus Furcht, und gleich darauf unterwarf sich ihm die Altstadt und die Neustadt. Hierauf grif er die kleine Seite von Prag und das Schlos S. Veit, an, wo er heftigen Widerstand antraf. Das an der Moldaubrücke gelegene so genante sächsische Haus, welches die Brücke vertheidigen konte, und gute Besatzung hatte, gab zu einem hartnäckigten Gefechte Gelegenheit. Man schreckte die Hußiten besonders

durch)

durch feuerwerfende Maschinen, die bisher unbekant waren. Aber nichts konte sie in die Flucht bringen. Sie stürmten endlich doch das sächsische Haus, und drangen von da mit wütender Hitze in Kleinprag ein, wo sie die königliche Besatzung empfing und jeden Schritt, den sie zurückging, mit Blut bezeichnete, ob sie gleich, spät Abends genöthigt wurde, sich in das königliche Schloß zurückzuziehn und von daher noch einen Theil der Stadt dem Feinde streitig zu machen. Die Nacht konte sogar dem Gefechte kein Ende machen: noch nach zehn Uhr, wagten die königlichen Völker einen neuen Ausfall aus dem Schlosse, und tödteten Feinde, und zündeten angrenzende Häuser an. Gleich mit dem Anbruche des folgenden Tages wurde das Gefecht zwischen den Völkern des Ziska und den königlichen Truppen erneuert, und dauerte den ganzen Tag hindurch. Auf beyden Seiten stritt die hartnäckigste Wuth; keiner wollte weichen. Fünf Tage und fünf Nächte hindurch wurde das wechselseitige Gefecht fortgesetzt. Ziska lies inzwischen viel Gewaltthätigkeiten an Kirchen, Klöstern und öffentlichen Gebäuden ausüben, und seine Völker wichen nicht, weil er, es koste auch was es wollte, das königliche Schloß zu erobern suchte, und die königliche Besatzung mit unermüdeter Tapferkeit das Schloß vertheidigte.

Am sechsten Tage dieser wilden unbeschreiblichen Schlacht, ließ die Königin Sophia, welche in der Entfernung von allen diesen traurigen Vorfällen Nachricht erhalten hatte, Artikel zu einem Waffenstillstande antragen. Man pflog Unterhandlung und am 13 November kam der Waffenstillstand bis auf den 23 April des folgenden Jahres zu Stande. Vermöge des Vertrags sollten die Befehlshaber des königlichen Schlosses die Communion unter beyden Gestalten nicht stören, hingegen die Prager die römischcatholischen Priester, Mönche, und Nonnen nicht verjagen, und das Schloß Wischerab wieder abtreten.

Ziska war mit diesem Vertrage durchaus nicht zufrieden, und ging mit seinen Taboriten, da er nichts weiter von Wichtigkeit ausrichten konte, aus Prag hinweg, und nach Pilsen, welche Stadt er sich und seinem Heere eigen machte. Hier sah er unter vielen Einfällen in die benachbarten Gegenden, und der Mühe einer bessern Anordnung seiner Völker, den Folgen des Waffenstillstandes zu, welchen er nicht billigen konte, weil er wohl wuste, wie sehr zur Unzeit er war geschlossen worden.

Inzwischen kam der Kaiser Sigismund nach Brün in Mähren, und hielt einen allgemeinen Landtag. Es erschienen dabey Abgeordnete von der Stadt Prag, denen er ihre Untreue verwieß, und harte Befehle gab. Besonders befahl er, alle diejenigen, welche der Communion unter beyden Gestalten beypflichteten, ihrer Aemter zu entsetzen, und äuserte einen sehr unweisen Zorn über die Vorfälle in Böhmen. Anstatt die Gährung der Gemüther durch Nachsicht zu besänftigen und etwas nachzugeben, trieb ihn seine unverständige Bigotterie zur Härte, welche doch ohne Nachdruck, lächerlich oder gefährlich war. Die nachher zu Breßlau bewiesne Strenge, und die Hinrichtung verschiedner Bürger, der grausame Tod eines zu Breslau gefangnen Hußiten, und die von ihm erbetne Bulle des Pabstes, wider die Hußiten, entrüsteten die unwilligen aufs höchste.

fie. Man machte neue Hitze, an statt sie zu dämpfen, und Sigismund muste bald für seine heilige Einfalt, wodurch er sich den grösten Theil von Böhmen abgeneigt machte, büssen.

Ziska war indessen zu Pilsen nicht müßig, sondern suchte sich und sein Heer furchtbar zu machen. Er konte aber die Ausschweifungen seiner Völker in der Stadt, und den umliegenden Gegenden, nicht genugsam zurückhalten. Der Fanatismus der Religion glich einem hitzigen Fieber, und wurde eine Entzündung der Seelen, die in Raserey überging. die Wildheit seines eignen Geistes trug allerdings viel dazu bey; er sah auch vorher, daß ohne unbesiegbare Wuth seine ganze Parthey bald ein trauriges Ende nehmen müste. Daher erlaubte er vieles, welches er sonst vielleicht nicht würde erlaubt haben. Seine Taboriten plünderten und mißhandelten jeden, welcher nicht ihren Meynungen in der Religion beypflichtete, und befeindeten einen Theil der Einwohner zu Pilsen selbst; obgleich ihre grösste Rache die umliegenden Priester und Klöster traf. Die Bürger zu Pilsen wurden der Hußiten überdrüßig, und suchten den Ziska mit seinen Truppen zu verjagen. Sie liessen sich in eine geheime Abrede mit dem Bohuslaus vom Schwanberg, einen Anführer der königlichen Völker ein, welcher mit einer guten Anzahl Truppen vor Pilsen rückte, und den Ziska belagerte. Dieser vertheidigte sich einige Zeit herzhaft, muste aber endlich die Stadt mit der Bedingung des freyen Abzugs übergeben. Als er von Pilsen wegzog, überfiel ihn unterwegens, bey Sudomir ein anderes Heer der königlichen Völker, welches unter verschiedenen Anführern

rern stand. Das Gefechte ward hitzig. Ziska faßte Muth und stellte sich bey einem Teiche, damit er nicht von der Reuterey umringt würde; vor dem Angesichte des Feindes stellte er Wagen, und so stritt er einige Stunden, bis beym Untergang der Sonne die Feinde sich zurückzogen, nachdem sie von seiner Seite einige gefangen genommen hatten. Die Schriftsteller sind nicht einig, welche Parthey den Sieg erhalten habe. Gewiß ist es, daß Ziska mit seinen Truppen den Feinden entging, und ihre Anschläge vereitelte.

Kaum war er dieser Gefahr entgangen, als er in eine neue gerieth, und wiederum von einem Heere königlicher Truppen angegriffen wurde. Das fürchterlichste war immer für ihn die Reuterey. Vorher hatte er sich durch die Stellung bey einem Teiche errettet; itzo muste er ein anderes Rettungsmittel ersinnen. Er zog sich an einen steilen unwegsamen Ort, wo die Pferde nicht fortkommen konten, und fochte so gegen die weit stärkern fürchterlichen Feinde, mit unerschrockner Herzhaftigkeit. Als ihm aber die Reuterey dennoch zu nahe zu kommen schien, half sich die Gegenwart seines Geistes durch eine neue schnelle Kriegslist. Er ließ die Weiber, welche den Troß seines Heeres ausmachten, ihre Schleyer und andre Kleidungsstücke in den Weg werfen, in welchen sich die Reuter verwikelten, und ehe sie sich losmachen konten, wurde eine Menge getödtet, und die andern geriethen, für Bestürzung, in die Flucht.

Nach dieser doppelten Errettung von dem augenscheinlichsten Tode und Verderben, und einigen unbedeutenden andern Vorfällen, kam Ziska mit dem Reste seines Volks zu Tabor an, und vereinigte sich daselbst

mit

mit der Menge. Seine gröſte Sorgfalt beſchäftigte ſich nun hier in dieſer Freyſtätte der Hußiten, mit der Verbeſſerung des Kriegsweſens bey dem Heere. Die Stadt Tabor, welche ſchon itzo erbaut war, ließ er noch mehr aufs ſtärkſte befeſtigen, ſeine Soldaten in Ordnung bringen, noch beſſer bewafnen und in der Kriegskunſt unterrichten. Nunmehro könte man ihn eigentlich als den Anführer der Hußiten betrachten, obgleich noch drey andre auch Hauptleute neben ihm waren. Vorher, ehe dieſe Vereinigung ſeiner Schaar mit der ganzen Menge der Taboriten erfolgte, fochte er zwar auch für einerley Endzweck mit ihnen, und führte ein Heer an, allein man hatte ihm noch nicht die Befehlshaberſtelle allgemein aufgetragen, ſondern ſeine Soldaten beſtanden gröſtentheils aus freywillig zuſammengelaufnen Volke, und wurden von unnützen Troſſe begleitet. In Tabor änderte er die Unordnungen ab, und theilte das Heer in beſtimte Haufen oder Compagnien, welche Praczata hieſſen. Unter den Uebungen der Kriegskunſt, welche er ſeinen Soldaten lehrte, war das ſonderbarſte die Art ſeiner Schlachtordnung. Er ließ zwiſchen die angeordneten Haufen Wagen ſtellen, welche in verſchiednen Figuren ſtanden. Die verworrnen Wege zwiſchen den Wagen, machte er ſeinen Völkern durch öftere Uebungen bekant: die Feinde hingegen konten wegen dieſer Verſchanzungen von der Wagenburg, die ſie nicht kanten, nicht herankommen. Wenn ſie in eine Lücke zu kommen glaubten, trafen ſie hinten eine dichte Wagenburg an. Die eingerichteten Schaaren bildeten mit denen Wagen verſchiedne Figuren von Buchſtaben u. ſ. w. und ſeine

Soldaten wurden geübt, von den Wagen herab zu fechten, schnell herunter zu springen, und sich zurück zu ziehen, damit, wenn die erste Reihe ermüdet war, die zweyte und dritte, in guter Ordnung, den Platz verwechseln konte. Er unterließ nichts, wodurch er ein völlig wildes, rohes Volk, zu guten Soldaten umschaffen konte.

Noch immer fehlte die Reuterey, und man hatte den Schaden dieses Fehlers schon in zwey Treffen erfahren. Ziska war noch mit dem Kummer darüber und der Sorge beschäftigt, als man ihm die Nachricht brachte, daß bey Wocieze sich tausend Mann von der königlichen Reuterey befänden, welche den Hußiten Abbruch zu thun suchten. Er nahm sich vor, dieses Heer zu überfallen. In der Nacht vor Ostern (1420) setzte er seinen Anschlag ins Werk, und überraschte die königliche Reuterey, welche diesen Ueberfall nicht vermuthete, und leicht überwunden wurde. Unser Krieger bemächtigte sich der meisten Pferde und Waffen von ihnen, und zog sich eilfertig wieder zurück, nach Tabor. Er vertheilte hierauf die Pferde unter seine Leute, und lehrte sie einige Kunstgriffe, und überhaupt, wie sie sie gegen den Feind im Treffen, am besten nutzen sollten.

Unter einem solchen Anführer, bey solcher immer vermehrter Verstärkung der Hußiten, war es endlich so weit gekommen, daß ohne ein fürchterliches grosses Kriegsheer die Empörung nicht mehr gedämpft werden konte. Eine Menge von Städten war schon in dem Besitz der Taboriten. In Prag suchten sich die Bürger der königlichen Schlösser zu bemächtigen, und hielten

ten grausame Gefechte mit der Besatzung. Sie verschanzten sich, und wollten von keiner königlichen Regierung hören. Sigismund der Kaiser versammelte also nun eine zahlreiche Armee, und drohte die Böhmen sich mit Gewalt der Waffen zu unterwerfen, und diejenigen, welche die Communion unter beyden Gestalten suchten, und alle Anhänger Hussens ganz zu vertilgen. Seine Drohungen gaben denen Römischcatholischen Muth, und prägten den Empörern in Prag Schrecken ein. Bey diesen Umständen nahmen die Einwohner von Prag ihre Zuflucht zu dem kriegrischen Ziska, und ladeten ihn in ihre Stadt ein. Er kam mit seinen Taboriten an, und machte alle mögliche Anstalten, die Stadt bey einer bevorstehenden Belagerung tapfer zu vertheidigen. Die Härte des Pabstes, Martin des V, welcher durch eine Bulle einen Kreutzzug gegen die unruhigen Böhmen ankündigen ließ, zündet den Eifer der Rebellion noch mehr an. Der Pöbel in Prag ließ sich von den Priestern der Stadt bethören, und seine abergläubische Dummheit traute den Weissagungen künftiger hoher Glückseligkeiten, wenn sie ihrem empörerischen Vorsatze getreu blieben. Alles kam in neuen Aufruhr. Man verschwor sich in Prag am 6ten April dieses Jahrs (1420) den Kaiser Sigismund nie für einen König von Böhmen zu erkennen, und das äuserste zu wagen, um von seiner Herrschaft frey zu seyn.

Der Kaiser brach indessen mit einer Armee von mehr als hundert tausend Mann in Böhmen ein, um sich dieses Reich unterwürfig zu machen, und die Hußiten zu vernichten. Man hätte glauben sollen, daß er ein neues Land erobern wollte, da er doch nur sein

Erbe in Besitz nehme wollte. Der größte Theil von Deutschland hatte ihm Truppen gegeben; die vornehmsten Fürsten davon begleiteten ihn in Person, und hofften bald Augenzeugen von der Vernichtung des Ziska, und seiner Taboriten zu seyn. Die Churfürsten von Maynz, Trier, Cöln, Pfalz und Brandenburg, der Herzog Albrecht von Oesterreich, vier Herzoge von Bayern, zwey Marggrafen von Meißen, der Landgraf von Thüringen, waren die vornehmsten Begleiter dieser Unternehmung. Welche grosse und zum Theil im Krieg erfahrne Fürsten gegen den einäugigten armen Edelmann, welcher wildes Gesindel erst zu Soldaten umgeschaffen hatte!

So bald Sigismund in Böhmen angelangt war, vermehrte sich sein Heer noch weit mehr, welches aus mehr, als neun und dreyßig Provinzen zusammengezogen war, und eine schreckhafte Menge bildete. Königgräz eröfnete ihm die Thore, und von da sandte er ein Schreiben nach Prag, worinnen er die Stadt zum Gehorsam auffoderte und verlangte, daß man ihn für den König von Böhmen erkennen sollte. Die Einwohner von Prag aber, waren durch die Beschützung des Ziska, und durch das Vertrauen auf ihn so kühn geworden, daß sie, nachdem das kaiserliche Schreiben war abgelesen worden, sich entschlossen, nicht einmahl darauf zu antworten. Sie machten neue Anstalten zur Vertheidigung.

Die Gefahr kam ihnen nun täglich näher. Der Kaiser zog mit Macht heran, nahm eine Stadt nach der andern ein, und schlug endlich sein Lager bey Beraun auf, wo er Graben und Schanzen machen lies, und
sich

oder Johann von Trocznova 219

sich zur Belagerung von Prag am Ende des Junius (1420), bereitete. Inzwischen schickte er einen Theil seiner Völker nach Tabor, dem Hauptorte der Taboriten, um ihn zu erobern. Allein sein General, Rosenberg, war unglücklich, und wurde mit Verlust zurückgeschlagen. Man richtete nunmehr das Hauptaugenwerk auf die Eroberung von Prag, und fieng die Belagerung an, nachdem die ganze grosse Armee des Kaisers sich zusammengezogen hatte. Die Prager-Schlösser, und die so genante kleine Seite, war in der Gewalt der Kaiserlichen. Sie glaubten die Stadt selbst bald zu erobern. Die Erbitterung von beyden Theilen bey dieser Belagerung war ganz unbeschreiblich. Wenn sie nur einander ins Gesicht kamen, so schimpften und schrien sie schon auf einander. Die Taboriten waren blutdürstig; die Kaiserlichen waren es nicht weniger; und wenn ihnen einer von den Taboriten in die Hände fiel und nicht so gleich ein Officier ihn rettete, so wurde er ohne Verschonen verbrant. Die Wuth der Belagerten suchte es den Gegnern gleich zu thun. Oft wagten fünf oder zehn Soldaten, deren Raserey man nicht halten konte, einen einzeln Ausfall, und schlugen eine ganze Menge hinweg, und würgten mit Tollkühnheit um sich herum. Der religiöse Fanatismus verleugnete die Menschlichkeit.

Als schon verschiedne Versuche auf die Stadt mißlungen, und die, von der kleinen Seite, in die Altstadt Prag, eingedrungenen Völker zurückgeschlagen worden waren, so gaben die erfahrensten Fürsten im Lager des Kaisers den Rathschlag, daß man den Berg Witkow oder den Galgenberg bey Prag, mit einer guten Besatzung

satzung und Schanze, befestigen sollte, damit die Stadt auf diese Art von drey Orten her eingeschlossen, und angegriffen würde. So geheim dieser Anschlag auch gehalten wurde, bekam Ziska in der Stadt dennoch Nachricht davon, und besetzte den Berg selbst zuerst, wo er so gleich sich verschanzte, und nun den Kaiserlichen beständigen Verlust zufügte. Diesen Berg zu gewinnen, und dadurch, wo möglich, der Belagerung den Ausschlag zu geben, da sie schon einige Wochen gedauert hatte, ließ Sigismund an einem Sonntage, (am 14 Julius) Prag an drey Orten bestürmen, um die Feinde irre zu machen, der Hauptangrif aber geschahe, in Gegenwart von ihm selbst, auf den Berg, wo Ziska sich verschanzt hatte. Dieser Streich gelang auch durch die Macht des kaiserlichen Heeres: die Verschanzungen wurden, aller Gegenwehr ungeachtet, erstiegen: die meisten Truppen niedergemacht: Ziska, welcher immer da fochte, wo die Gefahr am grösten war, kam unter die kaiserlichen Reuter, und würde verlohren gewesen seyn, wenn nicht noch einige ihm vorgesprungen wären. So bald man aber in der Stadt Prag dieses Gefechte auf dem Berge gewahr wurde, ergrif ein hußitischer Priester, Lipiczky die Monstranz und führte damit einen neuen Haufen aus der Neustadt dem verlohrnen Feldherrn zu Hülfe. Die frischen Krieger schlugen sich durch die Feinde durch, und das Treffen ging auf dem Berge von neuen an, wodurch die Kaiserlichen ihre erfochtnen Vortheile wieder verlohren, und von dem Berge herabgestürzt, verjagt, und getödtet wurden. Ziska blieb Sieger. Die Feinde verlohren einige tausend Mann, und geriethen in die gröste Unordnung.

Sigis-

Sigismund, welcher ein Augenzeuge dieser Niederlage war, begab sich, erfüllt von Zorn, Verdruß und Schmerz, in sein Zelt zurück. Ziska hingegen ließ so gleich die eingerißnen Schanzen wieder verbessern, die Graben noch tiefer, und die Befestigungen noch stärker als vorher machen. Zum Andenken dieses wichtigen Sieges, erhielt der Berg den Nahmen des Ziskaberges, welchen er noch bis jetzt hat. Einige nanten ihn den Kelchberg, weil daselbst die Feinde des Kelches im heil. Abendmahl geschlagen worden waren, welcher Nahme aber nicht lange dauerte.

Der Verlust auf dem Ziskaberge wurde bald darauf durch ein anderes noch empfindlicheres Unglück vergrössert. Eine aus Prag geschickte gemeine Weibsperson steckte das kaiserliche Lager bey dem Dorfe Lestna in Brand, und das Feuer breitete sich bey einem heftigen entstandnen Winde so sehr über die Gezelte aus, daß nicht allein viele Kostbarkeiten, sondern auch der gröste Theil vom Kriegsgeräthe, vornehmlich aber die Sturmleitern eine Beute der Flamme wurden.

Durch diesen neuen Vorfall sah sich der Kaiser genöthigt, die Belagerung von Prag aufzuheben. Verschiedne Böhmen, welche sich in seinem Lager befanden, und geheime Freunde der Hußiten waren, bestärkten ihn in diesem Entschlusse, oder gaben ihm vielmehr selbst den Rathschlag dazu, indem sie Hofnung machten, daß sich die Stadt freywillig ergeben würde. Die Stadt Prag ließ dem Kaiser einen Waffenstillstand unter den Bedingungen von vier Artikeln anbieten, allein der Kaiser verwarf den Antrag. Die Hauptpuncte der vier Artikel waren, 1) daß das Wort GOttes rein und lauter, in der Muttersprache sollte gelehrt werden, 2) daß das heil. Abendmahl, unter beyderley Gestalt, dem gesegneten Brodte und Weine, solle gehalten werden, 3) daß der Priesterstand nach dem Zustande, und Ordnung der ersten apostolischen Kirche solle eingerichtet werden, 4) daß die so genanten Todtsünden in jedem Stande mit Recht und ohne Unsehn der Person sollten bestraft werden. Man sieht leicht ein, daß ein Kaiser, wie Sigismund war, diese Bedingungen nicht zugestehen konte, und sie verweigern muste. Er ließ sich auf dem Schlosse von dem Erzbischoffe zu Prag, zum Könige von Böhmen krönen, und hob am 30 Julius die Belagerung auf, welche fünf Wochen zu seinem Verdrusse gewähret hatte. Von der Gegend um Prag zog er nach Leutmeritz, und wieder nach Mähren und Ungarn zurück. Seine ganze Unternehmung war fruchtlos gewesen. Er war mit 100000 Mann vor Prag gezogen, um sich krönen zu lassen, und hatte eine grosse Menge Volks verlohren, ohne die Hauptstadt sehen zu dürfen. Die Ursache seines Verlustes, und der Sieger von ihm und hunderttausend Mann, war Ziska.

Der Stolz, für welchen sich der Glückliche nie genug in Acht nehmen kan, begleitete ihn bald nach diesen Thaten, und seine Taboriten rieß der Fanatismus hin. Der einfältige Pöbel, woraus die Taboriten meistentheils bestanden, glaubte, die Religion besonders im äuserlichen suchen zu müssen, und da er Erretter von Prag gewesen war, so wollte er auch nun Reformator seyn. Es entstanden wunderliche Streitigkeiten zwischen den Pragern und Taboriten, die Ziska anführte. Jene wollten, daß man bloß die Klöster, diese, daß man

auch

oder Johann von Trocznova. 223

auch die Kirchen der Catholischen zerstören sollte. Jene wollten auser dem Genusse des Kelches, bey den alten Grundsätzen bleiben, die Taboriten wollten aus unverständigen Eifer, von keiner Würde, keiner priesterlichen Kleidung und andern bisher üblichen Gebräuchen hören. Es sollten keine Doctoren, keine Magisters mehr seyn, weil diese nicht zu Christi Zeiten gewesen wären, man sollte sich keiner Kostbarkeit beym Gottesdienste bedienen, keine Bilder dulden, keine Kirchenmusic halten, und überhaupt alle Ceremonien abschaffen. Da die Prager sich nicht dazu bequemen wollten, wurden die Taboriten sehr unzufrieden, und drohten die Stadt zu verlassen. Indessen zerstörten sie fast täglich ein Kloster, denen sie überhaupt den Untergang geschworen hatten. Als sie einmahl bis in die späte Nacht sich mit einer solchen Zerstörung beschäftigt hatten, und von dem Weine in den zerstörten Kloster betrunken waren, gingen sie gegen das Schloß Wischerad, und wollten es stürmen. Inzwischen ließ der Rath der Neustadt, welcher sich für den frechsten Unruhen furchte, so bald die Taboriten herausgezogen waren, die Thore verschliessen. Diese wurden von der ausgefallenen Besatzung des Schlosses übel empfangen, und zurückgeschlagen; als sie sich in die Stadt retten wollten und die Thore verschlossen fanden, wusten sie kein weiteres Hülfsmittel, und wurden gröstentheils aufgerieben. Darüber aber wurden alle ihre Brüder in der Stadt entrüstet, und man muste schleunige Mittel zu ihrer Besänftigung suchen. Einige Priester von Prag entschuldigten die Stadt, welche keinen Antheil an dem Betragen des Raths habe, und setzten den Rath in der Neustadt ab, und einen neuen ein, indem

sie

sie auf das Rathhaus unter Bedeckung der Taboriten gingen, die Bürger zusammenberiefen, und eine ordentliche Wahl hielten. Dennoch waren die Taboriten damit nicht befriedigt, sondern der gröste Theil von ihnen verließ die Stadt, unter der Anführung des Ziska, welcher also an den vorigen Begebenheiten grossen Antheil haben muste. So wohl beym Abzuge, als auch vor den Thoren vor Prag verschwor sich diese ganze kriegerische Brüderschaft, nicht eher zu ruhen, bis sie das Pabstthum in Böhmen gänzlich ausgerottet hätten.

Die Folgen dieser neuen Zusammenverschwörung, davon Ziska das Haupt war, glichen dem grausamen Vorsatze, den man gefaßt hatte. Der Angrif geschahe auf die Stadt und Schloß Rziczan, welches mit leichter Mühe eingenommen, hierauf geplündert, und die Kirchen zerstört, und sieben Priester ohne Barmherzigkeit verbrandt wurden. Nach dieser Verrichtung, zog sich Ziskas Schaar mit Freuden und Gesängen weiter fort, ersäuften inzwischen unterwegens einen Priester, der ihr entgegen kam, und grif die Stadt Prachaticz an, welche sie eroberte, 135 Personen darinnen todt schlug, 85 verbrante und dann plünderte. Wer wollte die einzelnen Verwüstungen, die hierauf noch an verschiednen Orten vorfielen, und die Grausamkeiten, die an Priestern, Mönchen und Nonnen ausgeübt wurden, weitläuftig beschreiben? Es ist hinreichend, zu erinnern, daß der fanatische Eifer, so wie bisher geschildert worden ist, fortwütete, und, wo er hinkam, Blut vergoß, und Verwüstung umher breitete. Ziska hielt mit seinen Truppen dergleichen Grausamkeiten für eine Art

von

von Gottesdienst. Wenn ihn die Unglücklichen anflehten und um Barmherzigkeit baten, erhörte er sie nicht, weil er so glaubte, wie er sagte: „Wir müssen des HErrn Christi Gesetz mit euerm Blute erfüllen.„ Wenn er auch selbst dieser Meynung nicht war, so glaubten es doch seine wilden Soldaten von ganzen Herzen.

Indes Ziska mit seinem Heere in Böhmen herumzog und alles zerstörte wo er hinzog, belagerte derjenige Theil von seinen Brüdern, den Taboriten, welcher in Prag geblieben war, das königliche Schloß Wischerad, von neuen. Die Besatzung vertheidigte sich tapfer und erwartete vom Kaiser, der eben mit einer guten Armee wieder nach Böhmen gekommen war, die Hülfe des Entsatzes. Da Sigismund aber zauderte, muste sich das Schloß an die Hußiten ergeben; er kam mit seinem Heere zu spät, und wurde von den Feinden gewaltig geschlagen, wobey er den Kern des Mährischen Adels und viel Volk verlohr. Um sich zu rächen, ahmte er die Hußiten nach, und ließ die Güter der Feinde um Prag herum, durch seine Truppen verwüsten.

Neue innerliche Unruhen in Prag, welche aus dem itzt erzehlten glücklichen Vorfällen entstanden waren, riefen den Ziska wiederum in diese Stadt zurück. Man glaubte nehmlich in Prag, nunmehro die Hülfe der Taboriten nicht mehr so sehr nöthig zu haben, da man auser aller Gefahr für den Kaiser zu seyn glaubte, und begegnete denen immer eifersüchtigen Taboriten mit geringerer Achtung, als sie zu verdienen dachten. Die Streitigkeiten über die Religionsgebräuche dauerten noch immer fort, und wurden bey der Ruhe lebhafter. Man glaubte alle Uebel am sichersten zu tilgen, wenn man einen neuen König erwählte, welchen man dem Kaiser Sigismund entgegen setzen könte. Die Einwohner von Prag entschlossen sich, die Bömische Krone dem König in Pohlen, Jagello, durch eine Gesandtschaft, mit der Bedingung, daß man ihnen den Kelch im heil. Abendmahl lassen sollte, anzutragen. Der Anführer derjenigen Taboriten, welche noch zu Prag sich aufhielten, war Nicolaus Huß, welchen man schon oben kennen gelernt hat, ein ehrsüchtiger wilder Kopf, der selbst nach der Krone trachtete, schon von derjenigen Zeit an, da er die ersten Rotten der Hußiten sammelte. Itzo fand sich sein Stolz äuserst beleidigt, da man einen fremden König erwählen wollte; er rieth, man sollte einen gebohrnen Böhmen, der seine Nation liebte, erwählen. Seine Vorstellungen, und die damit verbundnen Drohungen seiner Völker, waren fruchtlos. Er zog erzürnt mit seinen Truppen aus Prag hinweg, und seine Rachsucht gegen Prag, weissagete neue Unruhen und einen innerlichen Krieg.

Bey diesen Aussichten, da der Kaiser auch noch in Böhmen stand, und Prag in doppelte Gefahr kam, suchte man die Hülfe des Ziska, und brachte es dahin, daß er mit den Nicolaus Huß zugleich nach Prag zurückkehrte, um an einem Vergleiche zu arbeiten. Ziska wurde zu Prag mit den grösten Ehrenbezeugungen empfangen, und auf dem Rathhause der Altstadt bewillkomt. Er gab sich alle Mühe, die Uneinigkeit zu heben, und weil die Religion wenigstens das vornehmste äuserliche Aufsehn machte, so ließ er an demselbigen Tage,

ge, da er in Prag angekommen war, einige von seinen Priestern mit denen in der Stadt eine Unterredung halten. Die zankenden Priester aber konten so wenig einig werden, als die Generals der politischen Partheyen. Man verwirrte alles nur mehr, jemehr man es entwickeln wollte. Die Einwohner von Prag sandten, noch da Ziska in der Stadt war, und Ruhe stiften wollte, eine Gesandtschaft an den König in Pohlen, und liessen ihm die Krone von Böhmen antragen. Unter diesen Umständen, starb Nicolaus Huß unvermuthet an einem unglücklichen Falle vom Pferde.

Dieser Mann war der erste Urheber aller derjenigen unglücklichen Unruhen gewesen, welche iho Böhmen zerrütteten, und sein hochmüthiger Troz, da ihm der erste Anschlag, Tumult zu erregen gelungen war, ging so weit, daß er nichts geringers, als König von Böhmen zu werden gedachte. Aus dieser Absicht mäßigte er die Wildheit seines Heeres so sehr er konte, und blieb die letztere Zeit beständig in Prag, um bey einer vermutheten Königswahl in der Hauptstadt zu seyn, um durch seine Truppen Schrecken einzujagen. Nach seinem Tode, begaben sich alle seine Soldaten unter Ziskas Schutz, und dieser erhielt einen beträchtlichen Zuwachs zu seinem Heere, und wurde nunmehr der einzige allgemeine Heerführer, seiner wilden fanatischen Brüder, der Taboriten.

Er blieb noch wenige Tage zu Prag, wo es weder ihm noch seinen Truppen gefiel. Am zweyten Jenner des Jahrs 1421 verließ er die Stadt, wo er sich drey Wochen aufgehalten hatte, und ging, wie er im Spotte sagte, seinen guten Freunden und Schwägern,

näm-

nämlich den Mönchen und Priestern im Pilsner, Prachiner, Sazer Kraise, einen Besuch, abzustatten, welcher so grausam war, wie es sein Grim gegen die Geistlichkeit, und die blutdürstigen Seelen seiner Krieger, vorher vermuthen ließ. Die traurigen Auftritte, dieser Unternehmungen, welche die menschliche Natur zu übertreffen schienen, werden von den Geschichtschreibern dieser Zeit umständlich beschrieben. Die Summe dieser Thaten waren die schon gewöhnlichen Zerstörungen catholischer Kirchen und Klöster und Ermordungen. Von dieser Zeit fieng Ziska an, die Güter und Aecker der zerstörten Klöster seinen Freunden auszutheilen, und sich als den obersten Feldherrn aller Taboriten und ihrer Anhänger zu betrachten.

Es ist weder glaublich, noch dem Biographen möglich, alle diejenigen wilden kriegrischen Thaten, Gefechte und Eroberungen zu beschreiben, welche unter Ziskas Anführung vorfielen. Es ging fast kein Tag vorbey, der nicht mit einer kriegrischen That bezeichnet wurde. Um den ganzen Mann zu kennen, muß man dieses hier erinnern. Der Leser ziehe selbst die Summe in der Vorstellung, und bilde sich einen recht unbändigen, aus Religionseifer tödtenden Krieger mit der Mordkeule herum schwärmend, der ein grosses Genie, und ein Eiferer der erkanten Wahrheiten, aber ein grausamer Eiferer ist.

Noch suchte Ziska die Klöster und Priester heim, als er erfuhr, daß der heftigste Feind seiner Parthey, Bohuslaus von Schwamberg, welcher ihn im vorigen Jahre Pilsen entrissen hatte, sich auf seinem Schlosse Crastikow befände. Er eilte schnell in der Nacht dahin,

hin, und bestürmte am Morgen das Schloß sechs Stunden lang, worauf der Herr von Schwamberg das Schloß zu übergeben versprach, wenn man ihm Leben und Freyheit schenken wollte. Man verwilligte ihm sein Verlangen; aber es kostete Mühe, ihn aus den Händen der aufgebrachten Soldaten zu erretten, und würde ihn doch nicht haben erretten können, wenn er nicht zum Schein in ein hartes Gefängnis wäre gesetzt worden. Aus solchen einzelnen Umständen sieht man, wie sehr oft Ziska den wenigsten Antheil an den Frevelthaten seiner ungezähmten Soldaten hatte, deren Frechheit er unmöglich jederzeit im Zaume halten konte, weil er mehr eine freywillige, als förmliche Oberherrschaft über sie besaß. Seine Feinde bewiesen gegen seine Parthey keine geringere Grausamkeit, als er: wo sie Taboriten gefangen nehmen konten, marterten sie sie auf das unbarmherzigste, oder verbrandten und tödteten sie. Die Verbitterung war auf der kaiserlichen Seite, so wie aufs Ziskas seiner, unmenschlich.

Der Kaiser Sigismund, welcher sein Heer verstärkt hatte, sahe bald ein, daß er, ohne Ueberwindung des Ziska, nie die Ruhe in Böhmen herstellen könte, und ging auf diesen gefährlichen Feind mit seiner ganzen Macht los. Ziska belagerte eben die Stadt Tachow, und zog sich bey Herannahung der kaiserlichen Macht, einige Meilen zurück, weil er zu schwach war. Er ersuchte die Prager um eine Verstärkung, mit deren Hülfe er den Kaiser aus dem Lande zu treiben versprach; und da er die gesuchte Hülfe erhalten hatte, eilte er wirklich dem Kaiser entgegen und bot ihm eine Schlacht an. Der Kaiser, welcher das Schloß Kladrau im

Pilsner Kraise belagerte, hob die Belagerung auf, und wich. Ziska brang auf ihn ein; er wagte es nicht eine Schlacht zu liefern, sondern eilte zurück. Ziska beunruhigte ihn immer fort, und nöthigte ihn so gar, sich nach Mähren zurück zu ziehen. Man sahe, daß Ziska nicht ein herumschwärmender Freybeuter war, sondern dem Feinde im Felde die Spitze bot, und unerschrocken einer starken Macht entgegen gehn, und ihr Furcht einprägen konte. Seine Soldaten bekamen durch solche Tapferkeit neuen Muth unter ihm zu fechten, und seine Armee verstärkte sich durch neue Ueberläufer, die bey dem unbezwinglichen Krieger ihr Glück suchten.

Dieser kehrte, nach dem Abzuge des Kaisers zu seiner gewohnten Arbeit zurück, Klöster zu stürmen und Priester und Catholicken zu züchtigen. Die Einwohner von der Stadt Rockyczany nahmen ihn sogleich auf, und erbaten sich seinen Schutz, welchen er auch versprach. Da diese Bürger aber nicht wissen mochten, daß die Taboriten die Klöster schlechterdings nicht in Schutz nahmen, sondern zerstören musten, und sich wegen der Plünderung eines Klosters mit Heftigkeit beschwerten, so gab er Befehl, auch die Stadt zu plündern, welches sehr eilfertig vollzogen wurde. Ein alter Priester wurde verbrannt, denn: also sagten die Taboriten, **müssen wir des HErrn Christi Gesetz erfüllen.**

Von da ging Ziska mit seinen Kriegern nach Pilsen, und belagerte diese feste Stadt siebzehn Tage, ohne sie erobern zu können, ob er gleich öfters, und an einem Tage so gar zweymahl hatte Sturm laufen lassen. Er zog sich hinweg, mit Drohungen an die Stadt, welche

che ihm in gleichen Tone antworten ließ. Um dieselbige Zeit soll er einem starken Heere kaiserlicher Truppen, bey Wildstein eine Schlacht geliefert, und es mit Verlust von dreytausend Mann geschlagen haben, obgleich diese Schlacht etwas zweifelhaft scheint, weil sie verschiedne Schriftsteller nicht erwähnen. Am 16 Merz eroberte unser Krieger Kaban, und noch an demselbigen Tage Chomutow, nachdem er einen Theil seiner Völker zu Kaban gelassen hatte. In Chomutow reizten ihn die Beschimpfungen der Weiber, währender Belagerung, zu der grausamsten Rache. So bald die Stadt mit Sturm eingenommen war, wurde sie auf das grimmigste verwüstet, und weder Weiber noch Kinder verschont. Die Einwohner hatten vorher einen Taboriten voll Adel, und getreuen Freund des Ziska, verbrandt. Itzt traf eben dieses Schicksal eine unglückliche Menge; andere wurden auf eine andere Art getödtet. Das Blutbad war wegen der vielen Menschen, welche in diese Stadt geflüchtet waren, abscheulich. Einige Scribenten geben die Anzahl der getödteten auf zweytausend an; andre sagen, dreytausend: diejenigen, welche das geringste nennen, setzen die Anzahl der Erschlagenen auf funfzehnhundert Personen.

Die Raserey des taboritischen Volks hielt, wider die Natur einer Raserey, unaufhörlich aus, weil sie immer täglich neue Nahrung bekam. Man wollte sich an den Verführungen der Priester rächen, und wurde von Priestern selbst verführt. Die Priester der Taboriten waren blutdürstige Fanatiker, und die vornehmsten Urheber aller jammervollen Scenen dieses Krieges. Sie verwirrten das wilde rohe Volk, und schufen durch ihre greulvolle Bethörungen unmenschliche Wütriche aus demselben. Der Pöbel wurde von den Lehren verrückt, die man ihm aus der heil. Schrift zu erklären vorgab. Die Priester weissagten ihren Taboriten allerhand Thorheiten und lächerliche Dinge, wobey sie die Offenbarung Johannis mißbrauchten. Ja, sie trieben ihren Unsinn so weit, daß sie von einer Erscheinung Christi redten, und ihre Brüder, die Taboriten, für Vorläufer derselben, und für Engel ausgaben, die das Gericht GOttes über die Ungläubigen halten sollten. Ein gewisser Wenceslaus, that es allen andern zuvor. Man rief den Fluch über diejenigen aus, „welche nicht ihre „Hände in dem Blute der Sünder gewaschen, „und sich durch den Tod der Unheiligen gehei„ligt hätten.„ Man verunstaltete viele Stellen der heil. Schrift, und zog sie auf die gegenwärtigen Umstände. Wer viele Sünder ermordet hatte, hofte eine besondere Belohnung im Himmel. Ziska selbst, lies einige dergleichen seltsame Gesinnungen merken, und pflegte öfters zu sagen: „Die Zeit der Barmherzigkeit „sey vorüber, und der Tag der Rache erschie„nen.„ Solche phantastische Grundsätze, oder vielmehr blutgierige Grillen, verrückten allen Hußiten die Köpfe, und man steht an, ob man sie Menschen, wie andre nennen soll. Zwar ihre Gegner bezeigten sich gegen sie auf gleiche Art. Die Religion nahm bey Catholischen und Hußiten die schrecklichste Gestalt an. Der Glaube ward Wahnsinn, und vernichtete die Menschlichkeit mit ihren Empfindungen.

Ziska eilte, am Ende des Merz (1421) nach der Einnahme von Chomutow, zur Eroberung der Stadt
und

und des festen Schlosses Rabi, welches eine kaiserliche Besatzung hatte. Er ließ sogleich Schanzen aufwerfen und ordnete alles zu einem Sturme an. Als er aber denen Arbeitern in der Schanze zusah, und hinter einem Baume stand, um zugleich die Stadt zu beobachten, flog ein aus einer grossen Maschine geschoßnes Pfeil in den Baum, mit solcher Stärke, daß ein Theil davon zersplittert wurde, und ein Splitter ihm in das einzige noch gesunde Auge fuhr, welches nun auch blind wurde. Durch diesen Zufall wurde die Stadt errettet. Die erschrocknen Hußiten bey ihrem verwundeten Anführer, liessen den Muth sinken. Sie, die unter seinen Befehlen in die dichtesten Feinde gingen, und die höchsten Thürme erstiegen, verliessen, so bald er nicht da war, die Schanzen, und begaben sich hinweg. Die Freude bey den erretteten Einwohnern zu Rabi, ließ sich kaum mäßigen. Sie verfertigten zum Andenken dieses Zufalls ein Gemälde, und zierten es mit einer frohlockenden Unterschrift.

Der verwundete Ziska eilte nach Prag, um sich daselbst heilen zu lassen. Allein die Mühe der Aerzte war, an dem wilden Manne, der nicht ruhig seyn konte, verschwendet. Der kriegrischen Beschäftigungen gewohnt, wartete er seine Cur nicht ab, sondern ging nach wenigen Tagen, mit dem Anfange des Aprils von Prag, in Begleitung einiger Aerzte, wieder zu seiner Armee. Er wurde ganz blind, blieb aber dennoch immer der erste und kühnste Anführer aller Hußiten. Nur ein Ziska war fähig solche Dinge zu thun, und itzt auf beyden Augen blind, aus blinden Irrthume in der Religion, in Raserey ganz unüberwindlich zu seyn.

Er wurde nunmehr noch furchtbarer, und eroberte noch mehr Städte und Schlösser, als vorher. In den Gefechten blieb der blinde Ziska beständig bey der Hauptfahne, und stand auf einem hohen Wagen. Einige Getreue, welche bey ihm stehen musten, beschrieben ihm die Schlachtordnung der Feinde, und die Beschaffenheit der Gegend, worauf er, nach den Umständen Befehle gab, seine Völker in Ordnung stellte, und sie mit verwegnen Muthe zum Fechten befeuerte. Eben so muthig ordnete er Belagerungen an, und nahm die gefährlichsten Posten, ohne Scheu für dem Tode oder irgend einer Gefahr. Hier war es, wo er oft die Kräfte der menschlichen Natur zu übertreffen schien. Seine Soldaten verwunderten, und seine Feinde entsetzten sich über ihn.

Die erste Unternehmung, nachdem er ganz blind geworden war, ging auf die Stadt Beraun, welche er mit Gewalt des Sturms eroberte, und nach seiner üblichen Wildheit verwüsten ließ. Sieben und dreyßig Priester, und drey Magister der freyen Künste, wurden verbrant, viele Bürger getödtet, und der Commendant der Stadt vom Schlosse herabgestürzt. Nach dieser Eroberung trente sich der Theil der Völker von ihm, welche er aus Prag mitgebracht hatte, und bemächtigte sich des Schlosses Tauschinie, und hernach der Stadt Böhmischbrod. Die Einwohner von Kuttenberg, welche von so vielen eroberten und von den Taboriten zerstörten Städten und Schlössern gehört hatten, und sich aller Hülfe beraubt sahen, gingen den herannahenden Feinden entgegen, um ihren Untergang zu vermeiden, und flehten um Verschonung. Diese erhielten sie unter

der

oder Johann von Trocznova.

der Bedingung versprochen, daß sie der alten Religion entsagten, und die vier ihnen vorgeschriebnen neuen Religionsartikel annahmen. Wer der alten vorigen Religion getreu bleiben wollte, bekam Erlaubnis, seine Güter zu verkaufen und die Stadt zu verlassen. Allein die Wuth mäßigte sich dennoch nicht völlig, und beging besonders gegen die wegziehenden Catholischen, grosse Ausschweifungen. Nach der Einnahme von Kuttenberg, vereinigte sich Ziska wiederum mit dem Pragischen Heere unter den Gebürgen bey der Stadt Jenikow, welche sich mit dem Pragischen Heerführer verglich, daß niemand hereinkam. Der Zug ging von da nach der Stadt Chrudim, die sich freywillig ergab, die vorgeschriebnen Artikel der Religion annahm, und alle Klöster der Stadt mit ihren Gütern, der Gewalt des Ziska überließ.

Nach so vielen Eroberungen von Städten binnen wenigen Monathen, trennte sich Ziska wiederum in der Mitte des Mays von dem Pragischen Heere, um seine Lieblingsbeschäftigung fortzusetzen, und die Klöster, denen er durchaus den Untergang geschworen hatte, in dem Chrudimer, Bunzlauer und Königgrätzer Kraisen, zu zerstören. Er führte seinen Vorsatz mit der weitläuftigsten Genauigkeit aus. Eine Menge von Klöstern wurde in Asche verwandelt, und die Schriftsteller geben uns ein langes Verzeichnis nebst verschiednen Umständen an, die wir gern übergehen. Wichtiger war die Belagerung der Stadt Jaromir, welche sich herzhaft vertheidigte und selbst das feste Lager des Ziska angrif, nachdem sie den Sturm abgeschlagen hatte. Da sie aber wegen der fortgesetzten Belagerung in Furcht gerieth

rieth und nicht die äuserste Gefahr abwarten wollte, ließ sich die Besatzung in Unterhandlung ein, und man gestand ihr zu, daß die Einwohner insgesamt die Stadt verlassen sollten, und jede Person, so viel sie tragen könte, mitnehmen dürfte. Allein die Taboriten folgten dem Grundsatze, daß man den Ketzern keine Treue halten müßte, und fielen die unbewafneten Einwohner an, als sie zur Stadt herauszogen und tödteten die gröste Anzahl davon. Die Priester wurden, „damit das Gesetz Christi an ihnen erfüllet würde,„ wie man sagte, verbrandt, und der Befehlshaber der Stadt gefangen nach Prag geschickt. Hierauf ging die Plünderung an, und alles wurde verwüstet, welche Beschäftigung zwey Tage dauerte.

Ein gleiches Schicksal bedrohte nunmehr die Stadt Leutmeriz, auf welche Ziska mit seiner Armee anrückte und einen Berg einnahm, welchen er den Kelch nante. Die Bürger von Leutmeriz fertigten voll Angst nach Prag eine Gesandschaft ab, und versprachen, ihren vorgeschriebenen vier Religionsartikeln beyzupflichten, wenn man sie nur für den Grausamkeiten des Ziska schützen wollte. Die Prager baten den Ziska, die Stadt zu verschonen, aber sein blinder Eifer erhörte die Fürbitte nicht, sondern grif Leutmeriz an, und ließ heftig stürmen. Die Belagerten fochten als Verzweifelte, und schlugen den Sturm mit so viel Nachdruck ab, daß Ziska sich gezwungen sah, zurückzuweichen. Er hatte bey dieser Belagerung einen grossen Theil seiner besten Truppen verlohren, und sein Heer war so sehr geschwächt worden, daß er von der Stadt Raudniz einen ruhigen stillen Durchzug verlangte. Er erhielt

erhielt ihn nach einigen Schwürigkeiten, vorzüglich auf die Vorstellung des Erzbischofs von Prag, welcher insgeheim den Taboriten geneigt war. Die Schwäche seines Heeres nöthigte ihn, das Versprechen der Ruhe zu halten; allein ein Kloster zu verschonen war ihm unmöglich, und er ließ also das Kloster zu Raudniz, nebst der Probstey, nach seiner gewöhnlichen Art, anzünden.

Um dieselbige Zeit, führte er eine besondre neue Unternehmung aus, gegen eine Rotte von Leuten, welche die Catholischen Grundsätze so gut wie er verdamten, aber noch verschiedenes andres nicht glaubten, was er glaubte. Diese Personen nanten sich Adamiten, und mischten sich aus wahren und lächerlichen Sätzen zusammen ein eignes seltsames Glaubenssystem. Sie leugneten die Gegenwart Christi im heil. Abendmahl, bildeten sich ein, in dem Stand der Unschuld zu seyn, und gingen daher größtentheils nackend, und hatten in Absicht der Ehe ganz eigne Grundsätze, welche die Scheidung erlaubten. Die päbstlichen Schriftsteller geben ihnen zugleich eine wilde Unzucht schuld, und andre seltsame Dinge. Wer nicht das glaubte, was Ziska glaubte, hatte sich an ihn so sehr versündigt, daß er schwere Strafe leiden muste, und diese sollte nun die Adamiten treffen. Sie hatten bisher viele Streifereyen vorgenommen und Grausamkeiten ausgeübt, als Ziska auf sie losging und sie völlig auszurotten beschloß. Er erfüllte auch seine Absicht, und vertilgte sie völlig. Bey dem Dorfe Klockot, ließ er funfzig von diesen Leuten verbrennen. Sie wurden vorher ermahnt, die Lehrsätze der Taboriten anzunehmen, unter

welcher

welcher Bedingung man ihnen das Leben lassen wollte. Aber diese ebenfalls fanatisch verrückten, trieben ihre Hartnäckigkeit so weit, daß sie sich lieber verbrennen, als ihren poßirlich unsinnigen Meinungen entsagen wollten. Sie gingen mit lachendem Muthe zum Feuer und sagten: „sie müsten mit unsern Herrn GOtt ei„nen guten Muth haben.„ „So gesegne euchs „unser Herr GOtt, sprach Ziska, und ließ sie ins Feuer werfen. — Die Secte der Adamiten, welche von geringer Anzahl war, wurde binnen kurzer Zeit ausgerottet.

Unter allen diesen zerrütteten Unruhen schien Kaiser Sigismund für sein rechtmäßiges Erbe, das Königreich Böhmen, wenig Sorgfalt zu tragen. Er bat verschiedne Fürsten des deutschen Reichs um Hülfe, gegen die Hußiten, und als sie sich entschlossen hatten dieselbe zu geben, war er saumseliger als ein ganz fremder Fürst seyn konte. Er führte gegen die Türken Kriege in Ungarn und befand sich außer Stand zugleich in Böhmen, wo er schon zweymahl unglücklich gewesen war, Krieg führen zu können. Die Empörer spielten also in Böhmen allenthalben den Meister und unterjochten sich eine Stadt nach der andern. Noch hatte Sigismund immer, besonders unter den Vornehmsten des Königreichs, starken Anhang behalten; allein da sie sich der Frechheit ganz Preis gegeben sahen, und die Zerstörung aller ihrer Güter befürchten musten, so traten sie auch endlich der mächtigern Parthey der Mißvergnügten bey, welche in diesem Jahre (1421) die Oberherrschaft in Böhmen gewann. Die Empörer bekamen unter so günstigen Umständen, und ihrer immer vermehrten Anzahl

oder Johann von Trocznova.

zahl und Macht, endlich so viel Muth, daß sie im Junius dieses Jahrs einen allgemeinen Landtag nach Czaslau ausschrieben, und nicht allein alle Stände von Böhmen, und Abgesandte von den Partheyen der Mißvergnügten, sondern auch die Landstände von Mähren dazu einladeten, um über die Summe des Ganzen, und die Wohlfahrt von Böhmen Berathschlagung zu halten. Es erschienen auch, obgleich spät, abgeordnete aus Mähren. Die Nachricht von dieser allgemeinen Versamlung der Böhmen, machte den Kaiser bestürzt. Er schickte ebenfals Abgeordnete nach Czaslau; allein sie wurden mit vielen Beschwerden über das Betragen des Kaisers gegen Böhmen, abgewiesen. Die vornehmste Absicht dieses Landtages war eben, die Stände des Reichs vom Kaiser noch mehr abwendig zu machen, sich seiner Herrschaft völlig zu entziehen, und einen neuen Regenten von Böhmen zu erwehlen. Ziska erschien in dieser Versamlung des Reichs, und sein mächtiges Ansehen hatte auf alle wichtige Verhandlungen Einfluß. Theils aus Furcht, theils aus Vertrauen auf die Macht der Unterstützung, die er durch seine Armee seinen Rathschlägen geben konte, ließ man ihn die vorzüglichste Rolle spielen.

Zuerst wurden von der Versamlung nochmals die vier Artikel, die wir oben beschrieben haben, bestätigt. Ziska pflichtete ihnen bey, ob er gleich anfänglich, da man sie zu Prag aufsetzte, sie nicht vollkommen billigte. Er war in seiner Denkungsart, in Absicht der Religion, billiger, als in seinen kriegrischen Unternehmungen. Ohne Nothwendigkeit wollte er nicht die Glaubenslehren geändert wissen, aber die nothwendigen Lehrsätze,

ſätze, nach ſeinem Begrif, predigte er mit Feuer und Schwerdt bis auf dem letzten Athem ſeines Lebens. Die Grauſamkeiten ſeiner kriegeriſchen Unternehmungen entſprangen mehr aus dem perſönlichen Haſſe, welchen er gegen die Geiſtlichkeit gefaßt hatte, und aus der blinden Ueberzeugung ſeines Verdienſtes um die Religion, als aus einem bloſſem Inſtinct der Wildheit. In der Verſamlung der Stände des Reichs zu Czaslau zeigte er dieſe Denkungsart mit Nachdruck. Man fügte den vier vorigen Glaubensartikeln, einen funften bey, worinnen man ſich verband, den Kaiſer Sigismund nie für einen König von Böhmen zu erkennen. Ziska widerſprach. Die Urſache war das Mißvergnügen über eine ſchon vorher, ohne ſeine Einwilligung, abgefertigte Geſandſchaft an den König in Pohlen, und deſſen Vetter, den Herzog von Litthauen, welchen beyden man die Krone von Böhmen angetragen hatte. Die Umſtände ſchienen aber dem Könige in Pohlen ſo bedenklich, daß er zwiſchen Entſchluß und Verweigerung wankte, und dadurch wenigſtens den Kaiſer Sigismund in Furcht und Achtung erhalten wollte. Dieſer unterhandelte auch wirklich mit ihm, und bot ihm ſeine Tochter, oder die verwittwete Königin von Böhmen, Sophia, zur Gemahlin an. Wladislaus ſchickte einen neuen Geſandten an den Kaiſer, und wählete die Königin Sophia zur Braut. Allein, der Geſandte wurde auf dem Wege, von Ziska gefangen genommen, und nach Prag geführt. Die Vermählung kam nicht zu Stande, und Wladislaus heirathete eine andre Sophia, des Herzogs von Kiow Tochter. Noch hatte er nicht in Abſicht des Throns von Böhmen ſich erklärt,

als

als die Versamlung zu Czaslau ihren Anfang nahm. Nach der erhaltnen abschläglichen Antwort ersuchte man den Herzog von Litthauen den Thron von Böhmen zu besteigen; aber er bezeugte eben so wenig Lust, über ein Volk zu herrschen, welches sich nicht beherrschen ließ, und eine Krone anzunehmen, die er nicht erhalten konte.

Weil der Antrag der Böhmischen Krone an den Herzog von Litthauen ohne Ziskas Einwilligung und Befragen geschehen war, so machte er einige Schwierigkeiten gegen den Vorschlag, den Kaiser Sigismund nie zum Herrn anzunehmen, und einen neuen König zu erwählen, ob er gleich der heftigste Feind des Kaisers war. Weit geneigter bezeugte er sich bey dem sechsten Artikel des Czaslauer Landtages; nach welchem man, während der Erledigung des Throns, die Regierung von Böhmen zwanzig Personen auftragen wollte, welche man aus den verschiedenen Ständen des Reichs erwählen wollte. Unter sieben aus dem Stande von Adel war Ziska der erste erwählte, und sein Nahme stand oben an. So wurde nun der Blinde Ziska ein Mitregent seines Vaterlandes, und der erste von zehn Königen in Böhmen.

Das Misverständnis zwischen ihm und den Pragern nahm, nach Endigung des Landtages, noch mehr zu. Man konte in einigen Puncten des Glaubens nicht einig werden, weil die Taboriten und Prager selbst nicht recht wußten, was sie wollten, und das Spingewebe ihrer Grillen sie verwickelte. Beyde Theile webten Irthümer und Wahrheiten zusammen, und blieben in ihr Gewebe so heftig, und mit einem solchen phantastischen Enthusiasmus verliebt, daß sie in nichts nachgeben wollten. Sie entschlossen sich einen Synodus zu Prag zu halten, unter dem Vorsitze des Erzbischofs Conrad, welcher die vier Glaubensartikel des Landtages zu Czaslau öffentlich angenommen hatte. Aber wie konten widriggesinnte Enthusiasten einig werden? Sie wurden, wie natürlich war, nur noch heftiger gegen einander aufgebracht. Die Reste der Adamiten, welche Ziska vorher so grausam verfolgt hatte, machten sich in Prag neue Freunde, und störten die Ruhe ebenfals. Ein Gönner von ihnen, und Mönch, Johannes bewegte die Prager sogar, daß sie den Rath der alten und neuen Stadt absetzten, und einen neuen Rath erwählten, der den Adamiten, die sich itzt Piccarder nanten, günstiger war, und die Regierung von beyden Städten zu Prag führte. Die Unruhen nährten sich, und wuchsen bey solchen Unordnungen bis zur empörenden Zwietracht. Es ward nunmehr gewöhnlich, politische Trauerspiele, und blutige Scenen zu sehen. Aufruhr wurde bald eine so gemeine Erscheinung, wie ein Gewitter im Sommer. Unter solchen Verwirrungen bemerkte man es kaum, daß der Pabst eine neue Bulle wider Prag und ganz Böhmen bekant machte, und alle Christen zum Kreuzzuge wider dieses Land auffoderte.

Aus Schlesien brachen zuerst zwanzigtausend Mann in Böhmen ein. Ziska gieng ihnen entgegen; und das Schrecken seines Nahmens trieb sie zurück, ohne etwas wider ihn zu wagen. Hierauf wandte sich der wilde Krieger in den Bechiner Kreiß um die Adamiten oder Piccarder, welche er noch antreffen konte, zu vertilgen. Die Wuth gegen sie war derjenigen gleich, mit welcher er ihre Verfolgung angefangen hatte. Von dieser

dieser Rache wandte er sich gegen die Johanniter-Ritter, welche schon dadurch genug seine Feinde waren, daß sie sich zu dem catholischen Glauben bekanten. Sie vertheidigten sich aber zu Strackonitz so tapfer, daß Ziska viel Volk verlohr, und es für unmöglich hielt, sie zur Uebergabe zu zwingen. Er nahm also eine leichtere und ihm gewohnte Beschäftigung vor, und eroberte einige kleinere Städte und Schlösser, und zerstörte Klöster.

Man hat schon öfters bemerkt, daß solche Plünderungen und kleine Eroberungen, nur gleichsam die Zwischenspiele waren, wenn er nichts grosses und wichtigers zu thun hatte. Er bewies dieses auch jetzt. Mitten unter diesen Klostertyranneyen erfuhr er, daß die Reichsarmee, welche in Böhmen unter Anführung der tapfersten Fürsten Deutschlands eingebrochen war, grosse Eroberungen mache, und das Heer der Prager ins Gedränge triebe. So gleich hörte er auf zu verwüsten, und suchte zu schlagen. Ehe er aber noch seine mächtigen Feinde erreichen konte, hatten sie schon Böhmen verlassen, nicht so wol aus Furcht, als vielmehr aus Unwillen über den Kaiser, welcher versprochen hatte, zugleich mit ihnen, von einer andern Seite her, in Böhmen einzubrechen, und nicht erschien. Sie hatten schon verschiedene Städte und Festungen eingenommen, das Heer der Prager vor sich hinweg getrieben, und ihre Macht umher verbreitet: sie erwarteten den Kaiser bis in der Mitte des Octobers (1421) aber ihre Erwartung blieb fruchtlos, und ihr Verlust nöthigte sie zum Rückzuge. Als sie hinweg waren kam der Kaiser an, und wollte, noch am Ende des Novembers einen neuen

Versuch wagen, welcher, wenn er zu rechter Zeit wäre angefangen worden, und mit Beystand der Fürsten des Reichs, dem Kriege hätte den Ausschlag geben können.

Die Ankunft des Kaisers mit einem mächtigen Heere setzte besonders die Bürger zu Prag in Schrecken. Einige vornehme von Adel unterwarfen sich dem Kaiser zu Iglau, andere folgten dem Beyspiele, und von vielen vermuthete man eben diesen Gehorsam. Die drohende Gefahr bewog nunmehr die Prager, wiederum die Hülfe ihres vorigen, schon zweymahl glücklichen Beschützers, zu suchen. Ziska, obgleich das Misverständnis zwischen ihn, und den Pragern noch nicht gehoben war, ließ sich durch die Grösse der Gefahr bewegen, die Streitigkeiten, bey dem Angriffe eines gemeinschaftlichen Feindes, nicht in Betracht zu ziehen. Er versprach Hülfe und kam mit seinem Heere am ersten December (1421.) selbst nach Prag. Seine Ankunft belebte die Stadt mit neuem Troste. Man empfing den wilden Schutzgeist der Stadt mit den höchsten Ehrenbezeugungen, und traute seinem Muthe Glück zu. Er pflog sogleich mit den Pragern Berathschlagungen. Der Kaiser stand schon in Czaslauer Kraise mit seiner zahlreichen Armee. Ziska ließ die Stadt Czaslau zuerst, so geschwinde als möglich, besetzen, um den Kaiser dadurch aufhalten, und einige Zeit zur Vorbereitung gegen ihn zu gewinnen, er selbst aber hielt es nicht für gut, eine Belagerung in Prag zu erwarten, sondern eilte mit seiner Armee, und einer guten Verstärkung von dem Heere in Prag, dem Kaiser entgegen, nach Kuttenberg, wo er ihn erwarten wollte. Die Hülfstruppen aus Prag aber trenten sich unvermuthet von ihm, weil man

einen

einen Aufruhr in der Stadt befürchtete, wo sich verschiedene von hohen Adel befanden, welche dem Kaiser zu Iglau sich unterworfen hatten, und den erschrockenen Pöbel leicht zu einer Revolution zum Vortheile des Kaisers bewegen konten. Ziska traute nunmehr mit seinem geschwächten Heere weder den Befestigungen noch den Bürgern zu Kuttenberg, und zog sich auf den Berg Trautkauck, wo er sich mit einer Wagenburg, nach der Art, wie wir oben beschrieben haben, verschanzte. Der Kaiser rückte mit starken Schritten auf ihn zu, nahm Kuttenberg weg, und umringte den Ziska auf seinem Berge von allen Seiten, und schloß ihn so ein, daß es unmöglich schien, dismahl zu entkommen.

Hier zeigte der blinde und listige Feldherr seine Kriegskunst bis zum Erstaunen, und führte in der zweiten Nacht, nach der Umringung, sein ganzes Heer mitten durch das kaiserliche Lager, ohne einen Mann, oder das geringste von seinem starken Kriegsgeräthe zu verlieren. Er ließ auf der Seite, wo er sich durchschlagen wollte, die Vorposten des Feindes aufheben, und zog mit seiner Armee, in der nächtlichen Stille, eilfertig nach, ohne in ein Gefecht sich einzulassen, indem er immer nur vor der Spitze des Heers fechten ließ, und auf beyden Seiten durch seine Wagen die Feinde, welche in der entsetzlichsten Ueberraschung waren, aus einander trieb, und sie in die Ungewisheit, bey der Finsternis und der Stille, setzte, zu erfahren, wo eigentlich der Angrif geschähe. Ehe sich das kaiserliche Heer erholen und bewafnen konte, war Ziska mit seinem Heere hinweg. Die lange Winternacht, (es war der 23 December) begünstigte die kühne Unternehmung. Mit
dem

dem Anbruche des Tages suchten die kaiserlichen Truppen den Feind. Wo solten sie sich hinwenden? Schon muste er weit entfernt seyn. Er war weg, und dieß Meisterstück des blinden listigen Kriegers muste selbst Sigismund bewundern. Wenn man die überwiegende Anzahl der kaiserlichen Armee bedenkt, die Verzweiflung, in welcher Ziska mit seinem Taboriten war, wo Gegenwart des Geistes, und ein überdachter, langsam angelegter, und hurtig ausgeführter Streich unmöglich schien, wenn man den Feldherrn denkt, der blind war, und sich einer Menge von Gefahren aussetzte, die aus kleinen Umständen entspringen, und von seinen Officiers sehr leicht gar nicht bemerkt werden konten, wenn man den Ziska mit seiner ganzen Lage sich lebhaft vorstellt, und diese listige meisterhafte Entführung seines Heeres durch das feindliche Lager, so wird man zugleich an Hannibal denken, und Ziska wird hier mehr seyn, als Hannibal.

Er zog sich mit seinen entronnenen Truppen glücklich, ohne beunruhigt zu werden, nach Kolin, und von da nach Turnow. Hier hielt er eine Musterung über sein Heer, und bekam einige Verstärkungen, worauf er, mit neuem Muthe wieder nach Kolin sein Heer führte. Am neuen Jahrstage 1422. brach er von da eiligst auf, und lagerte sich bey dem Dorfe Nebovid, zwischen Kolin und Kuttenberg, welches er, wegen der dasigen Silberbergwerke, **den Beutel des Antichrists,** nante. Hier war er fest entschlossen, dem Kaiser selbst eine Schlacht zu liefern, und bot ihm die Gelegenheit dazu, fünf Tage hinter einander an. Allein der Kaiser bezeugte keine Lust dazu, und es fielen nur Scharmützel vor,

vor, mit abwechselnden Glücke. Da aber die Härte des Winters zu beschwerlich wurde, und Ziska alle Zufuhr abschnitt, außerdem auch, einen neuen Zuwachs von Hülfstruppen aus Prag erwartete, so entschloß sich der Kaiser zurückzuziehn, zündete Kuttenberg an, und begab sich mit seinem Heer nach Deutschbrodt, von welcher Stadt er nach Mähren gehn, und die Winterquartiere daselbst nehmen wollte. Ziska eilte ihn mit unglaublicher Geschwindigkeit nach, und mit noch grösserer Verwegenheit lagerte er sich vor seinem Angesichte, und grif den Kaiser hitzig an. Die Lage des Orts war dem erfahrnen Laboritischen Feldherrn zu günstig, als daß er die schöne Gelegenheit der Schlacht hätte vorbey gehen lassen. Die morastige Gegend verhinderte die kaiserliche Reuterey, etwas gegen den Feind auszurichten. Die vielen mit Schnee bedeckten, und unten sumpfigten Hügel machten die Gegend noch unbequemer, und für den Ziska, welcher wenig Reuterey hatte, sehr vorteilhaft. Er grif den Kaiser so an, daß das Gefecht bald allgemein werden mußte. Es daurete über drey Stunden, ehe der entscheidende Augenblick kam, und sich die Kaiserlichen zurückzogen. Ziska drang sie nach einen gefrornen Wasserstrom zu, und da das Eis unter der Menge der Menschen brach, so ersoffen viele im Strome. Die Verwirrung wurde allgemein, und der Kaiser erarif mit seinen Truppen die schnellste Flucht. Seine Niederlage kostete ihm viel Volk, sieben Fahnen, fünfhundert Wagen, und anderes Kriegsgeräthe. Er flüchtete mit dem Reste seines geschlagenen Heeres nach Iglau; und war nun zum dritten mahle vom Ziska aus Böhmen getrieben worden.

Dieser siegrische Wilde hingegen ließ den folgenden Tag, am 10 Jenner nach der glücklichen Schlacht, die Stadt Deutschbrod bestürmen, wo er aber den heftigsten Widerstand antraf. Der Sturm daurete den ganzen Tag hindurch, und noch spät in die Nacht. Als am Morgen darauf Ziska mit der Besatzung sich in vorgelegte Bedingungen schon eingelassen hatte, bestiegen die unaufhaltbaren Soldaten die Mauren, und richteten ein jammervolles Blutbad, wie es die Natur der Stürme mit sich bringt, in der eroberten Stadt an, welche gänzlich zerstört wurde. Ziska selbst aber nahm an den darauf folgenden Tage eine besondere Ceremonie vor; setzte sich unter die aufgestellten, vom Kaiser erbeuteten Fahnen, und machte eine Anzahl von dem ihn begleitenden böhmischen Adel zu Rittern. Man sieht daraus die Macht, welche er sich anmaßte, und die Achtung, welche seine Taboriten für ihn hatten, und welche sein Kriegergeist auch verdiente. Er übertraf alles, was man von einem Menschen erwarten und glauben kan.

Eben so sehr übertrafen die grausamsten Folgen der allgemeinen Zerrüttung in Böhmen alle Beyspiele, die uns die Geschichte aufgezeichnet hat. Es waren dren Factionen im Königreiche. Ein Theil, zu welchem viele vom Adel gehörten, waren dem Kaiser Sigismund ins geheim ergeben, einige bezeugten ihre Ergebenheit öffentlich. Ein zweiter Theil, davon die Prager das Haupt waren, verlangten einen neuen König. Ziska machte mit seinen Taboriten die dritte Faction, und wollte überhaupt keinen König, wenigstens keinen auswärtigen annehmen. Vielleicht hatte er, so
wie

wie vorher Nicolaus Hnß, selbst Absichten auf die Krone, obgleich viele Umstände dieser Muthmassung zu widersprechen schienen. Unter diesen Verwirrungen erlitt besonders die Stadt Prag traurige Vorfälle. Der Rath ließ den Mönch Johannes, welcher lauter Unruhen stiftete, in der Stille enthaupten. Der Pöbel erfuhr es, und ermordete den Rath. Die Collegia der Universität wurden gestürmt, ihre Lehrer gefangen genommen. Ein neuer Rath war aus Furcht nicht fähig, denen wilden Empörungen Einhalt zu thun. Die aufrührerischen Bürger zogen öfters aus der Stadt, und verwüsteten die umliegenden Oerter. Die Furie der Zwietracht durchzog das ganze Königreich, und entflamte auch Mähren zur Rebellion, wo sich verschiedene Haufen versammelten, und den Taboriten nachahmen wollten. Man erkennet mit Mühe noch Spuren der menschlichen Natur in der Gestalt dieser Zeit.

Bey denen täglich erhöhten Gefahren, deren Ende man nicht sehen konte, kam endlich, im May dieses Ja[hrs] 1422. der von den Pragern erwählte König Coribut aus Litthauen in der Hauptstadt an. Die Bürger empfingen ihn mit Frolocken, und freuten sich desto mehr, da der neue König Volk und Geld zu seiner Begleitung hatte, und das h. Abendmahl, wie sie es verlangten, unter beyden Gestalten nahm. Man ließ die Ankunft des neuen Königs allenthalben bekant machen, und ladete die Stände des Reichs zur Krönung ein. Eben itzt, als die Eintracht am meisten gehoft wurde, breitete sich die Zwietracht von neuen aus. Die Faction des Adels und verschiedner Vornehmen im Lande erklärte sich, daß sie den Fürst Coribut nie für ihren

König erkennen würde. Ziska, mit seiner Parthey wollte keinen König überhaupt annehmen, welcher nicht aus der Nation selbst erwählt würde. Man beschloß demnach den König Coribut zu krönen; indessen ließ die Faction der böhmischen Landherren die Krone und die Insignien des Reichs nach dem festen Schlosse Carlstein bringen. Die Prager nahmen die Belagerung dieses Schlosses vor. Ehe sie sie aber anfangen konten, waren die Insignien schon auch von da, in der geschwindesten Stille weggeführt worden.

Der Genius dieses Zeitalters hatte seine wilde unbezwingliche Hartnäckigkeit so allgemein ausgebreitet, daß jedermann, der die Waffen ergrif, zwischen Tod und Sieg kein drittes wissen wollte. Die Besatzung zu Carlstein, welche die Parthey des Kaisers Sigismund hielt, vertheidigte sich bis aufs äusserste, und ahmte der Verzweifelung der Carthaginenser nach. Obgleich die Lebensmittel völlig mangelten, und der Hunger die Belagerten angrif, so wollten sie doch von keiner Uebergabe hören, und thaten unglaublichen Widerstand. Man pflog Unterhandlungen, aber fruchtlos. Die Belagerer bewirtheten einige Abgesandte von der Besatzung, und suchten dabey den Zustand der Festung zu erfahren. Allein die Abgesandte rühmten, ob sie gleich den äussersten Mangel litten, den Ueberfluß, und gaben zu verstehen, daß sie geheime Gänge hätten, welche ihnen allen Mangel stillten, und bis auf drey Jahr wohl Vorrath verschaffen könten. Nach ihrem Abschiede entstand unter den Belagerern eine grosse Uneinigkeit, weil die meisten glaubten, es sey unmöglich, das Schloß durch Hunger zur Uebergabe zu nöthigen. Um diese Meynung

zu

zu bestätigen, bat die Besatzung von Carlstein sich einen Waffenstillstand auf einen Tag aus, weil man ein Hochzeitfest feyern wollte. Hierbey bethörte sie die Prager noch mehr, und überführte mitten in den gröstem Mangel, ihre Feinde von dem reichlichsten Ueberflusse. Man erzehlt, daß noch ein einziger Bock vorhanden gewesen sey. Diesen ließ man schlachten, und schickte einen Theil davon dem Anführer der Belagerung zum Geschenk, welches ein ehmaliger Schneider gewesen seyn soll, und den man durch Rehhaare, die über das übersandte Viertel von Bock gestreut waren soll überredet haben, daß es ein Stück von einem Rehe sey, welches erst den Tag vorher auf der Jagd sey erlegt worden, und welches also die Vermuthung von verborgnen unterirdischen Gängen der Festung bestätigen sollte. So viel bestätigt die Geschichte, daß die Belagerer durch das vorgegebene Hochzeitfest überzeugt wurden, die Belagerten hätten noch eine Menge von Lebensmitteln, und würden durch Hunger zur Uebergabe nicht können genöthiget werden. Man beschloß, noch bis auf Martini zu warten, und da auch dieses der Besatzung verrathen wurde, so litt sie alles bis zur unglaublichen Geduld, und die Feinde verliessen die Belagerung von Carlstein, welche bis in den sechsten Monath gedauert, und vielen Verlust gekostet hatte.

Ziska nahm an dieser Belagerung keinen Antheil; er sah es gern, daß die zwey ihm widrigen Factionen des Fürsten Coributs, und des Kaisers Sigismund sich einander schwächten. Er wollte keinen von beyden, sondern entweder ganz und gar keinen König, oder einen Böhmen von Geburt, für den Herrn des Landes erkennen.

Indeß

Indessen sich die widrigen Partheyen in diesem Jahre 1422 in Böhmen herumschlugen, und Carlstein belagert wurde, gieng der unruhige Krieger mit seinem Taboritischen Heere aus Böhmen selbst hinweg, und theilte sein Volk in zwey Haufen. Der eine wagte einen Einfall, nach seinen Befehlen, in die Mark Brandenburg, und soll Frankfurt an der Oder zweymahl, aber vergeblich belagert haben. Ziska selbst gieng mit einem starken Kriegesheer in das Oesterreichische Gebiet, und verwüstete die Gegenden, wo er hinkam, um sich herum. Die Einwohner entflohen vor ihm, und führten ihre Geräthe und Vieh mit sich hinweg. Einige brachten es auf die Insel der Donau, und hier raubte es ihnen, wie erzehlt wird, der listige Ziska durch einen besondern neuen Einfall, indem er alles Vieh welches er bey sich hatte, so lange schlagen ließ, bis es durch das Geschrey das gegen über an dem Ufer befindliche zu sich lockte, welches herüber schwam, und so dem Ziska zu Theil wurde. Bis auf Kleinigkeiten, und unbedeutende Dinge herab kan man den erfinderischen Geist dieses wilden Kriegers bemerken, und was bey einem andern Helden unbemerkt scheinen könte, wird bey ihm deswegen merkwürdig, weil bey einem so ausserordentlichen unter den Menschen die Neugierde auch gern sieht, wie er in allen Dingen ausserordentlich war. Aus diesem Grunde hoffen wir nicht den Vorwurf der Geringfügigkeit, bey den vorhergehenden Erzehlungen, von billigen Lesern befürchten zu dürfen.

Die Nachricht von einem neuen bevorstehenden Einfalle des Kaisers auf Böhmen wandte die Waffen des Ziska, der den Feind nie scheute, wenn er sich bli-

cken

oder Johann von Trocznova. 253

ßen ließ, wiederum in dieses Land zurück. Der Kaiser Sigismund hatte dieses Jahr (1422.) seine verkehrten Maaßregeln, immer, wenn der Winter ankam, erst in Böhmen einzubrechen, um bald wieder zurück gehen zu müssen, nicht verlassen. Er blieb der Thorheit getreu, den Sommer über mit Berathschlagungen und Zurüstungen, und den Winter mit unglücklichen Feldzügen zuzubringen. Die Vermählung seiner Prinzeßin, mit dem Herzoge Albrecht von Oesterreich, einige Geschäfte in Ungarn, ein Reichstag zu Nürnberg, und ein Fehdebrief an den Herzog von Bayern-Jugelstadt beschäftigten ihn bis zum Ende des Septembers. Auch da wurde noch nichts gegen Böhmen unternommen, sondern der erste November wurde zum Zeitpunkte bestimt, wo die zu Nürnberg versprochene Reichsarmee, und der Kaiser ihren Feldzug gegen die Hußiten in Böhmen, eröfnen wollten. Vorher aber schon im October, war, unter dem Befehle Heinrichs von Plauen, eine Anzahl von Meißnischen Truppen vor die Stadt Saatz gerückt, und hatte die Belagerung derselben unternommen, allein die Furcht für den herannahenden Ziska nöthigte sie, mit Verlust, zurückzugehn.

Von der Unternehmung des grossen Feldzuges gegen die Hußiten, welcher auf dem Reichstage zu Nürnberg beschlossen war, geben die Schriftsteller dieser Zeiten verwirte Beschreibungen. Sie vermengen das vorhergehende Jahr mit dem folgenden, und man erkent, aus einer genauern Prüfung und Nachforschung, daß diese ganze Unternehmung vereitelt geworden ist. Der Churfürst Friedrich von Brandenburg, dessen Verdienste um den Kaiser Sigismund eben so groß gewesen waren,

ren, als sie schon belohnt wurden, unternahm mit einigen Völkern einen Einfall nach Böhmen; allein, er konte nichts wichtiges unternehmen, zumahl da die Jahrszeit zu rauh wurde, und die nöthige Unterstützung am Volke ihm eben da fehlte, wo er, ohne starke Macht, nicht fähig gewesen seyn würde, dem heranziehenden Ziska mit seinen wilden, streitbaren Kriegern, die Spitze zu bieten. Einige Geschichtschreiber vermehren die Anzahl der deutschen Völker über die Wahrheit, und erzehlen mit einem irrenden Lobspruch des Ziska, daß für dem Schrecken seines Nahmens allein die zahlreiche Armee der Feinde geflohen sey; ob es gleich gewiß ist, daß er der fürchterlichste Mann seines Zeitalters war. Man erstaunte selbst über sich, daß man für einem blinden Krieger so viel Furcht hatte, und erdichtete, um sich zu entschuldigen, verschiedene abergläubische Thorheiten. Ein alter Schriftsteller erzehlt mit trockner Wahrheitsmiene, daß man damahls geglaubt habe, „Ziska sey „mit dem Teuffel selbst in einem Bündnis, und ein ge„wisses altes Weib — welches nichts geringeres, als eine Hexe seyn solte — gäbe ihm die Anschläge, wo„durch er so oft siegte, und so viel Entsetzen vor sich her „verbreitete. Er setzt hinzu, daß Ziska zu diesem „Weibe, wie zu seinem Apollo, in jeder Gefahr, und „bey jedem Vorfalle seine Zuflucht genommen, und „durch sie glücklich, und Sieger geworden sey.„ Dergleichen Possen sind wenigstens für das Jahrhundert verrätherisch. Man erkent daher die Wahrheit des panischen Schreckens, welches der blinde Heerführer der Hußiten erweckte, und welches so wenig geleugnet werden konte, daß es, zur Entschuldigung, übernatürlichen Ursachen

zuge-

zugeschrieben werden mußte. Man sagt daher nicht zu viel, wenn man behauptet, daß es geschienen habe, als wenn Ziska die Kräfte der menschlichen Natur übertreffen könte.

Nie war, so lange dieser Mensch lebte, die Unterwerfung des Königreichs an den rechtmäßigen Herrn, den Kaiser Sigismund, möglich; wenigstens bey denen damahligen Umständen, bey der Furcht für ihn, und den weiten allgemeinen Anhange an ihn. Auch verband er mit seiner kriegrischen Wildheit, gewisse Maßregeln, deren Erfolg wirksam seyn konte. Sein immer geschäftiger, und zugleich harter, grausamer Geist suchte diese Maßregeln mit seinem ganzen Nachdruck auszuführen. So wollte er den König Coribut verdrengen, weil er theils vorhersahe, daß durch einen so schwachen Fürsten, dem viele noch abgeneigt waren, die Ruhe in Böhmen nicht wieder hergestellt werden könte, theils seine Herrschaft und Ehrgeitz keinem fremden Prinzen unterthan seyn wollte. Er suchte daher, so bald die Feinde Böhmen verlassen hatten, am Ende des Jahres, 1422 die Prager zu einem Vergleiche zu bewegen, weil er dadurch allein den Krieg gegen den Kaiser, und für die Freyheit seiner Mitbürger, wichtig machen konte. Ein aufrührischer Verfall mit einem Theile seiner Taboriten zu Prag schien die Zwistigkeiten mit der Hauptstadt sehr zu vermehren; und er war vorsichtig genug, diesen Stein des Anstoßes aus dem Wege zu räumen, um seine Hauptabsicht zu erreichen. Noch, während der Belagerung von Carlstein, hatte sich eine Rotte von den Taboriten des Ziska, unter einem Hauptmanne, Bzdinka, in Prag eingeschlichen,

chen, vermuthlich nach dem Befehle des Ziska, um in dieser Hauptstadt auf alle Bewegungen der verschiedenen Factionen Achtung zu geben, und die Vortheile der eignen Parthey zu besorgen. Diese wilden unruhigen Geister aber fingen, als sie erst kurze Zeit da gewesen waren, in der Trunkenheit ihres Unsinnes lermen an, und stürmten einige Häuser in der Nacht. Der Auflauf warb groß! Die Bürger der Stadt kamen ihren bestürmten Mitbürgern zu Hülfe, schlugen auf die Taboriten los, viele todt, andere verwundet, einen Theil nahmen sie gefangen, und den Rest trieben sie zur Stadt hinaus, wovon die meisten in der Mulda ersoffen. Mit Unwillen und Verdruß erfuhr Ziska diesen Vorfall. Seine Lage wurde dadurch bedenklich. Die Prager schöpften gegen ihn einen unangenehmen Verdacht. Seine Taboriten dürsteteten nach Rache. Er, in der Mitte, mußte das Vertrauen seiner Soldaten zu erhalten, und den Zorn der Prager zu besänftigen suchen. Durch einige Abgeordnete ließ er die Einwohner von Prag insgesamt versichern, daß er an den empörerischen Auflauf keinen Antheil habe, und die Frechheit seiner Taboriten misbillige. Seine untergebene Soldaten machte er sich durch die Hofnung künftiger neuer Vortheile geneigt.

Die Gesandschaft, welche in seinem Nahmen nach Prag gieng, hatte, neben der Entschuldiguug wegen des Aufruhrs den wichtigen Antrag, nochmahls die Prager zu bewegen, daß sie dem Könige Coribut entsagen, und vorjetzt überhaupt an keinen König benken sollten, wenn sie keinem Böhmen von Geburt die Krone geben wollten. Er ließ die nachdrücklichsten Vorstellungen

gen thun, daß man einen fremden Fürsten, welcher die Hoheit des Throns nicht würde behaupten können, dem die Nation ihr Zutrauen, und seine Taboriten, mit ihm zugleich allen Gehorsam versagten, verlassen sollte. Er erinnerte sie an ihre Freyheit, und bath, um Sorgfalt für einen Vergleich, dadurch die allgemeine Eintracht wieder erlangt werden könte. Wenn man gegen ihn, und seine Forderungen Billigkeit haben würde, so versprach er für die Wohlfahrt von Böhmen und Prag bis auf den Tod zu kämpfen, und, da er sie schon zweimahl errettet habe, fernerhin sie wider alle Gewalthätigkeit zu beschützen. Weder die Macht seines Heeres noch der Muth seines Geistes noch die Wirksamkeit seiner Rathschläge sollte die Prager, und das allgemeine Wohl verlassen. Wenn sie aber diesen seinen Vorstellungen nicht folgen, und seine Anträge verwerfen wollten, so habe er Muth und Macht genug, auch den neuen König Coribut, aus Böhmens Grenzen zu jagen, und sich zu rächen. — Die Prager, anstatt diese Gesandschaft mit ihren Anträgen entweder anzunehmen, oder bey der delicaten Lage ihrer Umstände, wenigstens durch künstliche Verzögerungen den Zorn des Ziska, dessen Macht sie doch kanten, aufzuhalten, verwarfen alle Vorstellungen des Ziska, und gaben ihm darauf zur Antwort: daß sie einen König wie Coribut sey, der ihnen selbst vom Himmel geschenkt zu seyn schiene, den schon die Hauptstadt, und eine gute Anzahl von andern Städten für ihren Herrn erkant hätten, itzo durchaus nicht verlassen könten, und bey ihren vorigen Gesinnungen beharren würden. Der neue Glanz eines aus Furchtsamkeit gnädigen Königs blendet sehr leicht, und die Ehrsucht glaubt unter einer künftigen Regierung hohe Vortheile zu geniessen. Man machte sich itzt den mächtigsten Freund zum rachgierigsten Feinde, aus Liebe für einem fremden Fürst, den man nach vier Jahren gefangen nahm, und mit Schimpf fortjagte. Die Eifersucht über die anwachsende fürchterliche Macht der Hußiten, und der Stolz einer Hauptstadt, welche Gesetze geben, nicht annehmen wollte, trug zu der unweisen Antwort bey, welche des Ziska Gesandten beleidigte.

Und ihn selbst, den raschen, gebietenden Krieger am meisten. So bald er die Verwerfung aller seiner Vorschläge, und die unbiegsamen Gesinnungen der Prager erfuhr, schlug er mit seinem Stabe dreymal auf die Erde, und sagte mit Knirschen, und drohender Mine: „zweimahl habe ich die Prager aus den Händen „des Kaisers errettet; nun will ich sie verderben, „und beweisen, daß ich mein Vaterland erhalten, „und unterdrücken kan.„ Die Empfindlichkeit über die Undankbarkeit für erzeigte Wohlthaten, und die daher entstehende Bitterkeit des Zorns, welche in diesen Worten sich ausdrückte, trieb den Ziska nunmehr zur Rache, welche seinem Character gemäß blutig, und und grausam wurde. Ursachen unwillig zu werden hatte er allerdings. Er war auf dem Landtage zu Czaslau zum Mitregenten von Böhmen eingesetzt worden, und itzt änderte man die Regierung, und hatte einen neuen König angenommen, ohne seine Einwilligung zu verlangen. Die Bürger von Prag mußten ihn als ihren doppelten Erretter verehren, und verwarfen itzt alle seine Vorstellungen. Er konte dankbare Geschmeidigkeit fodern, und erhielt trotzige Begegnung. Wenn die Bür-

ober Johann von Trocznova.

Bürger der Hauptstadt seinen gebietenden Ton ungern hörten, so mußten sie bedenken, daß es Ziska war, der ihnen befahl.

Er zeigte ihnen auch bald die gewaltige Macht seiner Rache, und machte seine Drohungen thätig. Gleich zu Ende des Merz in diesem Jahre (1423) brach er mit seinem Heere gegen die Hauptpersonen seiner Gegenparthey auf, und verwüstete zuerst ihre Güther. Bey Horzice kam ihm der Herr von Wartemberg, und Heinrich von Birka mit einem starken Heere entgegen. Ziska grif an. Die Schlacht ward hartnäckig, und der unüberwundene Ziska auch hier wieder Sieger. Er bekam eine grosse Menge von böhmischen Edelleuten gefangen; noch mehrere blieben auf dem Platze, unter welchen man vorzüglich einen tapfern und vornehmen Mann, von dem grösten Ansehn, Nicolaus Aulibiczky, bedauerte. Die Beute des Sieges bereicherte die Ueberwinder mit vielem Kriegsgeräthe, und mit einer Menge kriegrischer Maschinen, und andern Bedürfnissen. Der kluge Feldherr suchte diese Sachen so bald als möglich zu nutzen, und eilte auf das feste Schloß Kozogeb zu. Am vierten Tage nach der Schlacht fing er die Belagerung so gleich mit dem Sturme an, und eroberte das Schloß. Die Besatzung wurde niedergemacht, und das Schwerdt mordete ohne Einhalt. Noch zog der zornige Ziska in Böhmen weiter fort, und bezeichnete seine Schritte mit Blut und Asche, als er Nachricht bekam, daß der Befehlshaber von Königgrätz welcher die Parthey der Prager hielt, nach Mähren einen Einfall versucht, und die Stadt von der Besatzung entblößt habe. Sie also in der Geschwindigkeit der Ueberraschung einzunehmen, setzte er sich mit seinem Heere in die gröste mögliche Eilfertigkeit, und ermunterte seine Soldaten, die Nacht zu Hülfe zu nehmen, um die Einnahme desto gewisser zu machen. Seine Soldaten aber waren schon den ganzen Tag in einem kalten trüben Wetter gezogen, und sie, die sonst immer unverdrossen waren, ermatteten darüber, und wollten des Nachts nicht weiter. Als Ziska diese ihm ungewohnte Unwilligkeit merkte redete er seinen Soldaten Muth zu. Sie beantworteten aber seine Ermunterung mit Verdruß: „weil Ziska blind ist, sagten sie, glaubt er, „wir sind auch blind, und können des Nachts so „gut, wie bey Tage sehen. — Ziska wagte es, den Muth seiner Krieger nochmals zu befeuern. „Ich „bedarf dieses alles nicht, meine Brüder, ich könte ru„hig seyn; aber alles, was ich thue, geschieht zu eurem „Besten: werdet nicht läßig! eilet fort, ich will euch „Rath geben. Sagt mir, wo sind wir itzo.„ Sie antworteten: zwischen den Dörfern Podmokly und Cziniowes. — „Nun, sagt Ziska, reitet etliche ge„schwind voran hin, und wenn ihr in das Städtchen „Miesterz kommet, so zündet es an, damit ihr sehen „könnet.„ Gesagt, gethan. Einige ritten voran, und machten durch das angezündete Städtchen den Nachkommenden Licht, welche nunmehr eilend nachfolgten. Da einige Bürger zu Königgrätz insgeheim der Parthey des Ziska ergeben waren, so bemächtigte man sich bald der Stadt, die ihre Thore öfnete.

Borzeck, der Befehlshaber von Königgrätz hörte mit Verwunderung und Entsetzen den Streich, den ihm Ziska gespielt hatte. Er wollte alles wagen, um die

die Stadt wieder zu erobern, die ihm so unvermuthet, da er sich mit der Besatzung entfernt hatte, war weggenommen worden. Als er aber unter die Mauern der Stadt gekommen war, that Ziska einen wütenden Ausfall, und schlug den Feind, welcher ebenfals mit der hitzigsten Heftigkeit fochte, glücklich in die Flucht. Hierauf blieb eine Besatzung in Königgrätz, und Ziska selbst mit seiner Hauptarmee brach zu weitern Unternehmungen auf, da er für Königgrätz itzt nicht weiter besorgt seyn durfte, weil die besten Anführer der Feinde erschlagen, und Borzeck selbst gefährlich verwundet worden war. Die Stadt Czaslau ergab sich dem anrückenden Sieger freywillig.

Unter allen diesen Vorfällen blieb der Kaiser Sigismund ruhig, welcher sich die innerlichen Zwistigkeiten der Prager und Taboriten fruchtbar hätte machen können. Seine Sorgfalt für das Königreich Böhmen bestand in Unterhandlungen, die nicht ausgeführt wurden, und in Versprechungen, die er nicht erfüllte. Er bat immer andre um Hülfe, und that selbst nichts. Schon im Anfange dieses Jahrs (1423) trug er dem neuen Churfürsten von Sachsen, Friedrich, eine Vermittlung mit den Hußiten auf, um sie durch Unterhandlungen zu bewegen, daß sie ihn, den Kaiser, für ihren König und Herrn erkennen möchten. Man findet nicht, daß diese Vermittlung ins Werk gesetzt worden sey, und Ziska fürchtete zu wenig, und haßte zu viel, einen so catholischen Monarchen, wie Sigismund war, als daß er sich hätte seiner Oberherrschaft unterwerfen sollen. Sigismund that auch nichts, was Furcht bey Rebellen erwecken konte. Wenn nicht der

Nachdruck der Waffen und ein entschloßner muthiger Geist sich dem Ungehorsame des Aufruhrs entgegen stellt, so kan man zweifeln, ob der Fürst verdiene, Herr über Empörer zu seyn. Indem Ziska, und das Heer der Prager sich herumschlugen, unterredete sich Sigismund mit dem König in Pohlen Wladislaus, und bat ihm um Hülfe wider die Hußiten, welche um die Zeit des Jacobitages in Böhmen seyn sollte, wo er selbst auch zu erscheinen versprach. Er erschien, wie gewöhnlich, nicht. Indem der Krieg sein Erbkönigreich verwüstete, stiftete er einen Landfrieden unter den Fürsten von Deutschland. Um Mähren, wo die Hußiten ebenfals einen ausgebreiteten Anhang erhalten hatten, in Sicherheit zu setzen, gab er dieses Land seinem Schwiegersohne, dem Herzoge von Oesterreich Albrecht zur Lehn. Dieser unternahm die Belagerung der Stadt Lautenberg in Brünnerkraise, einem wichtigen Orte, an der Grenze von Mähren, Ungarn und Oesterreich. Bisher hatte Ziska noch nicht seine Waffen nach Mähren geführt; itzt zog der neue Auftrit mit dem Herzoge Albrecht ihn dahin.

Seine Aufmerksamkeit bey allen Unternehmungen des Feindes sorgte für die Beschützung von dem wichtigen Orte Lautenburg, sobald er von der Belagerung hörte. Es befand sich bey seinem Heere ein natürlicher Bruder, oder, nach anderer Bericht, ein Anverwandter von ihm, Procopius, mit dem Zunahmen der grosse, oder Procopius Rasus, wie er gewöhnlich genant wird, ein Krieger, der es dem Ziska an Muth, obgleich nicht an Glücke und Geiste, gleich that. Diesen treuen Begleiter sandte Ziska voraus, gegen den Herzog Albrecht,

brecht, der Lautenburg belagerte. Procopius machte ein Meisterstück des Muthes und der Kriegskunst. Er schlug sich (am 12. August) durch das Oesterreichische Lager hindurch, und brachte glücklich in die belagerte Stadt einen grossen Vorrath von Kriegsgeräthen und Proviant. Ziska selbst folgte ihm nach, und der Herzog von Oesterreich, Albrecht, zog sich, bey der Annäherung dieses fürchterlichen Mannes, nach Oesterreich, zurück; worauf Ziska alles feindselige in Mähren aufsuchte und züchtigte. Es fanden sich bey ihm viele Anhänger ein, worunter verschiedne vom hohen Stande waren, und sein Heer wuchs sehr stark an, da die hußitischen Meynungen sich schon lange in diesem Lande ausgebreitet, und die Gemüther unruhig gemacht hatten. Dennoch konte er die Stadt Iglau nicht erobern, weil er im ersten Angriffe nicht glücklich war, und sich auf diesem Zuge nicht aufhalten konte. An den meisten Orten hingegen, wo er hinkam, nahm man ihn freywillig auf, um die Zerstörungen und den Zorn seiner Soldaten zu vermeiden. Er unterwarf sich in kurzer Zeit einen weiten Strich Landes, und vermehrte sein Heer, welches er durch die Uebung in den ununterbrochnen ärgsten Beschwerlichkeiten gegen jede Gefahr und jede Unbequemlichkeit abgehärtet hatte. Mit dieser, aller Härte der Zufälle gewohnten Armee, ging er, bey der rauhesten Jahreszeit, selbst nach Oesterreich gegen den Herzog Albrecht. Da ihm keine Feinde im Felde entgegen kamen, nahm er Eroberungen von verschiednen Städten und Schlössern vor, und lagerte sich zuerst bey der Stadt Rätz, welche ihm aber herzhaften Widerstand that. Unterdessen hatte er einen Theil seines Hee-

Heeres vorausgesandt, um den Feind weiter hin aufzusuchen, welcher dieses Corps aber mit blutigen Köpfen zurückschickte, worauf Ziska selbst aufbrach, die Belagerung von Rätz aufhob, und mit starken Schritten gegen die Donau ging. Vor dem Schrecken seines Nahmens wichen die Feinde zurück, indessen er das Land verwüstete, und endlich vor Stockerau, an der Donau, rückte, einer Stadt, an dem linken Ufer der Donau. Hier war er noch vier Meilen von Wien entfernt; aber dieser Ort sollte die Grenze seines Hervorbringens seyn. Ueber die Donau konte er nicht kommen, weil der Herzog Albrecht das gegenseitige Ufer mit guter Mannschaft besetzt hatte, und aus Ungarn neue Verstärkung erhielt. Er sah sich genöthigt, ohne etwas merkwürdiges ausgerichtet zu haben, wiederum zurückzugehn. Seine Absicht war nunmehr, in Mähren Eroberungen zu machen, und er belagerte Kremsier. Ein kriegrischer Priester, Johann, Bischof von Ollmütz, wurde hier sein Gegner, und wollte an den fürchterlichen Priesterfeinde, Ziska, seine Gesellschaft rächen. Schon vorher hatte er seinen Heeren und den Anhängern von ihm in Mähren grossen Verlust zugefügt; itzo ging er gegen ihn selbst zu Felde, und verband List mit dem Muthe. Der kluge, aufmerksame Ziska wurde vom Bischoffe, in der Belagerung von Kremsier, unversehends, des Nachts, überfallen, und ganz umringt. Die Gefahr war groß: der Feind drengte von beyden Seiten: von der Stadt heraus, und vom ofnen Felde her. Ziska wäre hier verlohren gewesen, wenn sein getreuer Freund, der tapfre Procopius Rasus sich in der Verwirrung nicht noch Fassung zu geben gewußt, und die

erschrock-

erschrocknen Soldaten in Ordnung gestellt hätte. Procop wurde selbst in dem finstern Gemische verwundet, wich aber doch nicht von seinem Posten, und errettete das Heer von der gänzlichen Niederlage. Mit Verlust entging Ziska und sein Heer dem Untergange, und eilte von Kremsier hinweg. Der Bischof von Ollmütz schien ihm ein mächtigerer Priester zu seyn, als die andern katholischen Priester insgesamt, und da ihm die Gegenden in Mähren auch nicht so bekant, wie die in Böhmen waren, und das Glück daselbst nicht solche Günstigkeiten, wie man vermuthete, austheilen wollte, so sagte Ziska: „die Luft in Mähren wehe nicht so gelin„de, wie in Böhmen„„ und ging nach Böhmen zurück. So endigte er das Jahr 1423.

Inzwischen hatten in seiner Abwesenheit noch viele Vasallen von Böhmen die Parthey des Kaisers Sigismund ergriffen, und sich seiner Herrschaft unterworfen. Als Ziska mit dem Anfange des Jahrs 1424, dem letzten Jahre seines Lebens, in Böhmen wiederum ankam, empfand er die biegsame Unterwerfung gegen den Kaiser mit Unwillen. Schon war die Parthey des Kaisers so groß, und der Haß gegen ihn so gelindert, daß die Ruhe in Böhmen und die Herrschaft Sigismunds in diesem Lande vollkommen geworden seyn würde, wenn Ziska nicht sich widersetzt hätte: Er sparte aber keine Mühe, alles von neuen gegen den Kaiser in Empörung zu bringen. Verschiedne, welche sich zur Unterwerfung bequemt hatten, wagten es nicht, theils aus Furcht für seine Rache, theils aus Hofnung seiner Versprechungen, öffentlich sich zu erklären, oder etwas für den Kaiſer zu unternehmen. Ziska allein konte alle Anſchläge des erſten Monarchens der Welt vereiteln.

Ruhig konte er nie ſeyn, ſeitdem der Fanatismus der Religion ihn ergriffen, und der daher entſtandne Kriegergeiſt ſein Leben zu ſeinem Eigenthume gemacht hatte. Mitten im härteſten Winter ſetzte er ſeine Feldzüge fort, ſo wie im ſchönſten Sommer. Im Anfange des Jenners (1424) ging er, auf ſeinem Rückzuge aus Mähren, gegen Königgrätz, um dieſe Stadt wieder zu erobern, welche man ihm, während ſeiner Abweſenheit, weggenommen hatte. Es hatten ſich aber auf dem Wege dahin einige böhmiſche Magnaten mit einem guten Heere im Hinterhalt gelagert, und ſuchten ihn durch Liſt zu ſchlagen. Sie hielten die engen Päſſe und Defileen beſetzt, und fielen ſein ankommendes Heer von allen Seiten an. Allein, was einen andern in verwirrende Beſtürzung verſetzen konte, fand einen ſo verſuchten Krieger immer in guter Faſſung. Er ließ gegen die Feinde anrücken, und tödtete ſie, und ſchlug ſie in die Flucht. Dieſer Sieg wurde am 6. Jenner erfochten, und bewog den Ziska weiter fortzurücken, um die Eroberungen ſeiner Macht in der daſigen Gegend zu verbreiten.

Die Natur ſeiner Eroberungen war ſo ſonderbar, wie der Mann ſelbſt. Er fiel die Schlöſſer und Städte mit Wuth an, ſetzte aber nie die Belagerung fort, weil es ihm immer entweder an Ammunition, oder an Lebensmitteln fehlte. Die eroberten Städte verwüſtete er von Grund aus, und die ſich ihm freywillig ergaben, verließ er bald wieder. Man müßte ihn für einen herumſchwärmenden abendtheurlichen Don Quixote halten,

wenn

wenn er nicht auch wichtige Dinge gethan, grosse Städte erobert, und zahlreiche Armeen bekämpft hätte. Dennoch könte man ihn noch so nennen. Er foderte die Stadt Arnau auf, und da sie sich nicht unterwerfen wollte, bestürmte er sie, litt aber Verlust, und begab sich hinweg. Das Schloß Mlasowice kam durch den Sturm in seine Gewalt, und er ließ es der Erde gleich machen. Von da schweifte er zwey Monathe herum, und fing seine alten Beschäftigungen an. Alle Klöster und kleinere Schlösser, die er antraf, zerstörte er. Was noch von Klöstern in dem Pilsner, Saazer, Slaner und Leutmeritzer Kraiß, übrig, und nicht schon von seinem vorigen Eifer vernichtet worden war, fand itzt seinen Untergang. Bald aber hätte er ihn, mitten unter dieser Beschäftigung selbst gefunden. Eine Menge vom böhmischen Adel sammelten ein zahlreiches Heer zusammen, und gingen ihm entgegen. Gegen dieses Heer fand er sich zu schwach, und wich zurück; man verfolgte ihn eifrig, aber er entwischte dennoch glücklich nach Saaz, wo er im May ankam, und sich zu verstärken suchte.

In kurzer Zeit hatte er wiederum so viele neue Truppen erhalten, daß er fürchterlich seyn, und etwas wichtiges unternehmen konte. Der empörerische Geist, der damals Böhmen belebte, das Ansehn des Feldherrn, Ziska, die Hofnung bey einem so glücklichen Krieger, die Lust zur reichen Beute, welche alle Unternehmungen begleitete, wurden eben so viele Ursachen den Zulauf des Volkes zu vermehren, und immer neuen Zuwachs zu den Taboriten zu bringen. Wenn auch ihre Anzahl noch so schwach wurde, verwandelte sie sich doch immer wieder

wieder bald in eine furchtbare Menge. So sammelte itzt Ziska ein starkes Heer zusammen, und, da er es beysammen hatte, ging er den geraden Weg auf Prag zu, um die so lange verschobne Rache gegen diese Hauptstadt, wovon wir schon oben die Bewegungsgründe angegeben haben, nunmehro mit aller Strenge zu erfüllen. Auf dem Wege dahin ließ er die Stadt Simbary anzünden, und lagerte sich, in der Woche vor Pfingsten, bey Kostelecz, an der Elbe. Hier kamen ihm die Prager mit ihren besten Truppen entgegen, und suchten ihn zu umringen. Die Gefahr war da, und Ziska wäre vielleicht hier dem zugedachten Schicksale nicht entgangen, wenn nicht ein treuer Freund von ihm, Hinko von Kunstadt, so bald er von diesem Vorhaben benachrichtigt wurde, zu ihm geeilt wäre, und ein Mittel zu entkommen gezeigt hätte. Ziska wurde etwas bestürzt, und blieb lange in zweifelnder Ungewisheit, wo er sich hin wenden sollte, indem schon die feindlichen Schaaren von allen Seiten heranzogen. Seine Errettung wurde eine unbekante Furth durch die Elbe, welche man, noch zur rechten Zeit, zeigte. So entwich er seinen Feinden, und zog sich, einige Wochen lang, in der Gegend von Prag herum. Die Feinde verfolgten ihn, und tödteten im Nachjagen eine Menge von seinen Truppen, ohne jedoch mit ihm selbst und der ganzen Armee in ein Gefecht zu kommen. Nachdem er aber selbst zum Treffen Lust bekommen hatte, wußte er die Feinde bald dazu zu bewegen. Er lockte sie bis nach Maleschau, bey Kuttenberg, wo ihm die Gegend sehr gut bekant war, und die Pragische Armee an dem allerunbequemsten Orte stand, in einem kleinen Thale, wo

sie

oder Johann von Trocznova. 269

sie ihre Schlachtordnung nicht gehörig stellen und ausbreiten konte. Da grif sie Ziska mit Hitze unversehends an, und zwang sie zu einer Schlacht, in welcher sie das Feld und gegen zweytausend Mann verlohren. Eine Menge von vornehmen Adel blieb auf dem Platze, und die Entflohnen überliessen den Siegern eine reiche Beute.

Nach dem Berichte einiger Scribenten zeigte hier Ziska nicht bloß Muth, sondern auch einen sehr schnell aufmerksamen Geist, und da man diesen in dem Leben eines merkwürdigen Mannes besonders kennen zu lernen wünscht, so wird die Erzehlung dieses Umstandes nicht unangenehm seyn. Ziska erfährt ganz unvermuthet, als er in dem Gebirge fortmarschirt, daß der Feind ganz in der Nähe sey. — Itzt ist es rechte Zeit, spricht er, ihn anzugreifen, ruft den Fähndrich, und befiehlt die Fahnen sogleich gegen den Feind zu wenden, gute Ordnung zu halten, und sich der Gelegenheit des Ortes schleunig zu bedienen. Hierauf besteigt er einen Wagen, und redet seine Soldaten an. — „Daß die Worte, meine lieben Brüder, kein Herz machen, ist bekant genug; es ist auch nicht nöthig, euch, welche ich so oft in schweren Gefährlichkeiten versucht habe, zu ermahnen. Itzt kommen unsre Feinde, denen wir so viel Gutes erzeigt haben, die wir zweimahl haben aus des Kaisers Gewalt errettet, und begehren unser Blut und Leben, allein zu dem Ende, daß sie Herren bleiben. Wohlan, seyd itzo getrost, und empfahet sie tapfer, heute wollen wir sehen, wer Sieger ist. Ihr könt auch, wegen der umliegenden Felsen und Gebirgen nicht zurückweichen. Welchen seine Faust nicht beschützen

wird,

wird, um dessen Leben ist es geschehen. —,, Man ließ ihn nicht weiter reden, sondern sagte ihm, daß schon die feindlichen Fahnen anrückten, worauf, mit seinem Befehl, die Schlacht ihren Anfang nahm, deren Sieg wichtig und groß wurde.

Nach dem erhaltnen Siege, ging Ziska mit seinem Heere nach Kuttenberg, und legte die Stadt in die Asche. Wie gern würde man den Held bewundern, wenn er nur mehr Mensch wäre! Seine Grausamkeit entehrt alle andre Eigenschaften seines Geistes. Er bewieß, als er von Kuttenberg, weiter fort zog, diese Grausamkeiten in allen Gegenden, wo er hinkam, und wo er Kirchen und Klöster antraf. So zog er, mit unartigem Grimme in verschiednen Kraisen herum, bis er am siebenten August sich wieder nach Kostelecz wandte, in der Absicht, die Prager wieder zu einen zweiten Treffen zu reizen. Er ließ daher allenthalben das Gerücht ausbreiten, daß seine Armee schwach, durch vieles Ausreissen muthlos und unwillig wäre, und daß er mit dem Rest seiner Truppen sich nach Kostelecz geflüchtet hätte. Diese Nachrichten bethörten die Prager. Sie hielten Berathschlagungen, und entschlossen sich, so schleunig sie könten, den Ziska itzt zu vertilgen, ehe er neue Verstärkungen bekäme. Sie suchten in der Eile ihren vorigen Verlust zu ersetzen, und gingen mit einen neuen gutem Heere auf ihn loß. So wollte es Ziska. Er erwartet die Feinde, so bald sie aber in die Nähe kommen, nimt er, eine verstellte, Flucht, läßt, zum Scheine der Angst und Unordnung, vieles Gepäcke und Waffen liegen, und eilt über die Elbe. Hierauf stellt er sein Heer in Schlachtordnung, in einer bequemen

men Hinterlist, und lauert dort. Die Armee der Feinde eilt dem flüchtigen nach, um ihn noch zu finden und zu schlagen. Ziska wartet so lange, bis er hört, (da er nicht sehen konte,) daß ohngefähr die Hälfte von den Feinden schon über der Elbe an diesem Ufer sey, wo er stand, und daß die andre Hälfte auf dem Flusse nacheile. In diesem Augenblicke gibt er Befehl, den Feind hitzig anzugreifen. Da dieser nicht in Ordnung war, gerieth der erste Angrif so glücklich, daß der Feind die Flucht in der grösten Bestürzung nimt, und die eifrigen Taboriten brengen ihn in den Fluß. Das Gemische der Unordnung unter den fliehenden, die ihren nachkommenden so schnell entgegen eilen, breitet eine solche Niederlage aus, die die vorige, bey Maleschau, noch übertraf. Ein grosser Theil Volks ersoff in der Elbe, viele wurden getödtet, und der Rest entfloh mit Zittern und Entsetzen.

Dieser zweite Sieg schwächte den Muth der Prager so sehr, als er des Ziska Verwogenheit vermehrte. Er nahm sich nunmehr vor, die Stadt Prag selbst zu belagern, und ging mit starken Schritten auf sie zu. Sein zahlreiches, itzt immer vermehrtes, und kühnes Heer versprach ihm die Erfüllung seiner Absicht. Die Parthey der Prager war schwach, muthlos, und unter sich selbst, wie bey solchen Fällen gewöhnlich, uneinig. In der Stadt selbst befanden sich viele, welche ihm insgeheim ergeben waren. Die Furcht hatte sich der Einwohner insgesamt bemächtigt. Man konte einen für die Belagerer günstigen Aufruhr vermuthen, so bald der erste Angrif geschehen würde. Unter solchen schmeichelhaften Umständen lagerte sich Ziska, am elften September

tember (1424) vor den Mauern der Stadt Prag, und machte alle gehörige Anstalten zu ihrer Belagerung.

Eben sollte die Belagerung angehen, als auf einmahl eine Empörung in seinem eignen Lager entstand: eine ungewohnte Begebenheit für einen Feldherrn, der über vier Jahre hindurch keine andre Begegnung seiner Soldaten, als allgemeine hitzige Liebe, gesehn hatte, welcher in den schwersten Gefahren, in den härtesten Beschwerlichkeiten die Treue seiner Brüder, der Taboriten, geprüft hatte. Itzt reizten sie die Vorstellungen der übrigen Feldherrn zum Unwillen, gegen ihren obersten Feldherrn. Sie wollten gegen die Hauptstadt des Reichs nicht streiten, und sie zu Grunde richten lassen; sie hielten es für unbillig die gemeine Zuflucht ihrer Religion itzo zu zerstören, und der unverständigen Wuth aufzuopfern. Allein Ziska, welcher besser einsah, wie nöthig die Züchtigung der Gegner in der Hauptstadt sey, wenn man gegen den Kaiser furchtbar bleiben wollte, faßte bey den Widerwillen der andern Feldherrn, und der unwilligen Empörung der Soldaten, der ihn eignen, immer unerschütterten Muth, stieg auf ein aufgestürztes Faß, und hielt von diesem Throne herab, mit eben der Unerschrockenheit, mit welcher Alexander seine unwilligen Macedonier besänftigte, eine, von den Schriftstellern aufgezeichnete Rede, folgenden Inhalts:

„Was gebt ihr mir Schuld, meine lieben Brü„der? warum ergreift ihr die Waffen wider mich? „Bin ich euer Feind? Durch meine Hülfe und Raths„chläge habt ihr den neulichen schönen Sieg gegen die „Prager erfochten. Ich habe euch noch an keinen Ort „geführt, woher ihr nicht siegreich wieder zurückgekehrt
„seyd,

„seyd, und mit Ruhm und Beute. Ihr seyd begütert
„und berühmt; ich aber, elender! habe meine Augen
„verlohren, muß in der Finsterniß wandeln, und weiß
„nicht, wo ihr mich hinführt. Was habe ich von dem
„Kriege, als den bloßen Nahmen? Euch zum Besten
„wird gestritten, und der Sieg erfochten. Auch reut
„mich die Mühe für euch niemals. Es sollte mir auch
„die Blindheit nicht beschwerlich seyn, wenn ich nur den
„Sachen, wie vorher, könte vorstehen. Meinetwegen
„bin ich auch wider die Prager nicht. Nach eurem
„ehrlichen Blute dürstet sie, nicht nach dem Blute ei-
„nes Blinden, wie ich bin. Sie fürchten sich für
„euch und eure sieghafte Hände, und eure in der äusser-
„sten Gefahr beständige Herzen. Entweder sie, oder
„ihr, müsset untergehen. Denn indem sie mir nach-
„stellen, legen sie euch Stricke, daraus ihr nicht wer-
„det entkommen können. Die bürgerlichen innerlichen
„Unruhen sind mehr zu fürchten, als der auswärtige
„Feind; diese müssen gestillt werden. Prag wollen
„wir einnehmen, die aufrührerischen, ehe es der Kai-
„ser inne wird, aus dem Wege räumen. Es ist besser,
„mit wenigern, und einträchtigen wider den Kaiser, als
„mit vielen, die uneinig sind, streiten. Damit ihr
„mir aber keine Schuld beymesset, so berathschlagt euch
„nun selbst, ob ihr Friede machen wollt; aber bedenket
„dabey, daß keine List und Betrügerey zum Grunde
„gelegt werde. Wollt ihr den Krieg fortführen — da
„stehe ich — was ihr vornehmt, dazu will euch Ziska
„Rath geben. „

Diese geistvolle Rede gab dem ganzen Heere ein
frisches Herz. Jederman lobte den Held und Bruder

Schir. d. Biogr. 3. Th.   S   Zis-

Ziska, und gerieth in brennenden neuen Eifer. Man schrie nach Krieg und Sturm, und grif in der ersten Hitze zu den Waffen. Alles lief herbey, die Reihen ordneten sich, und der Sturm fing an. Hier ließ Ziska zum Rückzuge blasen, und befahl, Einhalt zu thun. So weit hatte er es nur wollen kommen lassen, denn die Stadt selbst zu erobern war er weit weniger noch, als seine Soldaten, geneigt. Er kante die Wuth derselben, und wollte ihr die Hauptstadt nicht Preis geben. Allein als ein weiser General verbarg er seine wahren, tiefgedachten Absichten, und hatte nur, um sie zu erreichen, das Schrecken eines Sturms nöthig. Er wußte sehr wohl, daß die Prager nicht das äusserste abwarten, sondern mit ihm schon, so bald sie Ernst sähen, in Unterhandlung treten, und seinen Willen sich unterwerfen würden. So geschahe es auch. Die Prager schickten, beym Anfange des wütenden Sturms eine Gesandtschaft an Ziska, und baten ihn, in freundschaftliche Verträge zu willigen. Dazu war er so gleich geneigt: sein Ehrgeiz hatte Befriedigung, und seine Parthey Sieg. Der Stolz der Prager mußte sich vor seiner Macht demüthigen, und um Verzeihung flehen. Sie hatten zu ihren Gesandten einen angesehnen und sehr geschickten Priester, Johann Rokyczana, erwehlt, welcher eine gute Gabe der Beredsamkeit besaß. Als dieser beredte Mann in das Lager des Ziska gekommen war, sparte er keine seiner Gaben, um die vorläufigen Puncte eines Vertrags zu berichtigen. Das Volk besänftigte er, wie Menennius Agrippa, mit einer Fabel; von dem Frosche und der Maus, welche sich mit einander bissen, und indessen selbst eine Beute des Geyers gewor-

oder Johann von Trocznova.

geworden waren. Man schritt hierauf zu einem Vergleiche, welcher vor den Mauern von Prag geschlossen wurde. Ziska verband sich hierdurch mit den Pragern zu einer gemeinschaftlichen Vertheidigung wider den Kaiser Sigismund. An den neuen König Coribut dachte man nicht, obgleich derselbe in Prag war. Man wurde von beyden streitigen Theilen einig, daß man die Waffen nicht anders, als mit gemeinschaftlicher Einwilligung, niederlegen wollte. Die Prager unterwarfen sich einer Strafe von 14000 Schock, wenn sie die Bedingungen dieses Friedens verletzen würden. Es wurde von beyden Seiten, auf dem Spittelfelde vor Prag, ein grosser Haufen Steine zusammengetragen, womit der Uebertreter dieses Friedens gesteiniget werden sollte.

Am folgenden Tage nach diesem geschloßnen Frieden, den funfzehnten September, hielt Ziska selbst seinen Einzug in die Stadt Prag. Er wurde mit dem höchsten Ehrenbezeugungen aufgenommen, und mit Pracht und Freygebigkeiten verehrt. Der König Coribut befand sich in der Stadt: die Geschichte aber schweigt, bey der Erzehlung dieser Umstände völlig von ihm. Ohnstreitig spielte der neue ohnmächtige König gegen den siegrischen Heerführer eine sehr abstechende Rolle. Ziska war itzt das Haupt seines Vaterlandes, und hatte sich bis zur höchsten Stuffe der Ehre durch Mord, Genie, Grausamkeit und Muth hinaufgewürgt. Die Furcht seiner Feinde, und die starke Liebe seiner Freunde versicherten ihm die Beständigkeit seines Glücks. Sein Anhang war weitausgebreitet, und erstreckte sich durch das ganze Königreich und einen grossen Theil von

S 2   Mäh-

Mähren. Das Heer der Taboriten war ihm so getreu, wie ein sterbender Märtyrer seinem Gotte. So bald er in die Stadt Prag gekommen war, bezeugte er sich gütig, und nachsichtig gegen seine Feinde; und erklärte öffentlich, daß er alle ihm zugefügte Beleidigungen, aus Liebe des Vaterlandes, vergessen und verzeihen wolle. Durch diese von dem rauhen Charakter nicht erwartete Gelindigkeit erwarb er sich eine grosse neue Zuneigung. Die zweimahlige Errettung der Stadt aus den Händen des Kaisers kam in frische Erinnrung; und man betrachtete ihn als den erzürnten, wieder versöhnten Schutzgeist des Vaterlandes, unter dessen Anführung man jedem Feinde, dem Kaiser selbst, und aller Macht Troß bieten könne. In der That war Ziska die Schutzwehr der Böhmen, und das Schrecken aller Völker, die wider ihn zu Felde gehn sollten. Er war ein Mann, der durch Liebe und Haß seinen Triumph zu erhöhen wußte, selbst über alle Beschwerlichkeiten des Körpers, und der in der Blindheit alle sehenden eines weiten Königreichs besiegt hatte, und itzt beherrschte.

Bey solchen Umständen schien die Eroberung Böhmens dem Kaiser Sigismund unmöglich. Ziska, der fürchterliche Mann, und der Genius von Böhmen war unüberwindlich. Was sollte der Kaiser thun? Er selbst erhöhte den Glanz des Ziska und dessen hohes Glück. Noch nicht genug, daß Ziska von ganz Böhmen verehrt und gefürchtet wurde; der Kaiser selbst sollte seine Hoheit für ihn ablegen und sich demüthigen. Der erste Monarch der Welt, den damals Italien, Frankreich, Deutschland, und ganz Europa verehrte,

ein

ein Herr von vielen Provinzen, und ein in Kriege versuchter Anführer von vielen Armeen, dieser sendet eine geheime Gesandschaft an den blinden gewaltigen Ziska, und trägt ihm Glanz, Ehrenstellen und Reichthümer an, damit er ihn seiner Freundschaft würdigen, und auf seine Parthey treten möchte.

Sigismund handelte bey diesem so sonderbar bemüthigen Schritte sehr weise und vorsichtig. Ziska war nun einmahl vom Schicksal ihm entgegen gestellt, und sollte seinen Stolz bändigen. Wie oft muß sich nicht der erhabne vor einen niedrigen beugen! Geringfügige Umstände nöthigen uns oft Ansehn und Achtung bey Seite zu setzen, und den Anstand auf einen Augenblick zu vergessen. Hier war ein Königreich der Preis, für welchen Sigismund sich beugte. Da Ziska die mächtige Stadt Prag genöthiget hatte, sich nach seinen Absichten zu bequemen, und alle andre Städte und die Herren im Lande zum Gehorsame bewogen, oder unglücklich gemacht hatte, da er ito durch sein gewaltiges Ansehn alles nach seinen Willen lenken konte, so konte der Kaiser mit gutem Grunde hoffen, durch ihn zum ruhigen Besitze von Böhmen zu gelangen. Er both ihm daher Vortheile an, die jeden andern Menschen, und vielleicht auch ihn zur Freundschaft bewegen konten. Ziska sollte, wenn er dem Kaiser beystünde, und den Besitz von Böhmen für denselben zuwege brächte, der Vicekönig von Böhmen werden, der oberste Feldherr aller Kriegsvölker, und einen jährlichen reichen Gehalt geniessen. Grosse Anerbietungen, welche grosse Versuchungen wurden!

Ob Ziska diese blendenden Anerbietungen angenommen, und insgeheim mit dem Kaiser in Unterhandlung getreten sey, oder ob er die Versuchungen überwunden, und die Anträge verworfen habe, läßt sich mit keiner Gewisheit behaupten. So zuverläßig die Geschichte übereinstimt, daß der Kaiser Sigismund diese Anträge habe thun lassen, so sehr widersprechen sich die Schriftsteller in Absicht des Betragens des Ziska dabey. Einige erzehlen, daß er sich habe bewegen lassen, und aus dieser Absicht nach Mähren gegangen sey, um die gepflogne Unterhandlung zu Stande zu bringen. Andre behaupten, daß Ziska sein Vaterland nicht verrathen habe. Ein partheiischer Biograph würde diesen letztern Scribenten so gleich beystimmen, und nicht gestehen wollen, daß er an eine Verrätherey gedacht habe. Allein dem nachdenkenden bleibt Dunkelheit in den Umständen. Wenn Ziska dem Antrage des Kaisers ganz abgeneigt war, und sich auf keine Bedingungen mit ihm einlassen, sondern die Freyheit seines Vaterlandes weiter fort vertheidigen wollte, warum entdeckte er nicht diesen ganzen Vorfall? Vielleicht aber hielt er es nicht für rathsam: oder er suchte den Kaiser durch zweydeutige Hofnungen vielleicht in eine laue Verzögerung zu bringen, damit er indessen die Freyheit von Böhmen desto fester gründen, und desto sichere Maaßregeln wider alle Anfälle nehmen könte. Betrachtet man den Charakter des Ziska und seine Umstände, und urtheilt nach der besten Wahrscheinlichkeit, so fällt jeder Vorwurf der Verrätherey, auch nur des Gedankens dazu, hinweg. Sein Haß gegen die Clerisey, und die wohlthätige Liebe des Kaisers gegen diesen Stand liessen sich

sich nicht vereinigen. Er hatte seine Taboriten auch zu lieb, für die er, die für ihn, so oft, so schwere Lebensgefahren überwunden hatten. Seinen Meynungen und Gesinnungen in der Religion war er, vermöge seiner hartnäckigen Denkungsart, viel zu sehr ergeben, um von ihnen nur im geringsten abzuweichen, wie wir schon an verschiednen Beyspielen gesehn haben. Sigismund hingegen war wiederum viel zu sehr bigott, und viel zu furchtsam für die Geistlichkeit, als daß er, auch in Dingen, die er für unschuldig halten mochte, nachgegeben hätte. Der Genuß des heil. Abendmahls unter beyden Gestalten machte zwischen dem Kaiser und ihm, schon allein eine so grosse Scheidewand, daß eine Vereinigung beyder entgegen gesetzter Meynungen fast unmöglich wurde. Und Ziska, welcher sich ganz vorzüglich: den Bruder vom Kelche: nante, und in diesen Nahmen seine gröste Ehre suchte, würde nimmermehr darinnen dem Kaiser nachgegeben haben. Er konte auch nicht, ohne alle Liebe seiner Taboriten, und alles Ansehn im Königreich zu verliehren, und ganz verlassen zu werden. Seine fürchterliche Macht war mit den Meynungen in der Religion, zu welchen sich damahls sein ganzer Anhang bekante, unzertrennlich verbunden. Entsagte er seinen Meynungen in der Religion, und unterwarf sich den Grundsätzen der Kirche, so war er in dem Augenblicke, da er dieses that, ein armer Verlaßner blinder, den Niemand mehr achtete. Und wie wäre Er, der so vielmahl sein Leben für seine Meynungen gewagt hatte, dessen ganzer Charakter auf eine felsenherzige Hartnäckigkeit beruhte, wie wäre Ziska fähig gewesen, sich für einen irrenden und Ketzer zu erken-

erkennen, und seine Meynungen zu widerrufen? Alles, was ihm der Kaiser für diese, ihm unerträgliche Beschimpfung anbieten konte, hatte er schon selbst, ausser dem leeren Titel eines Vicekönigs, oder Regenten von Böhmen; und dennoch war er itzo schon Regent dieses Landes, welches er völlig, nur ohne den Nahmen eines Königs, beherrschte. Wenn man diese richtigen Betrachtungen anstellt, so sieht man die hellste Wahrscheinlichkeit, daß alle Anerbietungen des Kaisers, alles, was Monarchen und die Welt ihm geben konten, nichts mehr seyn konte, als was er schon hatte. Gewiß, Ziska war ein wunderbarer Sterblicher.

Die gewöhnliche Begleiterin der Kriege, welche wilde, uncultivirte Soldaten führen, die Pest, fing um diese Zeit an, in Böhmen zu wüten, und grif besonders die Hauptstadt Prag an. Theils um diesem Uebel mit seiner Armee zu entgehen, theils aber, um neue Eroberungen in Mähren zu machen, verließ Ziska mit einem starken Heere die Stadt und zog nach Mähren, wo der Herzog von Oesterreich Albrecht, nach der Erobfrung von Lautenburg, und verschiedner andrer Städte die Taboriten vertrieben hatte. Er wollte seinen Brüdern zu Hülfe kommen, und konte itzo, da sein Heer ungemein stark war, etwas wichtiges ausrichten. Die Erbfnung seines Feldzuges gegen dieses Land geschah mit der Belagerung der Stadt Przibislaw, im Cjaslauer Kraise, wo die Besatzung sich aber herzhaft vertheidigte. Die Belagerung wurde noch mit Hitze fortgesetzt, als die Pest, welche seinem Heere aus Prag nachgefolgt war, sich unter denselben verbreitete. Selbst

Selbst Ziska wird ihre Beute und stirbt. (am sechsten October dieses Jahrs 1424.)

Sein Tod überschüttete sein Heer mit unbeschreiblicher Betrübnis. Wehklagen, Jammern und Schmerz durchirrte die ganze Armee. Ziska war weg, und mit ihm alle Hofnung des Glücks. Die erste Empfindung des Schmerzens ergoß sich bey den wilden Kriegern in Wuth gegen die Feinde. Man bestürmte die Stadt Przibislaw und eroberte sie, und zündete sie an; wobey das Heer ausrief, daß es auf diese Art dem Ziska sein Leichenbegängnis hielte. So wurde sein Tod, wie sein Leben, Verwüstung.

Auf die erste entrüstende Empfindung folgte, wie es die Natur der Menschheit erfodert, ein herber Gram und eine tiefe Betrübnis. Die Taboriten nanten sich **Waisen;** ihr Vater war todt. Sie trenten sich bald darauf. Ein Theil von ihnen erwehlte den Procopius Rasus, und einen andern Procopius, mit dem Zunahmen Minor, zu ihren Anführern. Ein andrer Theil hielt keinen Menschen in der Welt für würdig genug, dem Ziska in der Feldherrnstelle zu folgen, und zerstreute sich in einzelne Haufen, unter dem Nahmen der Waisen. Viele von diesen Waisen aber wagten grimmige Einfälle in viele Provinzen, und beunruhigten und verwüsteten die Mark Brandenburg, Meissen, Lausitz und Schlesien.

Der Körper des Ziska wurde nach Czaslau geführt, und daselbst in einer Kirche begraben, wo ihm ein Grabmahl aufgerichtet wurde, welches zwey Jahrhunderte hindurch gedauert hat, und erst im vorhergehendem Jahrhunderte, nach der Schlacht, auf dem

Weissenberge bey Prag, zerstört worden ist. Sein Leichenstein erhielt diese Aufschrift: Hier ruhet Johannes Ziska vom Kelche; der Anführer der unterdrückten Freyheit, im Nahmen, und für den Nahmen GOttes: er starb im Jahre 1424.

Eine fabelhafte Erzehlung legt ihm ein seltsames Testament bey, und die noch seltsamere Verordnung, daß er befohlen habe, seinem todten Körper die Haut abzuziehen, sein Fleisch und Gebeine den Vögeln und wilden Thieren vorzuwerfen, sein Fell aber, über eine Trommel zu spannen, vor dessen Schall die Feinde fliehen würden. Man sieht leicht ein, daß seine Feinde in der römischcatholischen Kirche, welche ihm eine solche Begegnung von Herzen wünschten, diese läppische Erdichtung ersonnen haben, welche nicht verdiente angeführt zu werden, wenn sie nicht so bekant wäre, daß diejenigen, welche sehr wenig von Ziska wissen, und kaum seinen Nahmen kennen, diese Fabel doch wenigstens gehört haben, welche blos durch ihre eigne Erzehlung sich widerlegt.

Man hat verschiedne Inschriften, welche auf unsern Krieger, in der Folge der Zeit verfertigt worden sind; unter denen wir diejenige hersetzen, welche einen Lobspruch auf ihn enthält, der einige der vornehmsten Züge seines Charakters entwirft und als Lobspruch betrachtet, viel Wahrheit hat. — "Hier liegt Johannes Ziska, in der Kriegskunst jeden grossen Feldherrn gleich, ein strenger Rächer des Geitzes und des Stolzes der Clerisey, der eifrigste Vertheidiger seines Vaterlandes. Was der blinde Appius Claudius durch gute Rathschläge, was M. Furius Camillus durch grosse Thaten

Thaten für die Römer leistete, das leistete er seinen Böhmen. Er verließ niemals das Kriegsglück, und das Glück niemals ihn: jede Gelegenheit zu Vortheilen sah er, ob er gleich blind war, vorher; aus eilf Schlachten kam er als Sieger zurück. Er ergrif die Parthey der elenden und hungrigen, wider die feisten, weichen Priester, und erhielt dabey die Hülfe GOttes. Wenn der Neid es nicht hinderte, verdiente er in die Zahl der berühmtesten Menschen der Welt gesetzt zu werden. Seine Gebeine ruhen an einem heiligen Orte, obgleich der Pabst ihn haßt und unwillig ist. —,,

Der Haß der Clerisey gegen ihn, und die daher entstandne Verläumdung seines Andenkens hat eine Menge von Geschichten erdichtet, die der Biograph gern übergeht. Es wäre leicht, noch einige Seiten mit solchen Erdichtungen und Fabeln zu füllen, denen man kaum in einem Roman einen Platz gönnen würde. Zur Belustigung, will ich nur noch eine Anecdote von dem Schrecken, oder vielmehr Entsetzen erzehlen, welche Ziska, noch hundert Jahr nach seinem Tode bey einem Kaiser erweckte. Als Ferdinand der erste, von Wien nach Prag reißte, und Unterwegens zu Czaslau das Nachtlager nehmen wollte, ging er in die Kirche, wo Ziska begraben war. Hier sah er bey einem Grabmahle eine grosse eiserne Keule hängen. Er fragt, wer hier begraben liege; es scheine ein grosser Held von Böhmen hier zu liegen. Seine umstehende Begleitung scheut sich den Mann zu nennen, bis es endlich einer wagt dem Kaiser die Frage zu beantworten: Ziska liegt hier. — „Pfuy, pfuy, rief der Kaiser aus, das garstige Thier! welches todt, nach hundert Jahren noch, die Lebendigen schrecken kan.„ Und blieb nicht, wie er anfangs wollte, über Nacht in Czaslau, sondern reißte noch eine Meile weiter nach Kuttenberg.

Wenn man die zweyseitigen Beschreibungen vom Ziska zusammen hält, und prüft, und sein Leben und seinen Charakter genau, und aufmerksam betrachtet; und die Summe ziehn will, so geräth man in Verlegenheit, bey dem Gemische seiner grossen und seiner schlechten Eigenschaften, ob man ihn mehr loben oder tadeln soll. Die persönliche Bildung dieses fürchterlichen Mannes, die schon für sich Furcht und Entsetzen einprägte, haben wir oben geschildert, als wir seine ersten kriegrischen Unternehmungen beschrieben. Seine Thaten haben uns seinen Geist gezeigt. Nie sind so grosse kriegrische Talente mit so wilder sittlichen Unordnung, in irgend einem Menschen verbunden gewesen. Sieht man auf die Zerstörungen, welche er umher streute, und auf die Grausamkeiten, welche er beging, so ist Ziska ein herumziehender Mörder und Räuber. Betrachtet man die Siege welche er erfochten hat, die doppelte Ueberwindung der mächtigen kaiserlichen Armee und so vieler zahlreicher Heere die er schlug und vor sich her jagte, so ist er ein General, mit dem die Geschichte wenige in Vergleichung stellen kan. Sie kan keinen mit ihm vergleichen, wenn sie auf den ersten Ursprung seines Heeres, auf die Bewafnung desselben von ihm, auf die Vermehrung seiner Truppen, auf die Liebe und Beständigkeit derselben, da er ihnen nicht den geringsten Sold geben konte, ihre Aufmerksamkeit richtet. Aus einem zusammengelaufnen Haufen Volk ohne Waffen, erschaft sich Ziska ein Heer, das hunderttausend

tausend Feinde schlägt, baut ihm eine Stadt und macht eleibe Leute unüberwindlich.

Wie viele Beschwerlichkeiten mußte ihm nicht seine Blindheit erwecken! Man stelle sich nur recht lebhaft einen ganz blinden Menschen vor, der an die Spitze einer Arme tritt, und Fürsten, und Kaiser zitternd macht; der seine Soldaten aus allen Gefahren errettet, allen Nachstellungen entführt, zur rechten Zeit wieder zu schlagen, und den Feind zu überraschen weiß, der die Schlachtordnung immer selbst einrichtet, immer bey der Hauptfahne ficht und nie weicht, der unerschrocken der ganzen Welt Troz bietet und nicht besiegt werden kan. Scheint solch ein Mensch nicht die Kräfte der menschlichen Natur durch sich selbst zu übertreffen?

Viele Grausamkeiten schreibt man seinem Charakter unrichtig zu, ohne die äuserste Nothwendigkeit zu bedenken, die ihn zur Grausamkeit drang, oder vielmehr nur zur Erlaubnis derselben, da er es nicht hindern konte. Verschiednes ist auch von den ihm gehäßigen Schriftstellern übertrieben worden. Ein unregelmäßiges, uncultivirtes Volk, welches keinen andern Unterhalt hat, als die Beute, dessen pöbelhafte Seelen sich mit den Körpern unter tausendfachen Beschwerlichkeiten zugleich abhärten, und nach und nach alle menschlichen Empfindungen unterdrückt, kan, auch von dem weisesten General, nicht von Ausschweifungen zurückgehalten werden. Plünderung ist jederzeit die Begleiterin der Stürme, und man braucht kein General zu seyn, um die Nothwendigkeit einzusehn. Ziska muste alles durch Stürme erobern und seine ohnehin wilden, hungrigen,

aus-

ausgelassenen Soldaten, konten noch weit weniger, als andere, im Zaume gehalten werden. Er war seines Lebens nicht sicher, oder muste befürchten, ganz verlassen zu werden, wenn er die Frechheit seiner blutdürstigen Begleiter bändigen wollte. Daß er selbst für seine Person kein raubgieriger Plünderer war, bewieß er genug und bey allen Gelegenheiten, da er von der Beute niemals etwas vor sich behielt, alle Güter seinen Soldaten ließ, und blos die Dürftigkeit mit ihnen gemein haben wollte. Der rohe Genius seines Zeitalters, und die Grausamkeiten seiner Feinde gegen ihn, und seine Krieger, welche man für verruchte Ketzer hielt, werden für die Grausamkeit die er oft ausüben ließ, neue und wichtige Entschuldigungen. Allein fern sey es, ihn völlig zu entschuldigen, oder durch eine lobrednerische Schminke die Flecken seines Charakters zu bedecken. Wir wollen seinen Geist und Charakter so kurz als möglich hier zeichnen; denn die Thaten seines Lebens machen ein Widerspiel aus ihm selber, und eine kurze Schilderung eben so nöthig, als wir sie sonst bey den meisten Biographien am Ende, für unnöthig halten.

Ein Genie von hohen seltnen Talenten, mit einem harten, unbewegbaren Herzen und von Ehrgeiz angeflamt, machten im Ziska eine sonderbare Mischung von Tugenden und Fehlern. Er war von Jugend auf im Kriege erzogen worden, und hatte daher ein rauhes wildes Temperament gebildet. Die Rache eines solchen Temperaments ist jederzeit grausam. Da Ziska durch unsägliche Beschwerlichkeiten seinen Körper und Seele abgehärtet hatte, Hunger, Durst, Kälte und Hitze ertragen konte und seine Nerven gleichsam fühllos gemacht hatte, so konte er sich von dem zärtern Gefühle der andern Menschen keine rechte Vorstellung machen. Hieraus entstand bey ihm die Verwegenheit, welche oft bis ins besondere stieg, und zugleich die Fähigkeit, immer, auch in den gröſten Gefahren, Gegenwart des Geistes zu haben. Für ihn gab es keine Gefahr. Da er sein Leben nicht achtete, so machte ihn keine Furchtsamkeit verwirrt; denn auſer dem Leben konte er nichts verliehren. Daß er Ehrgeitz besaß, gestand er selbst, wenn er zu seinen Soldaten Reden hielt und ihnen vorstellte, daß er nichts, als den bloſſen Nahmen von seinen Bemühungen habe. Die groſſe Kunst eines Generals, sich die Liebe der Soldaten eigen zu machen, verstand er aufs beste. Durch Herablaſſung, durch Uneigennützigkeit und den stärksten Antheil an allen Gefahren, diesen groſſen Springfedern weiser Feldherrn, beherrschte er alle Herzen, und lockte immer mehrere zu seinem Anhange. Die Liebe seiner Taboriten für ihn, ging soweit, daß sie, ob sie gleich durchaus alle Bilder verabscheuten, dennoch das Bild ihres Ziska mahlen lieſſen, mit einem Engel der einen Kelch in der Hand hielt. Alle Jahre pflegten sie sein Andenken feyerlich zu erneuern. Als er gestorben war, nanten sie sich, wie wir gesehn haben, Waisen.

Sein Beyspiel zeigt den Unterschied zwischen einen Held, und Krieger, sinnlich. Man hat ihn in seiner Lebensbeschreibung einige Mahl den Nahmen des Helden beygelegt; allein nicht in dem eblern Verstande, in welchem man sonst den Nahmen des Helden denkt. Wenn Tapferkeit, Genie, Muth, Kriegskunst, den Helden ausmachen, so war es Ziska. Aber die blutgierigen

gierigen Züge in seinem Charakter entstellen ihn. Man bewundert alsdenn den Ziska nicht: man erstaunt über ihn.

Die ganze Reihe aller grausamen Scenen seines Lebens und der ganze Charakter seiner letztern Jahre, in welchen er der Betrachtung werth wurde hatte den Eifer der Religion zum Grunde, womit sich Privathaß verband. Sein rauher und lebhafter Geist dürstete nach Rache, sobald er die unschuldige Hinrichtung Hussens hörte. Es ist wahr, noch jetzt bewegt einen empfindlichen Leser, der Recht und Unrecht fühlen kan, wenn er Hussens Schicksal liest, ein schmerzender Urwille. Ziska billigte die Lehrsätze Hussens, und der heftige Eindruck dieses Todes empörte seine Seele um so mehr zur Rachsucht, je stärker alle Regungen und alles Gefühl der Beleidigung in dieser kriegerischen Seele waren. Er wußte sehr wohl, daß Huß ein Opfer der Priester gewesen war, und empfing dadurch einen grimmigen Haß gegen diese Gesellschaft: Eine persönliche Beleidigung kam dazu, da selbst die Schwester des Ziska durch einen Priester ihre Ehre verlohr; und nun sann der Beleidigte auf doppelte Rache, welche bey ihm sich in Grimm verwandelte, und indem er mehreres zusammengelaufenes Volk sah, mit welchem er sich vereinigen konte, die Gelegenheit, seine Rache wütend und groß zu machen, ergrif. Der Fanatismus der Religion, welcher sich hitziger Köpfe sehr leicht bemächrigt, riß ihm zum Eifer noch mehr hin; mit welchem er sein Leben und alle seine Kräfte zur Beschützung der von ihm erkannten Wahrheiten, und zur grausamsten Züchtigung des Gegentheils aufzuopfern beschloß. Man denke sich

das

das unsittliche Leben der Geistlichkeit zu der damaligen Zeit hinzu; so wird man einsehen, wie Ziska glaubte die Sache GOttes zu führen, indem er die Freystätte der Laster, die man Klöster, und heilig nante, zerstörte.

Der Gedanke, daß die Geistlichkeit, Stolz der Heiligkeit mit der Bosheit der Laster verbinden wollte, und einen schwarzen Rock zum Vorrecht für andre Menschenkinder, die so gut von Adam abstamten, wie sie, und zur ungestraften Freyheit der Sünden machen wollte, der Gedanke des schrecklichen Unrechts dabey, erschütterte die Taboriten so sehr und ihrem Anführer, besonders unsern Ziska, daß er in dem Untergange solcher Leute, und in der Verwüstung ihrer privilegirten Wohnungen seine größte Ehre suchte. Ein Sünder, der nur ein Geistlicher hieß, konte einen Gerechten verdammen, der nicht ein Geistlicher hieß. Lasterhaft oder nicht, genoß er die höchsten Vorzüge der Verehrung. Selbst im Sacramente des heiligen Abendmahls genoß er den Kelch, den kein andrer bekam. — Solche Gedanken entrüsteten damahls eine Menge von wilden Leuten, deren Anführer Ziska wurde, und mit dem Schwerdt den Unsinn rächte. Das sinnliche bey der Entziehung des Kelchs im heiligen Abendmahl, welche man für das größte Unrecht hielt, rührte den Pöbel am meisten und Ziska, der viel zu klug war, als daß dies nicht hätte nutzen wollen, erzeugte eben dadurch bey seinen Soldaten Enthusiasmus und um diesen Enthusiasmus, welcher jederzeit Wunder im Kriege erschaffen hat, recht stark und immer wirksam zu machen, nante er sich mit seinen Anhängern,

Schir. d. Biogr. 3. Th. T oder

oder Soldaten, die Brüder vom Kelche. Die Bezeichnung der Fahnen mit dem Kelche, war jederzeit im Gefechte eine begeisternde Beredsamkeit ein neues Labbarum.

Ziska ging aber zu weit. Die Leidenschaft überstieg, wie leider! gemeiniglich die Grenzen des Rechts und der Tugend. Um sündliche Heilige, aus heiligen Eifer zu strafen, wurde Ziska selbst ein sündlicher Verbrecher, oder machte sich doch durch Anführung derselben der Frechheiten theilhaftig. — Man könte leicht noch vieles zu seinem Tadel, und nicht weniger zu seiner Entschuldigung, viel noch zu seinem Lobe hinzusetzen, aber die Besorgnis, schon ist zu viel gesagt zu haben, legt die Verbindlichkeit auf, die Betrachtungen über ihn hier zu beschliessen.

Die Lebensbeschreibung des Ziska enthielt sehr wenige Maximen und eingestreute Moral; sie gehörte zu der Gattung, wo eine moralische Zudringlichkeit beschwerlich gewesen seyn würde. Sein ganzes Leben zeigt durgehends die einzige grosse Lehre, daß, wie Pope sagt: die Religion in den Händen des blinden Eiferers eine Furie wird.

> * *

Die Grundlage zu dieser Lebensbeschreibung, gab mir die academische Abhandlung, welche Herr Hofrath Häberlin 1742 verfertiget, und unter dem Vorsitze des Hrn. J. David Köhlers zu Göttingen, vertheidiget hat: Elogium Johannis de Trocznowa, cognomento Zisskae, archistrategi Taboritarum formidabilis: Die Kenner der Geschichtkunde würden sich

wun-

wundern, wenn ich die Gründlichkeit dieser Schrift, die Belesenheit und sorgfältige Gelehrsamkeit hier weitläuftig rühmen wollte. Man wird bey einer Vergleichung leicht gewahr werden, daß ich sowol die Berichtigung der Chronologie, als auch der verschiednen Schriftsteller und überhaupt die Handleitung dieser vortreflichen Abhandlung zu nutzen gesucht habe.

Von den Quellen und Hülfsmitteln bey meiner Erzehlung, kan ich kein richtigeres Urtheil fällen, und sie nicht genauer beschreiben, als Herr Köhler in dem beygefügten Schreiben gethan hat, welches die eben genante Schrift begleitet. Wenn ich weder mehr, noch weniger sagen könte, so würde ich mich hier bl<s auf seine Urtheile im allgemeinen beruffen. Dennoch folge ich ihnen mit prüfender Genauigkeit.

Byzinius oder **M. Laurentius de Brzezina,** Kanzler der Neustadt zu Prag, konte, als ein Augenzeuge der hußitischen Unruhen die sichersten Nachrichten davon aufzeichnen. Allein seine Erzehlung vom Hußitenkriege, so weit wir sie itzt gedruckt besitzen, geht nicht über das Jahr 1421 hinauf, nach welcher Zeit doch Ziska erst die merkwürdigsten Thaten seines Lebens verrichtete. Auserdem ist sie, nach der gewöhnlichen Art der alten Schriften, welche Ludwig zuerst im Drucke herausgab, in dem VIten Bande von dessen Reliquiis MSct. fehlerhaft und ganz sorglos abgedruckt worden. Die meisten Stücke in diesen Reliquiis verdienen noch eine neue Vergleichung mit ihren Originalen und eine correctere Ausgabe.

Die Lebensbeschreibung des Kaisers Sigismund von Windeck, welche in dem ersten Bande der Men=

kischen bekanten Sammlung befindlich ist, gibt dem aufmerksamen Forscher der Hußitischen Geschichte wenig Nahrung. Ich gestehe gern, daß ich sie nicht gebraucht habe, weil ich sie gar zu unfruchtbar fand. Vom Ziska selbst habe ich nichts brauchbares aufgezeichnet gelesen.

Brauchbarere, obgleich nicht immer zuverläßige Nachrichten, erzehlt Aeneas Sylvius in seiner Historia Bohemica. Der Eifer wider die Hußiten und den Ziska insbesondere, welchen er ein Ungeheuer nennt, und mit mehr ähnlichen Ausdrücken schildert, führt ihn zuweilen von dem Wege der Wahrheit ab, und verursacht ein durchgängiges Mistrauen in seine Urtheile. Die Schreibart wird öfters declamatorisch, und überschreitet die Grenzen der Geschichte. Demohnerachtet hat man ihm sehr schätzbare Nachrichten und Aufzeichnungen verschiedener Umstände zu danken, welche man bey andern vergebens sucht.

Sehr umständlich erzehlt die Hußitischen Unruhen, besonders in Absicht des Ziska, Wenceslaus Hagecius, in seiner Böhmischen Chronick, (Nürnberg 1697. in Fol.) welches Buch den vorzüglichsten Nutzen geleistet hat. Freylich ist weder die Schreibart gut, noch sind die untermischten Urtheile jederzeit richtig; allein die Ausführlichkeit dieses Werkes und die Treue desselben machten es zu einem Hauptbuche für mich.

Diesem Führer muß ich den Theobald beyfügen, dessen Beschreibung vom Hußitenkriege ebenfalls vom Ziska viel Umständliches und Genaues enthält. Ich habe mich der Wittenbergischen Ausgabe von 1609 bedient, wo 66 Schriftsteller angegeben sind, aus denen

Theo-

Theobald seine Geschichte geschöpft hat, welches Verzeichnis in der Nürnberger Edition von Jahr 1624 fehlt. Ohnstreitig ist Theobald der glaubwürdigste Schriftsteller der böhmischen Unruhen, welche die Hußiten erregten. Eine mühsame Sorgfalt, eine genaue Nutzung der Manuscripte, und sehr gründlicher Fleiß bezeichnet sein Buch.

Des Cochlaei Historiae Hussitarum libri duodecim, verleugnen die Unpartheiligkeit, das vornehmste Verdienst des Geschichtschreibers. Man kan seinen Erzehlungen, so sehr er sich auch auf seine Sorgfalt und Emsigkeit beruft, nicht ohne Prüfung und Zweifeln folgen. An vielen Orten erniedrigt sich Cochläus unter die Würde des Geschichtschreibers. Erst durch Vergleichung mit andern Schriftstellern und der Aufmerksamkeit einer scharfen Beobachtung kan man ihn nutzen; seine ungeschickten Urtheile aber fast niemals billigen.

Dubravii Historia Bohemica ist in Absicht der Urtheile eben so schielend und verräth sehr oft den Bischof. Die Facta an sich aber werden doch nicht verunstaltet, und der Stil hat eine gefällige Anmuth. Unerträglich aber ist die Verwirrung in der Zeitrechnung und die Mischung der Umstände unter einander, woraus nothwendig ganz falsche Vorstellungen entstehen.

Weit weniger brauchbar für den Biograph des Ziska war Bohuslai Balbini Epitome Historica Rerum Bohemicarum. Was man hier findet, haben meistentheils schon andre und besser gesagt. Die Verwirrung in der Zeitrechnung, verdirbt noch das übrige Gute, und der Haß gegen den Ziska, entstellt die

Vorstellungen der Begebenheiten. Mehr noch als diese Geschichte, habe ich eben dieses Schriftstellers Miscellanea Historica regni Bohemiae zu Rathe gezogen, und mit einigen Nachrichten davon, meine Lebensbeschreibung bereichert.

Die Acta Concilii Constantiensis von dem ehmals um den Ruhm unsrer Universität Helmstädt so sehr verdienten Herrn Probst von der Hardt, und die Histoire du Concile de Constance par Jaques Lenfant unterrichten von dem Ursprunge und Quellen der Hußitischen Unruhen genau, und gründlich, und geben verschiedne Winke in Absicht des Geistes des Jahrhundertes des Ziska.

Ich beschliesse meine Anzeige der Quellen und spätrer Schriftsteller bey dieser Lebensbeschreibung, mit der Erkentlichkeit, welche ich dem fünften Bande der Reichshistorie, oder des sogenanten Auszugs der allgemeinen Welthistorie, unsers berühmten Herrn Hofraths Häberlin, schuldig bin. Nicht allein das Verhältnis des Ziska gegen den Kaiser Sigismund, sondern auch die vornehmsten Begebenheiten dieses wilden Feindes des Kaisers werden mit der gründlichsten Sorgfalt genau und pragmatisch erzehlt. Die Berichtigung der Chronologie gibt den Erzehlungen ein neues Verdienst.

Leben

Leben
Sigmunds,
Bischofs von Würzburg.

Ein Gemählde von Fehlern und Lastern, dem die strafenden Folgen beygefügt sind, gehört eben sowohl zur Kentnis der Menschheit, als die Bilder grosser Tugenden. Die Schicksale solcher Charaktere haben sehr oft das sonderbare, welches das Interesse der Neugierde erweckt. Ein Geistlicher, aus fürstlichen Stamme, der aus dem Triebe der Leidenschaft, welche eben der geistliche Stand aufhebt, in diesen Stand trat, hat vielleicht in dieser Lebensbeschreibung etwas sonderbares, und wird uns wenigstens einen seltenen Charakter zeigen.

Friedrich, mit dem verdienten Nahmen des Streitbaren, der erste Churfürst von Sachsen aus dem Meißnischem Stamme, hinterließ nach seinem Tode vier Prinzen, von denen Sigmund, dessen Leben wir erzehlen wollen, der zweite, und am letzten Febr. des Jahrs 1416, gebohren war. Das junge Alter von zwölf Jahren, konte freylich noch nicht genug lebhafte Eindrücke von den grossen Eigenschaften eines ruhmvollen Vaters haben; allein man konte hoffen, daß von einem Tapfern, auch ein Tapfrer erzeugt seyn würde. Die Hofnung betrog, wie oft, und der Geist des Vaters hatte sich dem Sohne nicht mitgetheilt. Friedrich der Stritbare, hatte den Verdiensten seiner Prinzen eine glänzende Laufbahn eröfnet. Die Verehrung der Fürsten, die Hochachtung des Kaisers, und eine allgemeine Liebe ruhte auf seinem Geschlechte und erleichterte dem Prinzen den Zugang zum hohen Ansehn, dessen Krümmungen sonst gemeiniglich die Genies unter den Menschen in jeder Gattung und Stande aufzuhalten pflegen.

Sigmund genoß auch nach dem Tode seines grossen Vaters die beste Erziehung, welche sein Zeitalter geben konte, und dieses Zeitalter, klärte besonders in Sachsen, die Menschheit schon sehr auf. Man fing an, die Schlacken der Barbarey und Unwissenheit abzusondern. Die neuerrichtete Universität zu Leipzig, gab den Wissenschaften, die durch die hußitischen Unruhen von ihrer ersten deutschen Mutter zu Prag verdrengt wurden, eine sichere und wohlthätige Zuflucht. Der Einfluß des klügern und hellern Verstandes, erstreckte sich sehr bald bis an den Hof, und verfeinerte die Empfindungen mit der Lebensart.

Bald nach dem Tode seines Vaters, erhielt Sigmund mit seinen Brüdern, vom Kaiser die Belehnung über alle vom Vater hinterlassene Länder, und auch dem Churfürstenthume, welches aber sogleich der älteste Prinz, Friedrich, in Besitz nahm. Das Churfürstenthum gehörte zu den grossen Vortheilen, die der Vater seinem Geschlechte erworben hatte, und wurde der vorzügliche Antheil des ältesten Prinzen. Die übrigen Länder, blieben vorerst unter den Brüdern in Gemeinschaft. Im Jahr 1435 aber starb der dritte unter diesen Prinzen, Heinrich, und die noch übrigen drey Brüder, Friedrich der Churfurst, Sigmund und Wilhelm der jüngste, entschlossen sich zu einer vorläufigen

läufigen Theilung, oder es nahm vielmehr ein jeder der zwey jünngern Prinzen einige Städte, Aemter und Schlösser, insbesondre für sich eigen, und verschiednes blieb noch ungetheilt. Von den drey sächsischen Bischöffen wurde der zu Meißen an den Churfürsten, der zu Merseburg an unsern Sigmund, und der zu Naumburg an den Herzog Wilhelm gewiesen, und dem Schutze übergeben. Diese vorläufige Eintheilung sollte nur auf neun Jahr gültig seyn, worauf man einen genaueren Vergleich bestimmen wollte. Zu dem vorißo auf diese Art vorzüglichem Eigenthume des Herzogs Sigmund, gehörten die Städte, Meißen, Rochlitz, Altenburg und Woyda im Vogtlande, ohne die andern jährlichen Einkünfte.

Schon bald darauf zeigte Siegmund eine jugendliche Hitze, welche die Maaßregeln der fürstlichen Klugheit beleidigte. Die jährlichen ihm bestimten Einkünfte erfolgten nicht zu rechter Zeit, wo sie Sigismund erwartete, und da er auf sein Fordern, sie von den Rentmeistern nicht so gleich empfangen konte, beschlos er, die Stadt Weyda, dem Vogte von Plauen, welcher mit seinen Brüdern in Zwistigkeit war, zu verkaufen. Die beyden Brüder wurden zum Glück dieses Vorhaben noch zeitig genug gewahr, und bemühten sich ihren dritten Bruder, unsern Herzog Sigmund, zu besänftigen. Sie brachten ihn auch endlich durch Versprechungen und Zureden dahin, daß er seinen Vorsatz fahren ließ, wodurch er schon zu erkennen gegeben hatte, wie wenig ihm wesentliche Vortheile rührten, und zu was für leichtsinniger Nachläßigkeit, er fähig sey.

Diese Nachläßigkeit war dennoch mehr eine Uebereilung der flüchtigen Jugend, welche Geld brauchte, und da es nicht gleich geschaft werden konte, darüber ungedultig wurde, als eine völlige Unachtsamkeit auf das wahre Interesse. Sigmund war in seiner frühen Bildung durch das Beyspiel des Vaters zur Tapferkeit angeführt worden, und er zeigte auch Eifer, dieses Beyspiel nachzuahmen. Er schien einen Fürsten an sich zu versprechen, der die Kriegswissenschaft mit innerer Herzhaftigkeit verbinden wollte. Er bewieß auch seine Lust zur Ausbildung der kriegerischen Talenten und gab die ersten Proben seiner Tapferkeit in den Feldzügen des Jahrs 1331 und dem darauf folgenden, gegen die Hußiten.

Dieses, anfänglich aus Religionseifer, wild zusammengelaufene Volk, war schon unter dem Ziska zu einer fürchterlichen Armee angewachsen und hatte nach dessen Tode die sächsischen Provinzen in öftern Streifereyen verwüstet. Sigmund nahm an dem zugefügten Schaden, der die mit seinen Brüdern gemeinschaftlichen Besitzungen betraf, sowohl, als an dem Kriege gegen die Stöhrer der Ruhe, Antheil. Der Kaiser, welcher schon einigemahl die Fürsten des Reichs bewogen hatte, daß sie ihre Völker in Böhmen für ihn todtschlagen liessen, ohne daß er selbst etwas vor sich that, hatte eine grosse Unternehmung wider Böhmen zu Stande gebracht. Die vornehmsten Fürsten Deutschlandes sandten Hülfsvölker, und eine Menge von ihnen kam persönlich zu diesem Feldzuge. Unser Herzog Sigmund commandirte, ob er gleich noch sehr jung war, einen besondern Haufen unter den Befehlen seines Bruders,

des

des Churfürsten. Hier konte er von den grössern Mu-
stern seiner Zeit sich begeistern und von ihnen lernen.
Die Armee selbst, welche in Böhmen einrückte, bestand,
wenn wir denenjenigen folgen, welche die geringste Anzahl angeben, aus neunzigtausend Mann. Der oberste Feldherr war der tapfre und weise Churfürst von
Brandenburg, Friedrich. Die vielen andern Fürsten
Deutschlandes, musten unserm Sigmund Muth und
Anreitzung geben. Der Churfürst von Cöln, zwey
Herzoge von Bayern, die Landgrafen von Thüringen
und Hessen, verschiedne Bischöffe im Kriegsgewande,
an deren Spitze der Cardinal Julian war und es an
kriegerischem Geiste und heroischer Gegenwart des Geistes, allen Fürsten zuvor that, — solche Begleiter und
Führer hatte itzo Sigmund auf seiner ersten kriegerischen Unternehmung.

Er wurde auch von diesen grossen Begleitern so
sehr ermuntert, daß er die Erwartung von sich übertraf. Sein Corps fügte den Feinden mehr Schaden
zu als die Hauptarmee, und nahm an der Grenze von
Böhmen einige Städte und Schlösser ein, verwüstete
die Besitzungen der Feinde, und soll über hundert Dörfer, Schlösser und Flecken, nach der Mode der Zeit,
zerstört haben. Das Schloß Spitzberg wurde von
seinen Truppen erobert, und hierauf vereinigte sich der
junge Krieger mit dem ganzen Heere, welches den Feinden entgegen ging. Diese hatten sich ebenfalls verstärkt
und rückten mit einer Armee von 50,000 Mann an.
Die verschiednen Factionen in Böhmen, welche mit sich
selbst uneins waren, die sogenanten Waysen, und Taboriten, und Prager, die Städte, und die Landherren,
verbun-

verbunden sich mit einander bey der allgemeinen Gefahr, die das mächtige deutsche Heer drohte, und entschlossen sich, mit standhaften Muthe das äusserste zu wagen. Ihr erster Anführer, Procopius Rasus ließ das Gerücht ausbreiten, daß die verschiedenen Parthenen des Königreichs Böhmen sich nicht vereinigen könten, und itzo der rechte Zeitpunkt sey, etwas grosses auszuführen. Eben weil dieser Zeitpunkt das Gegentheil war, und man befürchten muste, daß eine entstandene Uneinigkeit sehr bald das ausgestreute Gerücht wahr machen möchte, so eilte Procop diese glückliche Gelegenheit zu nutzen. Die Armee der deutschen Völker hörte kaum den wahren Zustand der Feinde, als sie sich für diese wilden Krieger zu fürchten anfing.

Die Furcht, welche jederzeit mit dem Bestreben, den Anfällen, wo möglich, noch zu entgehn, verbunden ist, bemächtigte sich mit ihren Begleiter der vornehmsten Fürsten, welche itzt gegen die Hußiten in Böhmen zu Felde lagen. Es entstand eine Uneinigkeit unter den Fürsten, weil man nicht Lust hatte, für den Kaiser, der in Nürnberg den Vorfällen zu sah, so viel aufzuopfern, und zwar ohne Hofnung, glücklich zu seyn, und etwas wichtiges zu thun. Und warum solten wir für andre so viel hingeben? Leben, Volk, und Geld in Gefahr setzen, und doch nichts ausrichten? Solche Klagen, und Beschwerden führte der gröste Theil der Reichsfürsten. Dem Churfürsten von Sachsen, dem Bruder unsers Sigmunds war an der Demüthigung der Böhmen am meisten gelegen, weil seine angrenzende Länder von ihren Einfällen schon viel erlitten hatten, und es gewiß war, daß, bey einem Rückzuge der Armee aus Böhmen, die

Feinde nachfolgen, und die sächsischen Provinzen mit ausgelassener Frechheit wieder verwüsten würden. Er widerstritt allso den Beschwerden der übrigen Fürsten am meisten; und diese sahen den Grund davon auch so leicht ein, und waren so wenig geneigt, für die Vertheidigung von Sachsen sich aufzuopfern, daß sie in dem Lager bey Taus von dem Churfürsten in Sachsen verlangten, daß er ihnen versprechen sollte, allen Schaden zu ersetzen, den sie etwa in einer bevorstehenden Schlacht erleiden würden. Wie konte dieses der Churfürst? Er konte auf diese seltsame Forderung sich nicht einlassen, und da man ihm vorwarf, daß dieser Krieg in Böhmen hauptsächlich der Ruhe seiner Provinzen wegen gegen die Hußiten unternommen wäre, so stellte er vor, daß dieser Krieg nicht ihn, und die Ruhe seiner Länder, sondern die Eintracht der Kirche insgemein beträfe, daß die Wohlfahrt des ganzen deutschen Reichs, und die Gerechtsame des Kaisers der Endzweck davon wären, und die Religion die verbundene Hülfe der Fürsten erfodere. Durch diese Vorstellung, in welcher er gar nicht zugestanden hatte, daß ein Privatvortheil für ihn bey diesem Feldzuge sey, fanden sich verschiedne Fürsten beleidigt, weil sie ohnehin schon längst Gelegenheit suchten, Mishelligkeiten zu erwecken, um dadurch sich trennen zu können. Eine aus verschiednen Völkern verbundene Armee ist jederzeit eine unrichtig gehende Maschine gewesen. Die Fürsten der vereinten Armee in Böhmen verliessen einander, beym Anrücken der Feinde, von welchen man, während dieser Uneinigkeit, Nachricht erhielt, daß sie mit ihrer ganzen Macht sich näherten, um eine Hauptschlacht zu liefern. Der Churfürst von Cöln suchte

umsonst

umsonst durch seine Beredsamkeit die Eintracht herzustellen, und den Muth zu stärken. *Die Furcht und das Schrecken für den Feind vermehrte den Unwillen, und man ergrif lieber die Flucht, als die Fahnen. Die Herzoge von Bayern brachen mit ihren Völkern noch in der Nacht auf, eilten in der grösten Unordnung davon, und liessen eine Menge Gepäcke unter Wegens liegen, um die nachfolgenden Feinde damit aufzuhalten. Der Churfürst von Brandenburg floh ebenfals davon. Man kan sich leicht die Verwirrung vorstellen, welche nunmehr unter die gemeinen Soldaten kam. Sie wollten nicht weiter fechten, und von keiner Anführung hören, zum Theil zerrissen sie selbst ihre Fahnen, und liefen aus einander.

Diese Unordnung setzte den Churfürst von Sachsen, und seinen Bruder, unsern Herzog Sigmund den äusersten Gefahren aus. Der Kardinal Julian brachte durch den Nachdruck seiner Beredsamkeit noch den übrig gebliebenen Theil der Armee zum stehen; allein, so bald Procopius mit seinem Heere aufkam, so ergrif jedermann in der grösten Eile und Unordnung die Flucht. Die Feinde richteten eine entsetzliche Niederlage an; fast elftausend sollen von dem verbundnen Heere auf dem Platze geblieben seyn: der Churfürst von Sachsen verlohr seinen eignen, und über 240 andre Wagen, alles Kriegsgeräthe, und was bey der Armee war. Der Cardinal Julian büßte seine päbstliche Creutzbulle ein, seinen Cardinalshut, sein Meßgewand, Kreutz und Glocke. Herzog Sigmund eilte mit seinem Bruder, dem Churfürsten, flüchtig, nach Sachsen zurück.

Man

Man sah vorher, daß der unglückliche Ausgang dieses Feldzuges die Hußiten zu einem neuen Einfalle nach Sachsen reizen würde. Er geschah im folgenden Jahre. Procopius Rasus, der wilde und tapfre Anführer der Hußiten, brach mit einem starken Heere ins Vogtland ein, und verwüstete es durchgehends. Hierauf zog er sich nach dem so genanten Osterlande. Der Churfürst von Sachsen gieng ihm entgegen, und Sigismund begleitete ihn auch hier. Man hofte dießmal die Hußiten zu strafen, weil der Herzog von Bayern dem Churfürsten einige Hülfsvölker zugeführt hatte, und dadurch die Armee zu einem Angriffe stark genug war. Bey dem Städtchen Taucha trafen beyde feindliche Heere einander, und man wagte eine Schlacht. Schon im Anfange derselben verliessen die Bayrischen Truppen ihre Posten: die Sachsen wehrten sich mit dem empfindlichsten Verluste noch eine Zeit hin, so gut sie konten, mußten aber der überwiegenden Gewalt der Feinde, da sie sich von ihren Freunden verlassen sahen, weichen, und verlohren viel Volk und Kriegsgeräthe. Der Sieger aus Böhmen, Procopius nahm hierauf die Stadt Taucha ein, ließ die Mauern niederreissen, und verwüstete alles. Der Churfürst von Sachsen war nun am meisten für Leipzig besorgt, verstärkte die Besatzung daselbst, und versprach, mit einem neuen Heere, bald der Stadt selbst zu Hülfe zu kommen. Allein der Feind wandte sich, nach seiner gewöhnlichen Art, herum zuschwärmen, wiederum nach Böhmen, zu neuen Unternehmungen.

Wie viel Sigmund, bey diesem zweyten Feldzuge seiner Jugend, persönliche Tapferkeit gezeigt, und was er selbst dabey gethan habe, erzehlt uns die Geschichte nicht

nicht genau. Wir haben daher die Vorfälle überhaupt beschreiben müssen, weil der Fürst, dessen Leben wir schildern, denenselben gegenwärtig war, und Antheil daran nahm. Ohnstreitig mochten diese zwey ersten unglücklichen Feldzüge, denen er beygewohnt hatte, in ihm einen geheimen Widerwillen gegen den König erregt haben! wenigstens waren sie nicht im Stande, einem im Kriege unerfahrnen Jüngling sehr zu ermuntern. Die Trophäen des Miltiades konnten einen Themistocles zu Siegen befeuren: der vielfache Verlust eines ältern Bruders konte hier den jüngern muthlos machen. Die allgemeine Furcht für die Hußiten, welche sich allenthalben ausbreitete, und die öftern Einfälle dieser unbändigen in die sächsischen Provinzen konte den Eifer nach Lorbeern der Siege noch mehr niederschlagen. Wenn man unübersteigliche Hindernisse vor sich sieht, ein gewisses Ziel zu erreichen, so verliehrt man auch bald die Lust, und Begierde darnach. Der junge Herzog Sigmund sah nichts reizendes im kriegrischen Stande für sich, und ohne Lockung, und Gelegenheit zur Hofnung wird eine jugendliche Seele nicht zu grossen Thaten erweckt, in welchem Fache des Genies es auch sey.

Nur aber zu sehr wurde der fürstliche Jüngling zu etwas andern gereitzt; zur Leidenschaft der Liebe, welche die zärtern Nerven desto mehr in Bewegung bringt, je leichter sie den schmeichlerischen Eindrücken folgen. Die Vertheidigung der sächsischen Länder hatte zu dieser Liebe Gelegenheit gegeben. Sigmund hatte, in seinem letztern, zweiten Feldzuge gegen die Hußiten, in dem Kloster Muldenfurth bey Weyda, im Vogtlande, eine Nonne gesehen, deren Schönheit ihn entzückte.

Sie

Sie war aus dem Geschlechte von Lohma, und scheint ihren Nonnenstand eben so sehr, wie die meisten von ihren geistlichen Schwestern gefaßt zu haben. Prinz Sigmund hatte persönliche Anmuth, und ein gefälliges Wesen. Zwar, wer würde dieses nicht gegen eine Geliebte haben? Die Nonne erhört die Anträge des Prinzen, und Prinz und Nonne lieben sich eifrig. Die wechselseitige Liebe erforderte nothwendig öftere Zusammenkünfte; allein diese waren wegen der Sorgfalt, mit welcher die Nonne bewacht wurde, sehr schwer. Man sinnt auf Mittel herum, sich bequemere Gelegenheiten zum Umgange zu verschaffen, und da es nicht möglich ist die Hüter immer zu entfernen, und den Verdacht zu vermeiden, so geräth der liebende Prinz Sigmund auf den Einfall, selbst in den geistlichen Stand zu treten. Dann war es leicht, sehr oft die geistliche Schwester zu besuchen. Der Einfall war zu schön für den Endzweck der beyden Geliebten, als daß er nicht bald hätte sollen ausgeführt werden. Sigmund gab bey seinen beyden Brüdern vor, daß er die Muße der Unruhe vorziehen wolle, und sich den geistlichen Stand widmen werde. Der Churfürst, und der andre Bruder, Herzog Wilhelm, konten mit dieser Erklärung sehr wohl zufrieden seyn, da sie dadurch den Erbtheil ihres Bruders erhielten. Sigmund ließ sich zum geistlichen Stande vorbereiten, und am 8 Merz des Jahrs 1436 zu Merseburg, von dem Bischofe daselbst, feyerlich einweihen. So ward er nun ein Geistlicher, um, nach einer nicht ungewönlichen Mode, desto besser lieben zu können.

Er konte seine Leidenschaft auch nunmehro bequemer, als vormahls, befriedigen, und sein Alter, von zwanzig Jahren, das Antheil der Sinnlichkeit bey den meisten Menschen, fand dabey die gröste Entschädigung für so viele und grosse Vortheile, welche er weggegeben hatte. Die Besuche bey der Nonne in dem Kloster zu Muldenfurth wurden nun häufig abgestattet. Beyde freuten sich, und überliessen sich zugleich nunmehr ihrer Thorheit so sehr, daß sie endlich berauschte, und die verliebten von aller Behutsamkeit entfernte. Besonders gieng Sigmund so weit, daß sein Betragen allgemeinen Verdacht erweckte; denn die Liebe der Männer ist zwar gemeiniglich nicht so stark, als die Liebe der Frauenzimmer; allein die zurückhaltende Schüchternheit der Letzern, zu welcher sie von der zartesten Kindheit an gewöhnt werden, verbirgt ihre Schwachheit immer besser als diejenige von unserm Geschlechte verborgen wird. So verursachte auch hier Sigmund, der neue geistliche Prinz, zuerst Argwohn, und gab Anlaß, alle seine schändliche Verbindung zu entdecken. Die Grösse seiner leidenschaftlichen Liebe kan man nach dem Ausdrucke ei Geschichtschreibers bestimmen, welcher erzehlt, „daß „der Prinz vielleicht müsse einen Liebestrank bekommen „haben, denn er sey so sehr weibisch geworden, daß er „auch dem Schimpfe des gemeinen Mannes sich ausge= „setzt habe.„ — Es wird wohl bey dem meisten Theil der Leser unnöthig seyn, den alten Schriftsteller in Absicht des Liebestrankes zu widerlegen; man wird glauben, daß, ohne Liebestrank, eine heftige Liebe möglich sey. — Bey dem, dessen Character wir hier zeichnen, war

sie

sie Verbrechen. Wollte man auch die Jugend des Prinzen zur Entschuldigung anführen, und die Verführungen der Nonne, so muß doch wenigstens der Charakter eines Jünglings nicht schön, und die Empfindungen der Religion müssen bey ihm unterdrückt seyn, wenn er an den Altar tritt, und das Gelübde der Keuschheit deßwegen schwört, um die Keuschheit nur desto mehr verletzen zu können. — Allein, wenn man die menschliche Natur genau studirt, so wird man auch bey den Vergehungen der Liebe, und den Ausartungen derselben, immer von beyden Geschlechtern dem weiblichen die größte Schuld beymessen müssen. Die Männer sind bey den Verführungen der Leidenschaft gemeiniglich das schwache Geschlecht.

Nicht lange verweilte die Strafe bey den Vergehungen Sigmunds. Seine beyden Brüder, der Churfürst, und Herzog Wilhelm, wußten von dem geheimen Verhältnisse nichts, bis sie durch den Ruf aufmerksam gemacht, und von dem Liebeshandel der Nonne und ihres Bruders benachrichtiget wurden. Ihr Unwille darüber brach gegen Sigmund in Vorwürfe aus, und suchte mit Drohen und Bitten ihn von einer so entehrenden Lebensart abzuwenden. Als aber dieses fruchtlos zu seyn schien, und Sigmund in Priestergestalt fortfuhr seine Leidenschaft zu befriedigen, so liessen ihn seine Brüder in Verhaft nehmen, um der öffentlichen Beschimpfung ihres Hauses zuvorzukommen, und nach Freyburg, an der Unstrut, in Verwahrung bringen. Hier bekam er sechs vornehme von Adel zum Umgange, welche ihn von seiner unsinnigen Thorheit abziehen, und ihm bessere Gedanken einflössen sollten. Die Abwesenheit des Gegenstandes äuserte auch bey ihm die Wirkung der Vergessenheit, und Sigmund änderte seine Gesinnungen so sehr, daß der Churfürst von Sachsen sich Mühe gab, ihn zu einer hohen geistlichen Würde zu befördern.

Würzburg, dieses alte, einträgliche Bißthum, gab die nächste Hofnung. Der Bischof daselbst, Johannes, hatte durch alle mögliche Ausschweifungen und Wohlleben sich bis zum 80sten Jahre hinaufgegessen, und war endlich nun von der Sünde mehr, als vom Alter so geschwächt, daß er das Bette hüten mußte. Die Unruhen, welche er erregt hatte, und die Verschwendung, welche er beständig geliebt, und gegen seine viele Kebsweiber — Maitressen nent sie die galantere Sprache, ob es gleich kein deutsches Wort ist; den das ächte deutsche Wort dazu ist etwas stark. — Die Verschwendung also des Bischofs Johannes hatte die Einkünfte des Stifts so sehr verringert, daß fast nichts mehr, als der Zoll vom Weine übrig geblieben war. Die Gläubiger drangen auf ihre Bezahlung, und dreugten die Unterthanen des Stifts mit Pfändungen, weil der Bischof selbst nichts mehr zu verkaufen, und zu verpfänden hatte. Die bringende Noth zwang nun auf neue Mittel zu denken, wie das bevorstehende Verderben abgewendet werden möchte. Unter diesen Umständen suchten beyde Brüder des Herzogs Sigmund ihr Ansehn zu seinem Vortheile zu nutzen, und ihm, wo

möglich

möglich die Anwartschaft auf dieses Bißthum zu verschaffen.

Um den sichersten Weg zu ergreifen bemühten sich der Churfürst von Sachsen, und der Herzog Wilhelm zuerst um eine Domherrnstelle für ihre Bruder. Hierdurch erhielten sie eine nähere Bekantschaft mit denenjenigen, durch welche sie ihre weitere Hofnungen fortsetzen konten. Als sie auf diese Art auch mit den Umständen des Bißthums näher bekant worden waren, so schlugen sie durch einige ihre neuerworbne Freunde dem alten Bischoffe Johannes ihren Bruder zum Coadjutor vor. Das Ansehn des Churfürsten von Sachsen, die Noth des Stiftes zu Würzburg, und das hohe verdrießliche Alter des Johannes erleichterte ihnen zwar ihre Unterhandlung einigermaaßen, allein es kostete dennoch viele Mühe, die Absicht vollkommen zu erreichen. Nach verschiednen schriftlichen Vorstellungen, und einer nach Würzburg angekommenen Gesandschaft, wurde endlich eine Zusammenkunft zu Coburg festgesetzt, welche am 27 December des Jahrs 1439 erfolgte, auf welcher man sich über die beyderseitigen Forderungen berathschlagte. Man gelangte auf dieser Zusammenkunft zu einem vollkommenen Vertrage, und Sigmund wurde zum Coadjutor des Bischofs Johannes von Würzburg bestimt, so lange Johannes noch leben würde. Es wurde festgesetzt, daß Sigmund die Regierung des Stiftes sogleich antreten sollte: doch sollten außer dem alten Bischoffe noch vier Personen Antheil an der Regierung haben. Zwey behielt sich Johannes vor, zu erwählen, und zwey bestimte der Churfürst von Sachsen. Dieser versprach auch selbst die oberste Vorsorge für das itzt so bedrängte Bißthum zu führen, und auser ihm verpflichteten sich zu dieser Aufsicht auch noch der Herzog Wilhelm, der Landgraf Friedrich in Thüringen, und der Landgraf Ludwig von Hessen. Diese Fürsten übernahmen besonders die Beschützung der Zölle, und, wenn die bisherigen zur Errettung von den Schulden nicht hinreichend seyn sollten, neue andre Zölle, und Abgaben zu verfügen, und sie mit ihrem Ansehn wirksam zu machen. Bis zum Tode des Bischofs erhielt Sigmund nur von den Zöllen 1300 Gulden, und nach diesem Tode sollte er nicht eher die vollkomne Regierung des Bißthums antreten, bis derjenige Pabst, welchen das Domcapitel für den rechtmäßigen würde erkant haben, ihn bestätiget hätte, damit daher nicht neue Irrungen entstünden, weil damals zwey Päbste waren. Die übrigen Bedingungen dieses Vertrags sind für das Leben Sigmunds weniger merkwürdig. Er war nunmehr also in eine neue Laufbahn gesetzt, worinnen er nicht Ursache hatte, den neuen geistlichen Stand, in welchen er aus Uebereilung getreten war, und die weggegebnen Güther seines Erbtheils zu bereuen. Die Gewohnheiten seiner Zeit, und die damalige Freyheit der Bischöffe, welche bis ins unsittliche ging, verschafte ihm alle diejenigen Bequemlichkeiten, die ein durch Schaden klüger gewordner nur verlangen konte.

Ehe Sigmund nach Würzburg kommen konte, starb der alte Bischoff Johannes, und er wurde am 20 Jenner 1440, von den Domherrn zum neuen künftigen Bischof

Bischoff, ohne Schwierigkeit, doch mit der Bedingung erwählt, daß er die bischöfliche Bestätigung von demjenigen Pabste nehmen sollte, welchen das Domcapitel für den rechtmäßigen Pabst erkennen würde. Nach der erhaltnen Nachricht von dem Tode des Johannes, und der neuen Wahl zum Bischoffe, reißte Sigmund, von seinem Bruder dem Herzog Wilhelm begleitet, nach Würzburg, und wurde daselbst mit Freude, und Froloken empfangen. Man hofte, unter dieser neuen Regierung das Ende der bisherigen Beschwerden, und Unruhen, zu sehen. Sigmund wiederhohlte nochmals, am folgenden Tage, in einer feyerlichen Versamlung des Domcapitels, seine Verbindlichkeit, die bischöfliche Regierung nach ihrem ganzen Umfange nicht eher anzutreten, bis ihm derjenige Pabst welchen das deutsche Reich, und das Capitel erkennen würde, die Bestätigung ertheilt hätte. Hierauf nahm er die Huldigung von dem Rathe und den Bürgern der Stadt Würzburg an. Es wurden sechs Regierungsräthe, welche dem neuen Bischoffe beystehen sollten, verordnet, von denen seine Brüder zwey, und die übrigen das Capitel, und die Vasallen des Stifts ernanten.

Die erste öffentliche That Sigmunds, welche auf seinen Befehl wenigstens geschah, zeigte von strafen,, der Gerechtigkeit, und betraf die vornehmste Maitresse des verstorbnen Bischofs. Zu dieser Zeit hieß eine Maitresse — der Anhang des Bischofs. Catharina Supamii, so hieß diese nichtswürdige; war die Urheberin von vielem Unglücke, und der Verschwendung des vorigen Bischofs gewesen. Sie verstand die Künste ihrer schändlichen Gattung so wohl, daß sie sich mit vielen Gütern und Kostbarkeiten bereichert hatte. Sigmund ließ sie unversehends in der Stadt Rötingen, wo sie sich aufhielt, in Verhaft nehmen, und sie wurde nicht eher aus der Gefangenschaft befreyt, bis sie die ungerecht erworbnen Kostbarkeiten, und Reichthümer hergegeben hatte: Eine solche Gerechtigkeit gefiel; der die Verschwendung an der Verführerin strafte, schien diese Verschwendung zu hassen.

Allein der neue Bischoff wurde bald über den Zwang ungedulbig, daß er auf die Bestätigung eines Pabstes, der noch nicht bestimt war, warten sollte, ehe er vollkommen Bischof seyn dürfte. Die warme Freundschaft, welche er sehr bald mit dem jungen Marggraf von Brandenburg, Albrecht, zu Anspach, errichtete, gab den stärksten Anlaß, sich von der schwankenden Verfassung in Absicht seiner neuen Herrschaft zu befreyen. Albrecht verschafte seinem Freunde, durch gute Wege, von dem Concilium zu Basel die Erlassung des Eides, welchen er dem Domcapitel zu Würzburg geleistet hatte, auf die Bestätigung eines zu bestimmenden Pabstes zu warten; und der Pabst Felix gab dem neuen Bischoffe Sigmund die vollkommene Bestätigung in seiner neuen Regierung. So bald Sigmund diese doppelte Wohlthat von seinem Freunde, dem Marggrafen erhalten hatte, suchte er die förmliche Einweihung zu seiner neuen Würde, und bekam sie, ebenfalls zu Anspach, von den Bischöfen von Aichstädt, und Augspurg, nachdem er sich Abends vorher ganz in der Stille, unter dem Vorwande eines Bischofs, aus Würzburg hinweg begeben hatte. Gleich nach dieser Einweihung meldete er dem Domcapitel zu Würzburg von Anspach aus, daß er nunmehro die Regierung vollkommen antreten wolle, da er vom Concilium seiner Obliegenheit entlassen, vom Pabste Felix bestätigt, und der Gewohnheit gemäß eingeweiht sey. Er bestimte zugleich einen Tag, an dem er seinen feyerlichen Einzug, als Bischof, zu Würzburg halten wollte, und befahl, die gehörigen Anstalten zu dieser Ceremonie zu machen.

Ein solcher Antrag entrüstete alle Domherren, welche glaubten, daß man sie betrogen habe, und den beschwornen Vertrage ganz zuwider handle. Sie verbothen zuerst den Bürgern zu Würzburg, den Bischof Sigmund in die Stadt zu lassen. Der Rath und die Bürger aber versagten hier den Gehorsam, weil sie dem Bischoffe schon den Eid der Treue geleistet hätten, und sich in die Streitigkeiten mit dem Domcapitel nicht mischen wollten. Sigmund kam an den bestimten Tage vor Würzburg, mit zahlreicher Begleitung zu Pferde an, und, ob er gleich anfangs die Thore verschlossen fand, so wurden sie ihm von den Bürgern, denen er ihre Huldigung, und Gehorsam vorstellen ließ, dennoch bald geöffnet, und die Stadtschlüssel übergeben. Hierauf hielt er seinen feyerlichen Einzug, und verlangte von den Domherren, daß sie sich versammeln sollten, damit er seinen Eid erneuern könte, und die dabey gehörigen Gebräuche vorgenommen würden. Die Domherren ant-

antworteten ihm in einer sehr heftigen Schrift, worinnen sie ihn nicht nur nicht als ihren Bischof erkannten, sondern so gar als einen blossen Domherrn betrachteten, welcher vor ihrem Gerichte erscheinen müsse. Sie leugneten, daß er schon zum Bischof, mit allen gehörigen Umständen erwählt worden sey, verwarfen die Dispensation von dem Concilium zu Basel, welche sie eine vermessene Bestätigung nanten, und drohten mit der Bestrafung des Churfürsten zu Sachsen, und des Herzogs Wilhelm, deren Oberaufsicht das Stift anvertrauet wäre. An statt seine Herrschaft zu erkennen, foderten sie ihn zu einer persönlichen Erscheinung für ihr Capitel.

Der Bischof Sigmund behauptete die Rechtmäßigkeit seiner Bestätigung von dem Concilium zu Basel vorzüglich deswegen, weil er darum nicht angesucht, sondern sie von der freyen Willkühr, aus eigner Bewegung des Conciliums erhalten hätte. Die Domherrn wandten sich an die Brüder des Bischofs, und führten bey ihnen, und denen andern Fürsten, welche wir vorher nanten, die bittersten Beschwerden über die Eingriffe in ihre Rechte und die Verletzung des geleisteten eidlichen Versprechens.

Die Streitigkeit zwischen einen Bischof und seinen Capitel hatte weit wichtigere Folgen, als man im Anfange vermuthen konte, und erregte kriegerische Auftritte. Siegmund besaß selbst kein kriegerisches Genie, ließ sich aber von seinen Freunden, und besonders dem

Marg-

Marggraf Albrecht von Brandenburg zu allem, was man ihm vorschlug verleiten; und er sahe sich zu dieser Folgsamkeit auch genöthigt, weil er dadurch allein die Unterstützung seiner Absichten erlangen konte. Sigmund ward stolz, ohne daß es ein Hauptzug seines Charakters gewesen wäre; so wie sehr viele Menschen durch Stand und Beredungen frembde Züge annehmen und nach und nach zu ihren eignen machen. Er liebte Wohlleben und Verschwendung, und suchte daher mit Eifer zum Genuß aller Einkünfte des Bisthums zu gelangen, weil sie seinen Leidenschaften so nöthig waren. Ehe er aber nicht vollkomner bestätigter Bischof war, konte er seinen Zweck nicht erreichen. Der junge Marggraf Albrecht erhitzte ihn noch mehr, und versprach die werkthätigste Hülfe, die er auch nachher leistete. Der Schutz eines Conciliums, und dessen Autorität machte unsern Bischof noch dreister. Als ihm die Domherrn den Gehorsam versagten und unwürdig begegneten, muste er die Mittel der Gewalt ergreifen. Die Streitigkeiten mit seinem Capitel erwurben ihm neue Freunde, welche von dem vorigen Bischoffe und dem Capitel beleidigt, unter denen die Herren von Thünngen die vornehmsten waren. Diese, und einige andre ehmals abgesetzte Domherren nahm er in seine Begleitung, und bekam dadurch einen guten Anhang, mit welchem er etwas auszuführen im Stande war.

Die Gegenparthey von ihm, die Domherren, erhielten den Schutz der zwey Brüder ihres Bischofs,

und

und der andern Fürsten, welche in dem Vertrage zu Coburg die Aufsicht über das Stift übernommen hatten. Der Herzog Wilhelm, von Sachsen, und der Landgraf von Hessen kamen auf die Beschwerden des Domcapitels selbst in diese Gegenden, und unterredeten sich an einem bestimten Tage, zu Schweinfürth, mit dem Marggraf Albrecht, der vornehmsten Stütze Sigmunds. Allein die Unterredung war fruchtlos. Der Marggraf wollte die Parthey Sigmunds nicht verlassen, und der Herzog Wilhelm, war über seinen Bruder höchstunzufrieden, daß er sich nicht an ihn gewendet, sondern den Marggraf gleichsam zu seinem Schutzherrn angenommen hatte. Der Unwille darüber, bewog ihn endlich, mit dem Landgraf von Hessen, die drey geistlichen Churfürsten, zu Maynz, Trier und Cöln, um Hülfe wider den Bruder zu bitten, oder sie wenigstens dahin zu bewegen, daß sie dem Bischofe keine Unterstützung geben möchten. Der Churfürst von Mayn erschien, als Metropolitan, selbst zu Würzburg, und hatte die Absicht, denen Irrungen ein Ende zu machen. Allein der Eigennutz hielt ihn sehr bald davon ab. Die Domherren schienen geneigt zu seyn, ihm selbst zu ihrem Coadjutor zu erwählen, und suchten ihn dadurch auf ihre Seite zu ziehen. Der Churfürst fand diese Hofnung so schmeichelhaft, daß er die Unruhen nicht durch Güte beyzulegen suchte, sondern fernern Zerrüttungen mit Vergnügen zusah, und mit guter Kunst das Feuer der Zwietracht noch mehr anfachte.

Der

Bischofs von Würzburg.

Der Marggraf von Brandenburg, zu Anspach, unterstützte seinen unruhigen Freund, den Bischof Sigmund ebenfals so eifrig, daß man keine Aussöhnung hoffen konte. Als die Brüder des Bischofs wider ihren Bruder heftiger wurden, machten die Margrafen von Brandenburg verschiedene Ansprüche an das Haus Sachsen, und es schien ein Krieg bevor zu stehen, welcher aber noch durch die Vermittlung des Erzbischofs von Magdeburg, und anderer Fürsten des deutschen Reichs, durch einen Vergleich zu Halle, verhindert wurde.

In dem Bisthume Würzburg, artete die beyderseitige Erbitterung zwischen dem Bischof Sigmund und seinem Domcapitel, in einen Krieg aus. Die Brüder des Bischofs gaben die erste Gelegenheit dazu, als sie auf Anrathen der Domherren, die Herren von Thüngen, mit Gewalt der Waffen für die Unterstützung des Bischofs, bestrafen wollten, und nach der damaligen Gewohnheit, die Vasallen des Stifts zur Ergreifung der Waffen, durch ein sogenantes Aufgeboth, einladeten. Bischof Sigmund folgte dem Beyspiele, und ermahnte die Ritterschaft, ihm vielmehr beyzustehn. Diese schwankte in der Ungewißheit, welchem Theile sie ihren Beystand geben, und gegen welche Parthey sie zu Felde ziehen sollte. Inzwischen kündigte sich Sigmund als den neuen Bischof seinen Prälaten und der Geistlichkeit an, und foderte von ihnen einen Beytrag. Das Domcapitel hingegen verbot der Geistlichkeit, den Bischof Sigmund für ihren

Herrn

Herrn zu erkennen. Die Verwirrung ward allgemein; ein Theil, wie gewöhnlich, ergrif die Parthey des Bischofs! der andere stand dem Domcapitel bey. In der Stadt Würzburg selbst mußte sich Sigmund doch den grösten Theil der Bürger ergeben zu machen, und ihre Treue zu erwerben. Zuversichtlich auf seinen Anhang, welcher sich ziemlich vermehrte, sandte er nun selbst ein Schreiben an sein, wider ihn empörerisches Domcapitel, uod kündigte demselben den Krieg an. Mit dieser Erklärung erfolgte eine gleiche wider das Domcapitel van denen Marggrafen von Brandenburg, Johann und Albrecht, verschiednen andern Grafen, und einer Menge von Adel, auf zweyhundert Mann. Sigmund drohte, sich zu rächen, da man ihm den Gehorsam versagt habe, und sagte sich von der Schuld des bevorstehenden Blutvergießens loß. Folgende Ausbrücke seiner Kriegserklärung gegen die Domherren, wollen wir hersetzen: — „So ihr nun des Stifts Nuß, „auf Land und Leute nicht ansehn, sondern je darauf „stehn wollt, Blutvergießen zu machen; so wollen „wir darum euer, und aller der euren Feind seyn, „wir, und alle die unsern, und besonder alle, die wir „nur zu euren Schaden bringen mögen. — Diese Ankündigung der Feindschaft wurde von einer Menge gleicher Briefe begleitet, nnd setzte die armen Domherren in Furcht und Schrecken.

Sie nahmen ihre Zuflucht zu dem Churfürst und Herzog von Sachsen, durch deren Beystand sie dem einbrechenden Ungewitter allein zu widerstehen hoften.

Die

Die Brüder waren zum Kriege gegen den Bruder bereit, und rückten mit einem Heere nach Coburg, um die Feinde des Bruders zu beschützen. Sigmund und der Marggraf von Brandenburg, verstärkten indessen ihren Anhang, und rüsteten sich mit Eifer gegen ihre Feinde. Die Wirkungen des Krieges wurden durch ein anhaltendes Regenwetter anfänglich gehindert. Endlich belagerte die sächsische Armee die Stadt Ebernhausen. Inzwischen arbeitete man immer an einem Vergleiche, welcher bey einer so heftigen Erbitterung, und bey so völlig einander entgegenstehenden Forderung, doch unmöglich war. Das Heer des Bischofs erfochte einen guten Sieg, als die sächsischen Truppen, ob sie gleich weit stärker waren, auf sie ankamen. Die Anzahl der Streitenden war zwar gering; aber der Verlust der Herzoge von Sachsen empfindlich. Man hatte von ihren Adel dreyßig Personen gefangen genommen, und verschiednes Kriegsgeräthe erbeutet. Die Herzoge von Sachsen nahmen hierauf die Belagerung von einigen Schlössern und Städten vor, welche die Parthey des Bischofs Sigmunds hielten, konten sie aber nicht erobern, und hatten in diesem ganzen Feldzuge wenig Glück. Daher entschlossen sie sich ihn zu endigen und wiederum zurück zu gehn, ob gleich die Domherren flehentlich baten, sie nicht zu verlassen.

Indessen zogen die Truppen des Marggrafs Albrechts, und des Bischofs Sigmunds in den umliegenden Gegenden herum, und suchten Städte und Schlösser zu erobern. Der Marggraf belagerte die Stadt Ochsen-

Ochsenfurth, welche von dem Domcapitel für 6500 Gülden an den deutschen Orden verpfändet worden war, und ließ schon die Mauern ersteigen, als die Sturmleiter brach, und dadurch nothwendig der Anschlag vereitelt wurde. Der Marggraf verlohr in dem Gemische des darauf erfolgenden Gefechtes verschiedne von Adel, welche in die Gefangenschaft geriethen, und muste zurück weichen.

Unter diesen blutigen Scenen wurde immer noch an einem Vergleiche gearbeitet. Die Verordnete von der Seite des Bischofs und von dem Domherren, hielten öftere Zusammenkünfte: wenn die eine mißlungen war, fing man die andere an. Indem die Soldaten von beyden Theilen sich herumschlugen, suchte man sich die Hände zum Frieden zu bieten, und er würde auch vielleicht erfolgt seyn, wenn die Schlauheit des Erzbischofs zu Maynz, nicht in der Nahrung der Zwietracht die Hofnung zur Coadjutorstelle von Würzburg gesucht hätte, und deswegen unter dem Scheine des Mittlers, die geheime Hinderniß eines Vergleichs geworden wäre. Die zwey Brüder des Bischofs Sigmunds, der Churfürst, und Herzog Wilhelm von Sachsen, beeiferten sich umsonst mit aller Treue vor das Domcapitel. Sie konten bey der Hartnäckigkeit des Marggraf Albrechts, welcher den Bischof Sigmund unterstützte, und nach seinen Willen lenkte, bey der gegenseitigen Erbitterung der Domherren gegen den Bischof, und bey den geheimen Intriguen des Erzbischofs von Maynz, die Feindschaft noch mehr zu entzünden, ihre Absicht durchaus

aus nicht erhalten. Ihre Abgeordnete, Vorschläge und alle Bemühungen, waren umsonst. Der Adel des Stifts verband sich mit den Domherren, und trug dem Bischoffe Sigmund einen jährlichen zu bestimmenden Gehalt an, wenn er seine Einwilligung zu einem neuen Coadjutor geben wollte, wozu man den Erzbischof zu Maynz auserseben hatte. Als Sigmund diesen Antrag verwarf, so setzten beyde Theile ihre Feindseligkeiten von neuen fort.

Es war damals, weil zwey Päbste zugleich herrschen wollten, und einer doch nur Pabst seyn kan, ein verwirrter Zustand der Kirche. Beyde Päbste kamen auf den Einfall, sich die Unruhen in dem Bisthume Würzburg zu Nutze zu machen, und beyde schickten also Gesandten dahin. Diese predigten wider einander und verwirrten alles noch mehr. Man wollte den Bischof nicht annehmen, und nun wuste man nicht, welchen Pabst man annehmen solle. Zuerst erschien eine Gesandtschaft vom Pabst Eugenius zu Rom; ein Bischof aus Spanien und ein Probst. Sie unterhandelten mit dem Domcapitel, und suchten es dahin zu bewegen, daß es den Pabst Eugenius für den rechtmäßigen und seinen Pabst annehmen möchte. Man verweigerte einen vollkommnen Entschluß. Der Probst ging in das Barfüsserkloster und predigte da wider das Concilium zu Basel, und wider den Pabst Felix, und bewieß, Eugenius sey der rechte, ächte Pabst. Das Concilium zu Basel, und Pabst Felix, sey ketzerisch, und im Banne. Diese päbstische Predigt hörte

hörte eine grosse Menge Volks an. Aus der Menge stand einer auf und widerlegte den Prediger, und bewieß eben so bündig wie er, daß Eugenius nicht der ächte, wahre Pabst sey, und der Probst, und der Bischof aus Spanien, des Antichrists Boten wären; und daß man sie müsse aus der Stadt Würzburg jagen. Dieser Gegenprediger bekam unvermuthet Hülfe; denn eben kamen auch zwey Gesandten vom Pabste Felix, ein Cardinal und ein Doctor. Diese predigten noch an demselbigen Tage, Nachmittags, im Domstifte wider den Pabst Eugenius, und bewiesen, daß Felix der ächte, wahre Pabst sey, und daß das Concilium zu Basel nicht irren könne. Die Morgenprediger zogen in Würzburg den kürzern, und hielten für das beste, ihre Wahrheit diesmahl im Stiche zu lassen und sich in der ersten Nacht hinwegzubegeben.

Die Domherren schmeichelten den Abgesandten des Pabstes Felix. Durch diesem, und das Concilium zu Basel, war Sigmund zum Bischof zu Würzburg bestätigt worden, und man hofte also, durch denselbigen Weg, Eintracht und Ruhe zu erlangen. Als aber auch diese Hofnung fehl schlug, und man kein Mittel mehr zur Endigung der Zwistigkeiten sahe: faßten die Domherren, bey den immer mehr aufgehäuften Schulden des Stiftes, und den ihnen dadurch entzognen Einkünften, den sonderbaren Entschluß, das ganze Stift dem Deutschen Orden zu übergeben, und sich selbst nur auf Lebenszeit, gewisse Einkünfte vorzubehalten. Dieser wichtige Antrag überraschte den

Deut-

Deutschen Orden so sehr, daß er sich einige Bedenk-
zeit ausbat. Eine Unbedachtsamkeit hielt hier die andre schadlos. So groß die Unklugheit der Domherren zu Würzburg war, ihr ganzes Stift zuveräusern,
und ansehnliche Güter in fremde Herrschaft zu geben,
so groß, und mehr noch, war die Unklugheit der Herren des Deutschen Ordens, welche den Zeitpunkt, so
wichtige Besitzungen zu erlangen, nicht mit derjenigen
schnellen Entschlossenheit ergriffen, mit welcher die
gute Gelegenheit ergriffen werden muß, wenn sie
nicht davon eilen soll, ohne jemals wieder zu kommen.

Gregorius Heimburg, ein gelehrter und dabey
kluger Mann zu Würzburg, errettete diesmahl sein
Vaterland von der fremden Herrschaft, und die Domherrn von der Reue eines zu spät erkanten Vergehens.
Er ging zu ihnen, und stellte die Unbesonnenheit des
Antrages an den Deutschen Orden lebhaft und nachdrücklich vor, als sie eben eine Versamlung hielten.
Er fragte sie mit Herzhaftigkeit, ob sie allen Männer-
muth verlohren hätten, und ermahnte sie, nicht wie
die Weiber, kleinmüthig, erschrocken und verzagt zu
seyn, sondern ein Herz zu fassen, und ein so wichtiges,
altes, ansehnliches Bißthum, nicht wegen eines Un-
falls und aufgehäufter Schulden, aus den Händen zu
geben, sondern ihnen selbst und ihren Nachkommen, zu
erhalten. Die Beredsamkeit dieses weisen Mannes,
welcher sie zugleich an ihre Pflichten, und an den Vorwurf der Nachwelt erinnerte, hatte die gute Wirkung,
daß man den Entschluß sogleich änderte und die Revolution

hation des Bißthums verhinderte. Zu spät kamen nunmehro die Herren des Deutschen Ordens, und bezeugten sich bereit, den Antrag des Kapitels und das Bißthum anzunehmen. Man trat mit der ganzen Unterhandlung zurück, und nahm sich aufs neue fest vor, alle Gerechtsame zu behaupten.

Eben so sehr trachtete der Bischof Sigmund alle diejenigen Gerechtsame die er als Bischof hatte, zu behaupten. Er ladete die Geistlichkeit zu dem gewöhnlichen Hochamte auf den Grünen Donnerstag (1441) ein. Das Domkapitel verbot es. Der Bischof erschien. Die Bürger ersuchten ihn, diesmahl der Uneinigkeit wegen nachzugeben. Er schlug die Bitte ab, und hielt sowol das Hochamt zur bestimten Zeit, als auch die gewöhnliche Firmelung an dem zweyten Osterfeyertage.

Nach verschiednen fruchtlosen immer wiederhohlten Versuchen, den Unruhen ein Ende zu setzen, brachten es endlich die Brüder des Bischofs Sigmund, die Herzoge von Sachsen dahin, daß eine neue Zusammenkunft zwischen ihnen, und dem Marggrafen zu Brandenburg, am zweyten September dieses Jahrs zu Lichtenfels gehalten wurde. Die vornehmsten dabey interessirten Fürsten, der Churfürst von Sachsen der Herzog Wilhelm, und die Marggrafen von Brandenburg, Johannes und Albrecht, unterredeten sich über die Mittel einer zu bestimmenden Eintracht. Hier waren die sächsischen Prinzen so glücklich, den Margraf Albrecht zu mehrerer Gelindigkeit zu bewegen, und ihn von der bis-

herigen

herigen heftigen Freundschaft gegen den Bischof Sigsmund abwendig zu machen. Dieses war das erste und fruchtbarste Mittel ihren Endzweck zu erreichen. Man beschlos, nach einigen gepflogenen Ueberlegungen, eine neue Regierung für das unglückliche Stift Würzburg anzuordnen, welche gemeinschaftlich das Interesse der streitenden Parthenen, und die Wohlfarth des Bißthums besorgen sollte. Diese Regierung sollte aus drey Räthen des Bischofs Sigmunds, dreyen aus dem Würzburgischen Domkapitel, und eben so viel Räthen aus der Ritterschaft des Bißthums bestehen. Diese verordneten neun Personen sollten sich zu Haßfurth mit einander über die streitigen Punkte berathschlagen, und die Artikel einer ganz neuen Regierung festsetzen. Man beschloß zugleich, mit Vorsicht wegen des Bischofs Sigmund, daß, wenn die drey von ihm verordneten Räthe, mit denen übrigen nicht einig werden wollten, oder sich ganz diesem Geschäfte entzögen, die sechs andern bestimten Räthe, alsdenn allein die neue Regierung anordnen sollten. So geschahe es auch. Die Räthe des Bischofs weigerten sich völlig, mit den vorgelegten Punkten einer neuen Regierung in Ueberlegung zu treten, oder sich damit überhaupt zu beschäftigen.

Es wurde also um Michaelis dieses Jahrs (1441) eine neue Regierung des Bißthums Würzburg angeordnet. Sigmund widersprach dieser ganzen Unternehmung, als einer Beeinträchtigung seiner bischöflichen Rechte, und wandte sich mit seinen Beschwerden darüber, an das Concilium zu Basel, welches sich auch seiner

seiner annahm, allein durch seinen entfernten Schutz nichts ausrichten konte. Sigmund bemerkte den Mangel seiner vornehmsten Unterstützung, des Marggraf Albrechts, welcher, seit der Unterredung mit den sächsischen Herzogen zu Lichtenfels, die vorige warme Freundschaft von ihm zurückzog.

Die neue Regierung des Bißthums Würzburg, welche so lange dauren sollte, als Herzog Sigmund Bischof seyn würde, stand weder unter seinen, noch des Capitels Befehlen, doch muste sie jährlich eine Rechnung ablegen. Sie sorgte für die Bezahlung der Schulden, für die Einkünfte des Stifts, für das Gerichte und alle Angelegenheiten des Landes, und man durfte sich von ihr an Niemand weiter melden oder appelliren. Der Bischof Sigmund sollte von der Regierung jährlich zweytausend Gulden erhalten. Ohnerachtet des Befehls vom Concilium zu Basel, daß die Einwohner von Würzburg, und in dem unterworfenem Lande dieser Regierung nicht gehorchen, und ihrem Herrn, dem Bischof Sigmund, seine geistlichen Freyheiten und Würde, nicht entziehen lassen sollten, setzte die Regierung ihre Befehle fort. Sigmund hingegen verbot der Geistlichkeit ihr zu gehorchen, und foderte von derselben einen Beytrag, wobey der Churfürst von Maynz aber sich entgegen stellte und die gehofte Wirkung des bischöflichen Schreibens verhinderte. Es kam von Maynz auch ein Weihebischof nach Würzburg, welcher das Hochamt am Grünen Donnerstage des folgenden Jahres verrichten sollte. Allein Sigmund that es ebenfalls

falls auch: Er that endlich das Domcapitel und alle Geistlichen die ihm den Gehorsam versagten, in den Bann, und ließ den Bannbrief öfentlich anschlagen. Dagegen schlug das Domcapitel öffentliche andre Schriften wider den Bischof an. Den Verdruß vollkommen zu machen, foderte Marggraf Albrecht von Brandenburg, von der neuen Regierung 22000 Gulden, welche er dem Bischoffe Sigmund geliehen hatte.

Am Ostertage, an welchem Sigmund Messe gelesen hatte, beschwerte er sich gegen das häufig versammelte Volk, über die Beleidigungen, welche man ihm zufügte, und die erlittnen Ungerechtigkeiten. Er fand bey dem ihm ohnehin geneigtem Volke, dessen Neigung ihm theils der Privathaß gegen die Domherren, theils der Aberglaube in der Verehrung des Bischofstandes, und des Conciliums, zugewandt hatte, ungemeinen Beyfall. Als Sigmund zur Kirche hinausging, und ihn einige vom Capitel mit ihrer Begleitung umgaben, und mit ihm sich wegen gleichgültiger Dinge unterredeten, glaubte das Volk, der Bischof werde gefangen genommen, und fing einen wilden Tumult an. Es wurde ein allgemeiner Auflauf und Geschrey; man ließ an verschiednen Orten Sturm lauten, und die Domherren musten sich in die Kirchen retten, bis durch den Rath, und seine Vorstellungen, wiederum mit Mühe die Ruhe hergestellt wurde. Sigmund bekam neuen Muth, und ließ bald darauf den Weihebischof, welchen der Churfürst von Maynz nach Würzburg gesandt hatte, als er ausgeritten war, gefangen nehmen, und nach Kizingen in Verwahrung bringen, wo sich Sigmund meistentheils aufzuhalten pflegte.

Bey solchen unabsehbaren Verwirrungen nahm man endlich seine Zuflucht zum Kaiser Friedrich, den dritten, welcher erwählt war, und zu seiner Krönung nach Aachen reisen wollte. Man bat ihn, den Weg über Würzburg zu nehmen, und durch sein höchstes Ansehn die Streitigkeiten beyzulegen. Friedrich ließ sich zu Würzburg die Beschwerden der beyderseitigen Partheyen vortragen, konte aber in der Kürze der Zeit keine Entscheidung geben, oder er vermied vielmehr mit Vorbedacht die Entscheidung in einer so kützlichen Sache, bey welcher verschiedne Fürsten des Reichs, und das Concilium interessirt waren. Beyde streitende Theile aber wurden doch so weit einig, daß sie den Ausgang dieser ganzen Zwistigkeit, dem Ausspruche des Kaisers unterwarfen, und sich mit demselben völlig zu beruhigen versprachen. Es wurden hierauf zwey Termine gesetzt. Der Reichstag zu Frankfurth am Mayn, machte den unglücklichen Streitigkeiten ein Ende. Der Kaiser berathschlagte sich mit den Fürsten Deutschlandes darüber. Da die Churfürsten, von Sachsen und Maynz, nebst andern wider den Bischof Sigmund gesinnt waren, so geschahe der kaiserliche Ausspruch und die Entscheidung (am 14 August 1442) ganz zum Nachtheile des Bischofs Sigmunds. Er wurde von seinem Bißthume abgesetzt, und ein neuer Coadjutor von seinen Domherren, Gottfried Schenk von Limpurg, bestimt, welcher die Huldigung, bey der Strafe

se der Reichsacht von den Unterthanen des Bißthums, sich leisten ließ. Dem Bischoffe Sigmund wurde eine Wohnung zu Würzburg, und ein jährlicher Gehalt bewilliget. Einige zwar von seinen eifrigen Anhängern, machten noch mit der Unterwerfung Schwierigkeit, aber sie musten bald der Gewalt der Macht weichen. Unser unruhiger, und nun verlassene Sigmund kam eben so bald in Verachtung, und nahm, sich zu zerstreuen, verschiedne Reisen vor. Der Mangel vermehrte seinen Unmuth, und verminderte seine Freude. Das Domcapitel wendete sich hierauf an den Pabst Eugenius, welcher den Bischof Sigmund völlig absetzte.

Die merckwürdigen Schicksale Sigmunds erreichten durch diese Katastrophe ihr Ende. Der abgesetzte Bischof blieb nicht zu Würzburg, sondern begab sich nach Sachsen, in sein Vaterland, wo ihn sein Bruder, der Churfürst aufnahm. Er bezeugte sich aber gegen den Churfürst sehr undankbar, und ließ sich zu einem geheimen Complot gegen ihn von den Burggrafen zu Meissen, Heinrich von Plauen, und einigen böhmischen Herren verleiten. Der Churfürst bekam davon durch einen aufgefangenen Brief Nachricht, und ließ seinen Bruder Siegmund auf das Schloß Scharfenstein in Verhaft bringen. Nach einigen Jahren erhielt Sigmund wiederum von seinem versöhnten Bruder, die Freyheit, und Rochlitz mit dem dazu gehörigen Gebiete auf Lebenszeit. Daselbst starb er auch im Jahre 1457, in dunkler Unmerkwürdigkeit.

Wenn man nicht bey der Oberfläche der Begebenheiten stehen bleiben will, so wird das Leben des Bischofs Sigmunds lehrreich. Demjenigen, welcher bloß Mannigfaltigkeit liebt, und dem Leser der Erzehlungen überhaupt, wird es unterhaltend seyn. Der grübelnde Kritiker findet vielleicht an der Wahl dieser Lebensbeschreibung verschiedenes auszusetzen: wenn er aber tief genug grübelt, und den vornehmsten Endzweck der Biographien betrachtet, das Bild des menschlichen Lebens, so wird er einsehen, daß das Beyspiel Sigmunds zu nützlichen praktischen Betrachtungen leitet. Das Schicksal dieses Mannes ist das Schicksal der meisten Menschen. Wir werden in der Jugend geführt, wir nehmen durch diese Führung, durch die Gelegenheiten, Freunde, und Umstände, welche wir erhalten, nach und nach verschiedene Züge des Charakters an, welche uns endlich eigen werden. Wir werden durch Schaben klüger, und durch Verlust aufmerksam. Sigmund hatte nun das sonderbare Geschick, gleich in der Jugend zu Lastern, und im weitern Alter zu Thorheiten verführt zu werden, ohne jene vernichten, und diese verbessern zu können. Man kan ihm kein grosses Genie zuschreiben, aber er besaß einige undeutsche Züge: die unruhige Hartnäckigkeit der Italiäner, und die Leichtsinnigkeit der Franzosen. Die Leichtsinnigkeit und eine berauschende Phantasie lenkte ihn zum Uebertritte in den geistlichen Stand, zu welchem er gar nicht geschaffen war. Er wurde dafür ein Beweis, wie viel darauf ankäme, in die rechte Lage des Lebens gesetzt zu werden, in welche man paßt.

Einen

Einen schönen, einen guten Charakter hat uns sein Leben nicht gezeigt; und dennoch war der Grund dazu nicht böse. Sein Geist besaß nur nicht diejenige Stärke — die wenigsten der Menschen besitzen sie — sich selbst zu bilden, denen Leitungen der andern nicht zu folgen, und sich selbst zu regieren; aus der Verkettung der Dinge, und einer feinen Aufsicht in die Zukunft und Folgen der Unternehmungen, das beste zu wählen, das scheinbare zu verwerfen, und sich durch den Reitz des schmeichelhaften nicht blenden zu lassen. Dieser Reitz blendete den Bischof Sigmund besonders, so bald er in Würzburg angekommen war, und der Marggraf Albrecht von Brandenburg ihm nicht nur Hofnung machte, in den völligen Besitze seiner Herrschaft, ohne Willen des Domcapitels zu gelangen, sondern auch den grösten Theil dieser Hofnung durch die Bestätigung des Pabstes Felix, und des Conciliums zu Basel, erfüllte. Er würde auch fähig gewesen seyn, noch endlich über die Feinde zu triumphiren, oder doch wenigstens mit Ehre die Streitigkeiten zu endigen, wenn seine eignen Brüder, der Churfürst, und Herzog von Sachsen Wilhelm, nicht wider ihn am heftigsten gearbeitet, und seinen mächtigsten Freund, den Marggrafen Albrecht, von ihm abgewendet hätten. Zu diesem Schritte wider ihren Bruder sahen sie sich durch die Umstände genöthigt. Sie hatten ihm das Bißthum Würzburg durch schwere Bemühungen zugewandt, sie hatten die Oberaufsicht, und den Schutz des Bißthums, bey dieser Gelegenheit übernehmen müssen. Ihr Versprechen, woran sie das Domcapitel häufig erinnerte, zwang sie zur Sorgfalt

für

für die Wohlfahrt und die Eintracht des Stiftes. Ein Privatunwille über ihren Bruder kam dazu, und neigte sie ganz, gleich im Anfange von ihm ab. Da sie diejenigen Wohlthäter waren, denen er sein gutes reiches Bißthum zu danken hatte, so verlangten sie von ihm auch die Dankerkentlichkeit, daß er seine Abhängigkeit von ihnen nicht verläugnen, und sie zu seinen obersten Rathgebern annehmen sollte. Da er hingegen sich ganz nach dem Willen des Marggrafens Albrecht betrug, und, weit entfernt, die Hülfe seiner Brüder zu suchen, sie vielmehr verachtete, und ihren Vorschlägen kein Gehör gab, so suchte ihre Empfindlichkeit sich durch besto gröſſere Unterstützung seiner Gegner zu rächen. Sigmund aber glaubte den Gehorsam gegen seine Brüder nicht nöthig zu haben: der Herzog Wilhelm war jünger als er selbst, und, weil er seinen beyden Brüdern die Besitzungen dadurch, daß er in den geistlichen Stand getreten war, gleichsam freywillig geschenkt hatte, so glaubte er, im Gegentheil Dankbarkeit fordern zu können. Sein sanguinisches Temperament trieb ihn zur Freygebigkeit, und Verschwendung, und machte ihn dadurch auch schon zur Verwaltung eines so schuldvollen Stiftes, wie damals Würzburg war, unnütz. Seine Jugend trug zu den Streitigkeiten mit dem Capitel bey. Die alten Domherren betrachteten einen neuen jungen Bischof von vier und zwanzig Jahren mit weisen Augen, und glaubten ihm Lehren geben zu können, da er eben ihnen Gesetze vorschreiben wollte. Daher jene Erbitterung, gleich im Anfange entstand.

Man

Man könte den Bischof Sigmund wegen der Forderung an das Domcapitel daß man ihn für einen bestätigten Bischof annehmen sollte, entschuldigen. Die Bestätigung eines ganzen Conciliums hätte wohl das Domcapitel annehmen können, und wer wird einem Bischof es übel nehmen, wenn er Gehorsam gegen ein Concilium verlangt? Allein, wenn man die beschworne Versichrung Sigmunds erwägt, vermöge welcher er eine Bestätigung nicht annehmen dürfte, bis das Domcapitel von den beyden Päbsten einen für den rechtmäßigen erkante, so kan der Vorwurf der Treulosigkeit bey ihm nicht widerlegt werden. Sein ganzes Betragen in der entstandnen Streitigkeit, welches eine unbedachtsame Hartnäckigkeit war, entstellt seinen Charakter noch mehr, wenn man auch den Verführungen seiner Anhänger noch so viel Schuld beymessen will. Die Nachrichten sind zu unbestimt, als daß man ihm, wie es wahrscheinlich ist, auch eine Nachläßigkeit gegen sich selbst, und seine eignen Vortheile, bey der Entscheidung seiner Zwistigkeiten, zuschreiben kan. Wenigstens verstand er die Kunstgriffe nicht, sich die Gunst des Kaisers Friedrichs, seines Richters, oder seiner Räthe zu erwerben, ob gleich die Abneigung des Kaisers meistentheils ein Werk des Churfürsten von Maynz, und seiner eignen Brüder gewesen ist. — Alle unangenehmen und traurigen Schicksale des Herzogs Sigmund waren Folgen der frühen Unbesonnenheit der Jugend, mit welcher er in den geistlichen Stand getreten war. Schon oft hatte die Religion ein Deckmantel der Leidenschaft seyn müssen: an den Herzog Sigmund aber rächte sie ihre Heiligkeit durch ein unglückliches Leben.

Fabri-

* * *

Fabricii Saxonia illuſtrata verdient unter den Belegen zu der vorherſtehenden Lebensbeſchreibung deßwegen den erſten Plaß, weil ſie von den erſten Schickſalen des Herzogs Sigmund Nachrichten giebt. Der Aufſaß aber von dieſem Fürſten (S. 704.) iſt kurz und mager; und ich habe aus dem Leben ſeines Bruders, des Churfürſten Friedrichs, noch einige Umſtände entlehnt, welche hieher gehörten, worunter die beyden Feldzüge in Böhmen und in Meiſſen gegen die Huſſiten das vornehmſte ſind.

Sehr wenig und unzulänglich erzehlt einige Umſtände Georg Spalatin in ſeinen Vitis aliquot Elector. Saxon. in Menckenii Scriptt. Rer. Germ. Tom. II. S. 1078. Das Jahr der Geburt des Herzogs, und ſeines Todes werden unrichtig angegeben, und das andere iſt meiſtentheils unbedeutend.

Die Begebenheiten, welche das Bißthum Würzburg betreffen, und die Streitigkeiten daſelbſt, mit ihren mannigfaltigen Auftritten, werden in Ludwigs Geſchichtſchreibern von dem Biſchofthum Würzburg von S. 773 und ff. erzehlt. Einiges noch enthält das Leben des Vorgängers des Herzogs Sigmund auf dem biſchöflichen Stuhle. Der Verfaſſer beſchreibt aber dasjenige, was man am wenigſten zu wiſſen verlangt, mit der ausgelaſſenſten Schwaßhaftigkeit, durch welche man ſich mit Mühe bis zum nüßlichen hindurchleſen muß. Man vermißt hingegen verſchiedenes, was wichtig iſt, und die Urſachen entdecken ſollte von denen ver-

wickel-

Bischofs von Würzburg.

wickelten und sonderbaren Umständen. Indessen bemerkt man die sichersten Spuren der Treue und Glaubwürdigkeit, und findet sich für die Bekantmachung der gegebnen Nachrichten zur Dankbarkeit verpflichtet.

Eine diplomatarische Vorstellung der merkwürdigsten Begebenheiten und Schicksale des Bischofs Sigmund findet man in Müllers Reichstags Theatrum, unter Kaiser Friedrich V. in der 1 Vorst. von S. 190 u. f. w. Der Verfasser aber erzehlt irrig, daß die beyden Brüder des Herzogs demselben beygestanden, und die Marggrafen von Brandenburg die Parthey des Domcapitels ergriffen hätten. Man hat das Gegentheil davon in unserer Lebensbeschreibung deutlich gesehen, so wie es auch in den vorher angeführten Würzburgischen Schriftstellern, erzehlt wird.

In Alberti Krantzii Rerum Germanicarum Hist. cl Saxonia sucht man umsonst vom Herzog Sigmund Nachrichten. Vielleicht würde ich meine Erzehlungen noch mit einigen nähern Umständen haben bereichern können, wenn es möglich gewesen wäre, dasjenige MSct. zu erhalten, welches Kreysig in seiner historischen Bibliotheck von Obersachsen unter folgender Rubrik angiebt: „Doringische Chronike von „1437 ‒ 1447. incipit: Nach Gottes Geburt 1437 was „ein Herzog von Sachsen genant Sigemundt, wol „personirt, redlichen und vernünftig, der ward betro„gen von einer Kloster ‒ Jungfrauen zu Krunsewitz etc. „MS. in manibus Ill. Menckii.„

Dieses

Diejenigen Bücher, deren Nutzen nur einzelne Stellen betreffen, finde ich nicht für nöthig, hier anzuführen, so wie ich bey den übrigen Lebensbeschreibungen mich schon erklärt habe.

* * *

Wegen der Entfernung des Verfassers von dem Orte des Druckes ist es ihm nicht möglich gewesen, für die Vermeidung der Druckfehler die nöthige Sorgfalt zu haben. Er hoft von den Lesern in diesen Fällen Billigkeit und Entschuldigung. Selbst von denen in diesem 3 Theile der Biographie vorkommenden Druckfehlern hat er, nur in der Eilfertigkeit, folgende bemerken können, und muß die übrigen unbemerkt lassen:

S. 38. letzte Zeile l. Die für Sie. S. 43. Z. 2. l. Feinde für Friede. S. 147. Z. 10. l. wichtig für richtig. S. 158. Z. 5. l. nur für nicht. S. 165. Z. 21. l. bewilligen für billigen. S. 172 Z. 7. l. vermehrte. S. 179. Z. 2. v. Ende l. seiner für einer. S. 181. Z. 14. l. Heldenehre für Heldenlehre. S. 184. Z. 12. l. Azarius für Azovius. S. 186. Z. 21. *Raynaldi* für *Roynaldi*. S. 188 Z. 23. l. mußten für müßten. S. 129 Z. 15. muß der Punct nach dem Worte: wollte: hinweg. S. 191. Z. 26. l. *Fanatismus*, für *Anatismus*. u. s. w.